# JIA EXHIBITION OF STUDENT WORKS FOR MASTER'S DEGREE 2017

第15回　JIA 関東甲信越支部大学院修士設計展

# はじめに

　第15回大学院修士設計展が、皆様のご協力により今年も開催の運びとなりました。出展された院生諸君は勿論のこと、大学院専攻の関係各位および展覧会の会場構成に当たった学生諸君、また会場を提供していただいた大学関係者に対し、厚く御礼を申し上げます。

　15回目を迎えたこの修士設計展も参加作品数45となり、定着してきており、一人でも多くの大学院建築系専攻の院生諸君が、この修士設計展を自身の成長の機会とし、また新しい提案の発想の源として、大学院修了後のご活躍につなげていただくことを期待しております。

　今年は長谷川逸子氏を審査員に迎え、第5回修士設計公開審査会を開催致しましたが、参加人数も多く、大変盛況であったことをご報告致します。

　また今年も、本展覧会の参加作品や審査過程と講評、大学研究室紹介を網羅した「2017大学院修士設計展 作品集」を刊行することができました。本作品集の出版を無償で引き受けご尽力いただきました、総合資格学院 岸隆司学院長および同学院出版局の皆様に深く感謝致します。

　今後ともより充実した展覧会としていくつもりですので、関係各位のより一層のご協力をお願い申し上げます。

大学院修士設計展実行委員会 委員長
佐藤 光彦

# JIA関東甲信越支部大学院修士設計展への協賛および作品集発行にあたって

　建築士をはじめとする、有資格者の育成を通して、建築・建設業界に貢献する——、それを企業理念として、私たち総合資格学院は創業以来、建築関係を中心とした資格スクールを運営してきました。そして、この事業を通じ、安心・安全な社会づくりに寄与していくことが当社の使命であると考え、有資格者をはじめとした建築に関わる人々の育成に日々努めております。

　その一環として、建築に関係する仕事を目指している学生の方々が、夢をあきらめることなく、建築の世界に進むことができるよう、さまざまな支援を全国で行っております。卒業設計展への協賛やその作品集の発行、就職セミナーなどは代表的な例です。

　JIA関東甲信越支部大学院修士設計展は、2012年の第10回大会まで各大学院の代表を募り、WEB上にて展覧会を行っておりました。卒業設計に比べ、作品を公にさらす場が少ない修士設計において本設計展の意義を強く感じ、当学院は2013年から協賛させていただいております。協賛して5年目となる2017年の第15回は、審査員に長谷川逸子氏をお招きし、審査会を開きました。そして、その記録や出展作品をまとめた本作品集を発行することで、設計展のさらなる発展を図っております。

　また本作品集では、2017年度に本設計展に応募された大学から24の研究室を取材し、各研究室のプロジェクトや取り組みを掲載しております。近年の建築・建設業界は人材不足が大きな問題となっており、国を挙げて問題解決に取り組んでおります。しかし一方で、建築を志す若い人々が漸減傾向にあることも見逃せません。そのような状況を踏まえ、研究室の活動を紹介した本作品集が、高校生をはじめとした、建築に興味を持ち始めた若い人々の道標の一つとなることを願っております。

　近年、人口減少時代に入った影響が顕著に表れ始め、人の生き方や社会の在り方が大きな転換期を迎えていると実感します。建築業界においても、建築家をはじめとした技術者の役割が見直される時期を迎えています。そのようななか、本設計展に出展された修士学生の方々、また本作品集をご覧になった若い方々が、時代の変化を捉えて新しい建築の在り方を構築し、高い倫理観と実務能力を持った建築家そして技術者となって、将来、家づくり、都市づくり、国づくりに貢献されることを期待しております。

総合資格学院 学院長
岸 隆司

# CONTENTS

はじめに　実行委員長　佐藤光彦 …… 2
協賛および作品集発行にあたって　総合資格学院学院長　岸隆司 …… 3
設計展概要 …… 8

## Chapter 1　公開審査・懇親会 …… 10

公開審査（質疑応答）　審査員・長谷川逸子 …… 12
懇親会（講評） …… 18

## Chapter 2　出展作品 …… 20

**最優秀賞** 大地を編む
早稲田大学大学院・内田久美子 …… 22

**優秀賞** Terrain Vague Network　－都市のリダンダンシーと建築のふるまいについて－
東京藝術大学大学院・岩本早代 …… 26

**優秀賞** 神田を結わく建築　－異化作用を用いた中小ビル連結の試案－
法政大学大学院・藤田涼 …… 30

**奨励賞** 五十年の継ぎ手　－相馬野馬追を通じた集団帰省の提案－
早稲田大学大学院・藤原麻実 …… 34

コミュニティの継続を意図した住環境の提案
神奈川大学大学院・足立将博 …… 38

防災から考えるこれからの地方のあり方
－徳島県美波町における地域特性を活かした防災計画の提案－
神奈川大学大学院・児玉貴典 …… 42

多様化する建築　－都市に於ける新しい公共の在り方－
関東学院大学大学院・関広太郎 …… 46

『組木』を用いた新たな木質建築の提案　－横浜市中区黄金町を対象として－
関東学院大学大学院・長尾将孝 …… 50

Moire Chromism
慶應義塾大学大学院・遠藤明 …… 54

キリスト教系集落の調査及び現代における集落の提案
〜長崎県五島市奈留島を対象として〜
工学院大学大学院・宮崎理佳 …… 58

「建築」を介して、世界はもっと美しく見えるか。
芝浦工業大学大学院・赤池伸吉 …… 62

東京圏における鉄道貨物跡地の小規模開発の研究
－貨物専用線線状跡地の提案－
芝浦工業大学大学院・大部杏奈 …… 66

巡回審査（審査員・長谷川逸子氏）

### 斜床空間に関する分析および建築設計提案
－クロード・パラン「斜めの理論」に着目して－
首都大学東京大学院・徳田翔太　……　70

### 繋ぐ　－旧野外活動センターリノベーション計画－
昭和女子大学大学院・田邉明子　……　74

### 前庭のある集合住宅　－都市型集合住宅の提案－
昭和女子大学大学院・若林晴美　……　78

### Uglers　「share」をテーマにしたスポーツバー兼宿泊総合施設
多摩美術大学大学院・鄭凱　……　82

### 物質創造実験　－モノが先行する建築をどう考えるか－
千葉工業大学大学院・秋山怜央　……　86

### 見えざる線　－ル・コルビュジエの近代建築と芸術作品の分析から－
千葉工業大学大学院・高橋沙織　……　90

### （縁）取る建築　－視覚的奥行きが揺動する建築空間の構築－
東海大学大学院・小林拓人　……　94

### ポストテンションと3Dプリンターによる曲面成型手法に関する研究
東京藝術大学大学院・田野口紘大　……　98

### Design Prototype for Rebuilding Riverside Community in Bangkok, Thailand
東京工業大学大学院・Tienchinvara, Kotchanot　……　102

### 風のマンダラ都市
ジャイプルの伝統的建築を参照した立体マンダラ建築の考案
東京工業大学大学院・新居壮真　……　106

### 懐古的未来建築　－多層的な時間を内包する空間手法の提案－
東京電機大学大学院・田端将人　……　110

### 途の礎
東京都市大学大学院・伊藤健吾　……　114

### 都市体験から建築へ
－渋谷における継起的視覚体験の記述に基づく設計手法－
東京理科大学大学院・五十嵐大輝　……　118

### 商店街から住宅街への移行における連鎖的な住宅設計手法の提案
－店舗併用住宅の特徴から導くパタン・ランゲージ－
東京理科大学大学院・仲尾梓　……　122

### 湯河原の家
東京理科大学大学院・堀越一希　……　126

### 新宿メガストラクチャー計画
～「メガストラクチャー」による、
アップデートを前提とした都市計画～
東京理科大学大学院・宮坂岳見　……　130

### 佇む光が躍るとき
ル・コルビュジェの建築作品の開口部における光の研究
－ロマネスク教会の光との関係性について－
東洋大学大学院・石塚亮佑　……　134

審査員控え室

公開審査（内田久美子氏のプレゼンテーション）

### 「線」を基本にした空間構成法に関する研究
－建物を紡ぐ建築は都市を整える－
東洋大学大学院・村田徹　……　138

### Re:Born　自然界で生まれた機能の生成変化
東洋大学大学院・神戸晃輝　……　142

### 分離と接続の住宅　公室の二極分離によって多様化する空間接続
東洋大学大学院・安田陽　……　146

### 次世代型浮体式海洋ガス生産施設の提案
愛知県渥美半島沖における複合型研究開発施設の設計
日本大学大学院・出山亮　……　150

### インフラストラクチャの再生による銀座空中芸術都市構想
－東京高速道路のペデストリアン化及び美術館・集合住宅の複合による都市横断型建築の設計－
日本大学大学院・清水亮輔　……　154

### 伝統的な建築空間の分節・接続方法を用いた設計手法の提案
－与野本町小学校を事例として－
日本大学大学院・敦賀谷俊　……　158

### 知覚される快適さ　－適応が開くオフィス空間－
日本女子大学大学院・石塚真菜　……　162

### 接地階のあり方からみる街に開かれた集合住宅の提案
日本女子大学大学院・塩澤瑠璃子　……　166

### 災害後に避難所から仮設住宅に変化する公共施設
－非日常時の機能を主体とした設計の提案－
文化学園大学大学院・梅原睦実　……　170

### 周縁のつむぎ
斜面林からはじめる郊外住宅地の再考
法政大学大学院・前波可菜子　……　174

### 生きられる寺院空間の公共性に関する研究
－無住寺の記憶を継承する祈りの寺宝美術館－
前橋工科大学大学院・石原智成　……　178

### 空間における闇の演出手法に関する提案
－ロラン・バルト『表徴の帝国』と
谷崎潤一郎『陰翳礼讃』を通しての空間試行－
前橋工科大学大学院・佐藤春花　……　182

### 穴を綴る　－生業と風土の関係性からまちを再考する－
武蔵野美術大学大学院・野口友里恵　……　186

### changing house
武蔵野美術大学大学院・リュウジェシー　……　190

### Reincarnation in Retrogressive Architecture
明治大学大学院・陳樂豐　……　194

### 詩的言語の翻訳
－統辞とコンテクストの相互作用による空間の詩学を目指して－
明治大学大学院・平瀬真一　……　198

表彰式（最優秀賞に輝いた内田久美子氏）

受賞者のみなさん

懇親会

# Chapter 3　研究室紹介 …… 202

- 神奈川大学大学院　曽我部研究室 …… 204
- 関東学院大学大学院　粕谷淳司研究室 …… 206
- 関東学院大学大学院　柳澤潤研究室 …… 208
- 慶應義塾大学大学院　松川昌平研究室 …… 210
- 工学院大学大学院　冨永祥子研究室 …… 212
- 芝浦工業大学大学院　堀越英嗣研究室 …… 214
- 昭和女子大学大学院　金尾朗研究室 …… 216
- 昭和女子大学大学院　金子友美研究室 …… 217
- 千葉工業大学大学院　遠藤政樹研究室 …… 218
- 東海大学大学院　杉本洋文研究室 …… 220
- 東京工業大学　環境・社会理工学院　奥山信一研究室 …… 222
- 東京工業大学　環境・社会理工学院　安田幸一研究室 …… 224
- 東京電機大学大学院　松下希和研究室 …… 226
- 東京都市大学大学院　堀場弘研究室 …… 228
- 東京理科大学大学院　郷田桃代研究室 …… 230
- 東洋大学大学院　櫻井義夫研究室 …… 232
- 東洋大学大学院　篠崎正彦研究室 …… 234
- 日本大学大学院　今村雅樹研究室 …… 236
- 日本大学大学院　佐藤信治研究室 …… 238
- 日本女子大学大学院　宮晶子研究室 …… 240
- 文化学園大学大学院　住生活デザイン研究室 …… 242
- 法政大学大学院　赤松佳珠子研究室 …… 244
- 前橋工科大学大学院　石川恒夫研究室 …… 246
- 明治大学大学院　田中友章研究室 …… 248

文化学園大学大学院・住生活デザイン研究室

工学院大学大学院・冨永祥子研究室

前橋工科大学大学院・石川恒夫研究室

# 第15回JIA関東甲信越支部大学院修士設計展

〔主催〕
JIA関東甲信越支部大学院修士設計展実行委員会
委員長：佐藤光彦（日本大学 教授／佐藤光彦建築設計事務所 主宰）
委員：今村創平（千葉工業大学 教授／アトリエ・イマム一級建築士事務所 主宰）
　　　赤松佳珠子（法政大学 教授／シーラカンスアンドアソシエイツ パートナー）
　　　谷口大造（芝浦工業大学 教授／スタジオトポス 主宰）
　　　安原幹（東京理科大学 准教授／SALHAUS一級建築士事務所 共同主宰）
　　　佐藤誠司（バハティ一級建築士事務所 代表パートナー）
　　　鈴木弘樹（千葉大学 准教授）

〔協賛〕
株式会社 総合資格　総合資格学院

〔参加大学院〕
神奈川大学大学院、関東学院大学大学院、慶應義塾大学大学院、工学院大学大学院、芝浦工業大学大学院、首都大学東京大学院、昭和女子大学大学院、多摩美術大学大学院、千葉工業大学大学院、東海大学大学院、東京藝術大学大学院、東京工業大学大学院、東京電機大学大学院、東京都市大学大学院、東京理科大学大学院、東洋大学大学院、日本大学大学院、日本女子大学大学院、文化学園大学大学院、法政大学大学院、前橋工科大学大学院、武蔵野美術大学大学院、明治大学大学院、早稲田大学大学院

〔応募作品〕
45作品

〔展示日程〕
2017年3月21日（火）〜23日（木）

〔公開審査日程〕
2017年3月22日（水）
　　　13：00　〜　15：00　　1次審査
　　　16：00　〜　18：30　　2次審査

〔審査員〕
長谷川逸子（建築家）
長谷川逸子・建築計画工房 主宰

〔会場〕
芝浦工業大学　芝浦キャンパス8階

〔賞〕

最優秀賞　大地を編む
　　　　　（早稲田大学大学院・内田久美子）

優秀賞　　Terrain Vague Network－都市のリダンダンシーと建築のふるまいについて－
　　　　　（東京藝術大学大学院・岩本早代）

優秀賞　　神田を結わく建築－異化作用を用いた中小ビル連結の試案－
　　　　　（法政大学大学院・藤田涼）

奨励賞　　五十年の継ぎ手－相馬野馬追を通じた集団帰省の提案－
　　　　　（早稲田大学大学院・藤原麻実）

## アーカイブ

### WEB版

JIA関東甲信越支部 大学院修士設計展は、「新しい提案の発想の場」としてより多くの建築学生に活用されるべく、WEBでの作品展示を行っています。WEB版では、今年度の全出展作品を閲覧できるのはもちろん、2003年の第1回から2016年の第14回まで、過去の全ての出展作品を閲覧できます。

WEB版URL⇒http://www.jia-kanto.org/shushiten/

### 作品集

『JIA EXHIBITION OF STUDENT WORKS FOR MASTER'S DEGREE 2014
第12回JIA関東甲信越支部 大学院修士設計展』

審査員：伊東豊雄　37作品掲載／17研究室紹介
編著：日本建築家協会関東甲信越支部　定価：1,800円＋税

『JIA EXHIBITION OF STUDENT WORKS FOR MASTER'S DEGREE 2015
第13回JIA関東甲信越支部 大学院修士設計展』

審査員：坂本一成　41作品掲載／17研究室紹介
編著：日本建築家協会関東甲信越支部　定価：1,800円＋税

『JIA EXHIBITION OF STUDENT WORKS FOR MASTER'S DEGREE 2016
第14回JIA関東甲信越支部 大学院修士設計展』

審査員：富永讓　46作品掲載／29研究室紹介
編著：日本建築家協会関東甲信越支部　定価：1,800円＋税

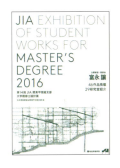

# Chapter 1

# 公開審査・懇親会

Judges Document

2017年3月22日に公開審査と懇親会が行われた。
公開審査における審査員・長谷川逸子氏と実行委員、
出展者の議論と、懇親会での講評を紹介する。

# 公開審査
（質疑応答）

## 審査員：長谷川逸子
Itsuko Hasegawa

長谷川逸子・建築計画工房
1986年、眉山ホールにて日本建築学会賞作品賞受賞。
同年、湘南台文化センター公開コンペで最優秀賞を受賞。
1994年、新潟市民芸術文化会館公開コンペで最優秀賞を受賞。

一人の審査員に審査方法から選出までを委ねるのが、JIA修士設計展の特徴だ。2017年の審査員は、槇文彦氏によって「野武士」と称されたポストモダン世代の一人である長谷川逸子氏が務めた。出展者全員のプレゼンテーションを行った後、9人のファイナリストを選出。ファイナリストによる更なるプレゼンテーションおよび質疑応答を経て、最優秀賞1人、優秀賞2人、奨励賞1人が選ばれた。

### 奨励賞：早稲田大学大学院・藤原麻実
「五十年の継ぎ手－相馬野馬追を通じた集団帰省の提案－」

**長谷川**：勇ましく元気なこの建築は、最終的には高校生のための宿舎になるのですか？

**藤原**：はい、相馬野馬追の最終日だけ帰省者が泊まる宿泊所です。その他の364日は、今年の4月に開校する新設高校の生徒たちが住むための学生寮になります。

**長谷川**：この建築の上に部屋が吊るされているのですか？

**藤原**：新参道の隣にある既存の建物を改修したものに100人分の個室が入っています。さらに、新参道の地下の真ん中に居間、両側に男性用・女性用の浴室といった機能があり、2棟合わせて"宿泊"という機能を賄っています。

**長谷川**：お祭りのためのシンボリックな建築だと思っていましたが、学生が住むとなると日常的な生活が見られるということでまた違って見えますね。藤原さんはここのご出身ですか？

**藤原**：私自身は違うのですが、母方の親戚が相馬市に住んでいます。

**長谷川**：復興のためのオブジェとしては力強くて、元気な建築でなかなか良いと思います。

**佐藤**：集団帰省の提案ですが、藤原さんの提案する参道の上の部分がなくても集団帰省というプログラムはできるのではないでしょうか？ また、50年という期間を区切っていますが、どういう意図がありますか？

**藤原**：集団帰省に関しては、ここは現在約900人と住民が少なくなっていて、人が寄りつかない場所になってしまっています。そこでまちを存続させていくためには、人が定期的に戻ってきて、少しずつ安全な場所に変わってきていることを実感させることが必要だと

早稲田大学大学院・藤原麻実さん

思います。ただ集団帰省をさせようとしても難しいので、年に一度の相馬野馬追の終着地点で人々が歓迎する風景が1日だけできることで、集団帰省の可能性が生まれると考えました。

　50年という期間は、住民の方にヒアリングすると「まちの再生に50年かかる」とおっしゃられて、その時間をただ待っているだけでは住民には高齢の方も多く、誰も帰ってくることなくまちが終焉を迎えてしまうと思い、50年を定期的に紡ぎながらクリアしていくことを意図しました。

**佐藤**：1年のうち364日は参道として使われないのに、このようなシンボリックな形態は必要でしょうか？

**藤原**：自分でも強い形態だとは思いますが、被災した傷跡が残る脆くなったまちに対して強い場所が必要ではないかと考えました。「何かあってもそこに行けば大丈夫」と視覚的にも感じられる建築としてこのような設計をしました。

**赤松**：いろいろな展開を考えていて、この場所をどう再生していくかに対してとても真摯に取り組んでいると感じますが、1年に一度集まる場所を最初から用意するのではなく、50年かけて少しずつ風景が変わっていくとは考えなかったのですか？

**藤原**：私はそう考えませんでした。その日1日だけ集団帰省を起こすことはとても労力が必要ですが、そのためには突如として予想していなかったものが現れる、ある種の標的のようなものが必要だと思いました。この建築ができることによってまちが徐々に変わっていくことを想定しています。

**安原**：住民が減っている現状で、馬追のために集まる場所や仕組みなど、馬追という風習自体を維持するための工夫が必要だと思いますがそれはありますか？

**藤原**：他の市や区が馬を管理するなど、相馬野馬追は相馬地域全体で行われています。

**安原**：ここの住民たちだけでやるわけではないんですね。

**長谷川**：この行事とこの建築が一緒になって印象づけられてみんなが戻ってくるような、もう少し両者が一体となったものだと良かったですね。

**藤原**：2日目の競技を終えたあとに、競技に参加されていた方々が旗を持って行列しながら帰ってくるのが恒例行事で、その行列がこの建物に吸い込まれていって、取り付けられている旗と一体化するという風景を想像してデザインしました。

### 優秀賞：東京藝術大学大学院・岩本早代
### 「Terrain Vague Network －都市のリダンダンシーと建築のふるまいについて－」

**長谷川**：成熟した日本の都市で、また人口も減っていくなかで、まちのなかにちょっとしたキッカケで何かが起こりそうな場所を見つけて、建築家の目で拾い上

奨励賞に選ばれた早稲田大学大学院・藤原麻実さん「五十年の継ぎ手－相馬野馬追を通じた集団帰省の提案－」の模型

げてつくっていくという点を評価しました。これは日本でも建築家の仕事になると考えていますか？

**岩本**：私はこれを建築家の仕事にしたいと考えています。建築をつくることで東京のような都市空間が成り立っていますが、その真反対にあるような風景も実はそれと同時につくり出されているということを考えて、こういう活動をしたいと思い修士設計に取り組みました。

**長谷川**：都市のなかで取り残されている場所を、建築家はすぐ建築で埋めたくなるけれど、この提案のようにもう少し違う目線で建築家が都市を見ていくとより楽しくなるかもしれないと評価しました。

**佐藤**：空き地のようなものに着目し評価して、それがどのように成り立っているかを分析していったとき、設計のなかで自分で建築をつくっていくという方法は考えなかったのですか？

**岩本**：テラン・ヴァーグというのは、都市に住んでいる数えきれない人間と偶然性によって生まれたもので、テラン・ヴァーグに直接手を加えたり建築をつくるということは考えていません。それをどう転換して

優秀賞に選ばれた東京藝術大学大学院・岩本早代さん「Terrain Vague Network－都市のリダンダンシーと建築のふるまいについて－」の模型

いくかを中心に考えました。

**赤松**：面白い視点だと思いますが、結局、空虚で不安定で曖昧な場所というのは、人が意図的につくり上げていないからこそのものだと思います。そこに対して何かアプローチを仕掛けた途端にテラン・ヴァーグではなくなるのではという気がします。岩本さんのアプローチはより良いものへ転換していこうという意味での提案と捉えて良いですか？

**岩本**：テラン・ヴァーグに直接手を加えるというのは私のなかでは禁じ手と考えていますが、やはり何か変えてあげないと、現状の都市では空き地のようなものを"あっても良い場所"と人々が捉えることはできないので、そのギリギリの間で少し質を高めて肯定的に都市に内在させていく可能性を考えました。

**安原**：ヤギが草をムシャムシャ食べることで場所が自然にできていくというのはわかります。そのヤギを縛り付ける装置を設計したわけですが、もう少し強いものを設計することもできたと思います。その辺の意図を説明してもらえますか？

**岩本**：都市で日常的に発見できるはずの豊かさのようなものをフワッと浮き上がらせる装置、都市を楽しむ装置として提案をしていて、それ以上に強いものをつくってしまうと、私が魅力的に感じていた風景を崩してしまうと考えました。

**安原**：岩本さんが都市のなかで発見したものにとても共感できるのですが、提案の目的というのは、それを

東京藝術大学大学院・岩本早代さん

審査員の長谷川逸子氏の他、実行委員も審査に参加。会場となった芝浦工業大学の芝浦キャンパスに多数のオーディエンスが詰めかけた。

他者に伝えることですか？

**岩本**：伝えたいというよりは、都市のなかの魅力的なものにふと気づく瞬間や時間、その質を提案できればと考えました。

### 優秀賞：法政大学大学院・藤田涼
「神田を結わく建築－異化作用を用いた中小ビル連結の試案－」

**長谷川**：神田はいくつも大きなビルが開発されていて、まちの魅力がなくなっていっている辺りですよね。これまでの神田の様相を全く消してしまおうというものです。古い建物をもう一度きちんと使えるようにするためには、藤田さんの提案のように"つながる"というのが大事だと思います。今は一つずつ小さなビルが独立して建っていて、機能もそれぞれ独立しているけれど、それらを連結することで新しい機能が生み出されれば、活気が出て面白い環境になるかもしれません。バラバラの小さなビル群をどうやってつなげるかというその手法が上手ければ、個別のビルが一つの空間になります。修士設計や卒業設計では、どうしても環境の良い地方を敷地とした建築ばかりが選ばれがちですが、このように東京のまちのなかにもう少し建築的な考えを与えられると良いですね。上手くいっている提案だと思います。

**佐藤**：かなり現実的な提案だと思いますが、まず前提として、神田のビル群を評価することから始まっていますよね。ビルを残しながらこの提案を進めるというのは非常に効果的なところがある反面、重要文化財の保存に匹敵するような難しいことをやっている。その

優秀賞に選ばれた法政大学大学院・藤田涼さん「神田を結わく建築－異化作用を用いた中小ビル連結の試案－」の模型

法政大学大学院・藤田涼さん

バランスはどう考えていますか？

**藤田**：これだけの耐震補強をする必要があるのかということに関しては、神田のビルはもちろん重要文化財のように評価できる建物ではないのですが、「その建物に価値があるから残す、ないから残さない」というものではないと思っています。フィーレンディールトラスを使ったのですが、建物の横に空き地があって今は駐車場として使われている場合、その駐車場のスペースを担保しながら空いた上の部分を有効活用できないかと考えました。その際に、フィーレンディールトラスが建物に作用しながら横の空き地に対しても開いていくことができるため、構造的に太くなってしまったのですが、材の寸法はそれで決めました。

**鈴木**：この建物をある程度整備できたら新しい住民を募るのですか？

**藤田**：はい。

**鈴木**：僕はそれに対しては否定的で、神田のまちの雰囲気はそこにある建物や人、中小企業たちが生み出しているものだと思います。それらの存在を残しながらコミュニティを広げていくという考え方もあると思うのですが、そうしなかった理由は何ですか？

**藤田**：そうしなかったわけではなく、全く新しい人たちが入って来られないというのも問題だと思っています。また現在、神田では建物の空室化が進んでいるという問題もあり、それに対処するプロセスも考えました。今住んでいる人たちが全くいなくなってコミュニティゼロから再生するというわけではなく、空室化してコミュニティが希薄になっているところに、新しい人をどうやって呼び込んでいくかを考えたときの更新の仕方を提案しています。

### 最優秀賞：早稲田大学大学院・内田久美子
「大地を編む」

**長谷川**：東京に住んでいても地方でもそうですが、日本は島国で坂や崖といった厳しい地形条件のなかに都市ができてきました。土木というものは、川が河川になってコンクリート壁になったり、かつては緑豊かなところだったのに突然コンクリートになったりと、どんどんと都市を堅いものにしてしまっています。しかし、まだ軟弱な地盤の土地はたくさん残っていて、もう一度そういうところに手間をかけて、空気や水といったいろいろなものを生活の感性に結び付けて、土木でデザインしていくというのは非常に建築的な行為だなと評価しました。

ただし、そういう軟弱な地盤を対象にしているのだから、建築のように杭を打っていくのとは違ってとても大変なことで、そう簡単ではありません。土木と建築を一体にするというのはそう易々とはできないと思いますが、それでも、単にコンクリートにしてしまわないで、新しい装置としてもう一度崖を見直し、それに見合う建物をつくろうという方向性はなかなか良いなと思います。

**谷口**：人間のいろいろな行為を取り上げてさまざまな関連付けをしてくれていますが、実際に自分でサーベイして都市で起こる出来事や人間の行為をピックアップしていったのですか？　それとも計画のために自分で設定していったものなのでしょうか？

最優秀賞に選ばれた早稲田大学大学院・内田久美子さん「大地を編む」の模型

**内田**：形態はサーベイから抽出しました。私がこの計画を始めるに至った発端としてジャカルタの研究があります。ジャカルタでは人々の行為が路地に溢れ返っていて、"座る"とか"ものを掛ける"といった小さな行為の延長で住環境を整えている様子が見受けられました。"ただ座ってその場所を見つめる"という小さな行為を誘発するような形態がそこには溢れていたのです。私はその所作を導く形態を、3年間にわたるジャカルタを初めとしたアジア諸都市の研究から抽出しました。

**鈴木**：土木的な素敵な提案だと思いますが、建築家としてそこに介在するときに、どこまでの空間に建物を建てるのか、土木は土木としてどこまで残すのかという判断基準はどのように考えましたか？

**内田**：私は人々の行為と土木をつなげるものとして建築は存在するべきだと考えます。この提案で私が"道具的土木"と呼んでいるものは、全て既存の工法によるものなので、土木として成り立っているものですが、表面に出てくる木製擁壁の形を座れるようにするといった、人の視界に入ってくる、人の生活のなかに認知されやすいところを建築としてつくって、その奥にある大地を支えている部分はきちんと既存の工法を使って計画しようと考えました。

早稲田大学大学院・内田久美子さん

# 懇親会 （講評）

**奨励賞：早稲田大学大学院・藤原麻実**

奨励賞はだいぶ迷って1作品だけ選びました。藤原さんの作品「五十年の継ぎ手ー相馬野馬追を通じた集団帰省の提案ー」からは、東日本大震災で被災したまちに元気な力強い建築をつくることの意義や意味をしっかりと感じることができます。50年という長い年月をかけて、人を戻してまちをもう一度再生しようという考え方がとても良いなと思いました。大災害が起こると、急いで早く解決しようとして、結果としてとても貧しいまちになってしまうことがよくあります。被災地をどのように復興していくのか、丁寧にみんなの想いを汲み上げて、時間をかけてつくっていくという考え方がとても大切に思います。そのような意図が読み取れたので、藤原さんの作品を奨励賞に選びました。

**優秀賞：東京藝術大学大学院・岩本早代**

岩本さんの作品「Terrain Vague Network －都市のリダンダンシーと建築のふるまいについてー」はランドスケープの設計ですが、専門家がランドスケープをつくるとたいてい堅い感じになってしまいます。私が新潟市民芸術文化会館のランドスケープをデザインした際に、槇文彦さんがとても評価してくださいました。環境を考えたデザインで、自然体でコンテンポラリーなランドスケープが評価されたのだと思います。

各受賞者の講評と審査総評を話す長谷川氏

ランドスケープをもっと人々の身近にあるものにしていかないと、この先の発展はないと考えています。岩本さんの、優しいやり方で、もう少し生活の近くにあるランドスケープをつくろうというセンスがとても良いなと思い、優秀賞に選びました。

**優秀賞：法政大学大学院・藤田涼**

藤田さんの作品「神田を結わく建築－異化作用を用いた中小ビル連結の試案ー」は東京の神田を敷地に選定していますが、神田は私の生活圏で、開発されてビルが建っていくことにいつも不満を感じていました。私自身、なんとか上手い方法で、都市のなかで古いビルを集合化させたり、耐震化させることで、新しい方

実行委員長・佐藤光彦氏（日本大学教授）が乾杯の音頭をとり懇親会がスタート

公開審査の緊張感から一転、出展者、オーディエンス、総合資格学院のスタッフ等も参加し賑やかな懇親会

審査員室では審査員、実行委員、総合資格学院の三者で表彰の打ち合わせが行われた

表彰式で副賞を授与する総合資格学院の安島才雄氏

向性を探れないものかといつも考えています。藤田さんの作品はまさにそういったものを提案してくれていて、都市建築の作品として優れた力作だと思います。

### 最優秀賞：早稲田大学大学院・内田久美子

内田さんの作品「大地を編む」は土木とランドスケープをテーマにしていますが、土木というのは合理化と言いながら実は安全性を担保することが難しいものです。合理的な仕事をしているようでも、道路が陥没することもあります。たとえば、弱い地盤の土地を敷地に選んだときに、擁壁をコンクリートでつくったとしても必ずしも強いものになるとは限りません。そういうことを考えると、土木的なことはもっと建築家の目にさらされても良いなと思うんです。内田さんからは、建築家の視線でもう一度土木と関わっていこうという姿勢が感じられ、そこを高く評価しました。

### 総評

各大学で選ばれてきた作品なので、これに賞を与えるというのは大変な仕事でした。いろいろな大学の先生たちと一緒に、いろいろ意見交換をしながら審査を進めてきましたが、今日のようにすでに選ばれてきた作品にさらに優劣を付けるのはとても難しかったです。審査を終えて、各作品がそれぞれの大学で優秀な作品であるということが十分に読み取れました。みなさんの作品一つひとつが立派な作品です。

私は海外の大学の設計展の審査に呼ばれることもあって、海外の学生の作品を見る機会がありますが、日本の学生は模型が上手いですね。会場を見渡したときにすごい迫力で、日本人の器用さという特徴がよく表れています。模型にはリアリティがあります。

私は大学時代、船を設計してバルサで模型をつくっていたのですが、2年生のときに住宅の課題が出された際に、同じようにバルサで模型をつくったのです。すると、当時、磯崎新さんらがやっていた早稲田大学の学生会議の模型展で評価されて、それを見た菊竹清訓さんが「この模型をつくった人を雇いたい」と言ってくれました。まだ大学2年生の私は国立京都国際会議場コンペの大きな模型づくりに採用されて、以降、菊竹清訓事務所で仕事をすることになったのです。

私にとっては模型表現はとても大事で、私はいつも一生懸命、良い模型をつくるよう心がけてきました。みなさんもそれぞれ得意な表現、例えば3D、ムーヴィーなどあると思いますが、ぜひ磨いていってほしいと思います。ますます精進して、将来技術者や建築家になって、日本の未来を築いていく人たちになっていくことを期待しています。

左後ろから順に谷口大造氏、鈴木弘樹氏、安原幹氏、佐藤光彦実行委員長、赤松佳珠子氏、安島才雄氏（総合資格学院）、左前から藤田涼さん（法政大学大学院）、内田久美子さん（早稲田大学大学院）、長谷川逸子審査員、岩本早代さん（東京藝術大学大学院）、藤原麻実さん（早稲田大学大学院）

# Chapter 2

# 出展作品

Exhibitors Works

本設計展の出展者は、各大学院の専攻における代表者となる(各専攻2作品まで)。
受賞作品を含む45作品を紹介する。

最優秀賞

# 大地を編む

**内田 久美子**
Kumiko Uchida

早稲田大学大学院
創造理工学研究科
建築学専攻
古谷誠章研究室

3年間調査してきた都市内生活者研究の中で住民自らが生活の延長で住環境改善を行い、それらが連なる事で活気が生まれるだけでなく生活基盤を支えている事を体感してきた。一方、人の入り込む余地のない日本の硬い生活基盤は深刻な老朽化と維持が困難視されており、今後必要なのは生活の中で支えられる柔軟な生活基盤ではないかと考えた。

そこで東京を形成してきた武蔵野台地の崖を風景にもつ山手線沿いの西日暮里にて、1日に数十万人に共有される手間をかける土木と生活景を計画する。

手法1｜5つの道具的土木［雨水浸透壁、水抜きパイプ、木製擁壁、ブロック擁壁、通風屋根］を計画した。手法2｜都市内生活者研究より、道具的土木を支える所作を導く段差や坂と曲がる壁などの10の形態モデルを計画した。手法1と手法2を掛け合わせることによって、400mの歩行者及び鉄道利用者に共有される擁壁、道、そしてランドスケープセンターと住宅モデルを提案する。

光や段差、窪み等によって所作が生まれ、例えば、雨の日、そして雨の次の日、暮らしの中でそこに大地がある事に気が付く。そして更新されていく風景を共有することによって私たちの暮らしは大地の上にあるのだと再認識する。

私たちの暮らしがそこにある事は、それだけで都市の財産となっていく。山と水の中で生きながらえていくために、土木はそこにあり続けなければならない。それが人と大地の接点を排除するものではなく、人がいる事で強くなり生活景として共有されるものになる事を願う。本計画は、都市における個人と大地に対する社会の姿勢を問い直すものであり、建築と個人と大地を繋げる場所として捉え直した。

## 序
## 都市における個人と大地について

### 都市内生活者研究

都市内生活者研究の中で記録してきた行為は、領域を超えて、建築や道までを自発的に手入れをし、風景を作り出していた。

小さな行為が重なっていく事によって、住宅の領域を大きくこえて、住宅区全体の住環境を整え、これにより路地全体が生活景として共有・更新されていた。ここに都市に生活する事の喜びがあるのではないか。

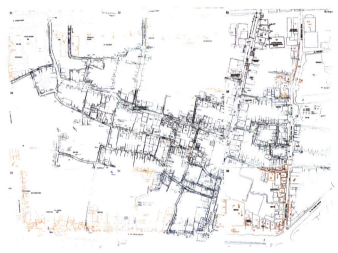

小さな行為が連なり共有される生活景のプロット図　site: Jalan JaksaKota Jakarta Pusat, Jakarta, 2015

### アダプトプログラムの重要性

生活基盤は50年を過ぎるものが多く、老朽化問題を抱えたものが増加している。縮小社会に向けて、最大の問題は作業員の確保であり、国は国民の理解と協力の促進を求めている。対して国民は、インフラの維持管理に対して、住民協力の拡大をするべきであり、経済的負担ではなく、美化・清掃・点検・工事など、積極的に関わるべきだという意見が多く、アダプトプログラムの事例は年々増えている。

### 今後求められる生活像

私たちは領域を超えて、生活基盤・共空間に対して関与していく生活像が求められる。そしていかにして継続可能であるか、ただの負担で終わらないようにするかが課題として問われている。

### 仮説

研究で見てきた場所では、弱く柔軟な生活基盤であったのに対し、一方日本の人が介入する事が難しい土木は、その老朽化と体制が問題になっている。

管理責任は国だが、今後の縮小社会に向けて、一部分を住民が日常的に世話をするような柔軟で強い土木が求められるのではないか。

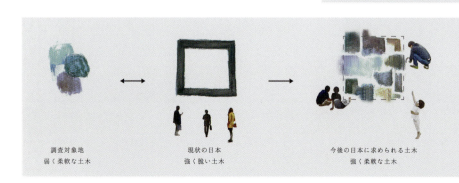

# 計画
## 手間をかける土木

### 手法1　山と水と付き合っていく道具的土木

既存の工法をもとに人の手を加えられる要素を付加する事によって、日常の中で手間をかける土木を目指す。土木は強いものではなくてはならないが、そこにはどうしても人の目と手が必要になってくる。その人の目と手が、日常の中で大地に接するように土木と接点を持てるような道具的土木を提案する。

### 手法2　所作を導く形態モデル

都市内集落生活者研究より住環境の改善、または契機となる所作を抽出し、モデル化をした。その所作がうまれる背景と、欲求から整理した。一人の所作を導く形態と、複数人の所作を導く形態に大きく分ける事によって、住宅から共空間までの繋がりを意識的に設計する事までつなぐ。

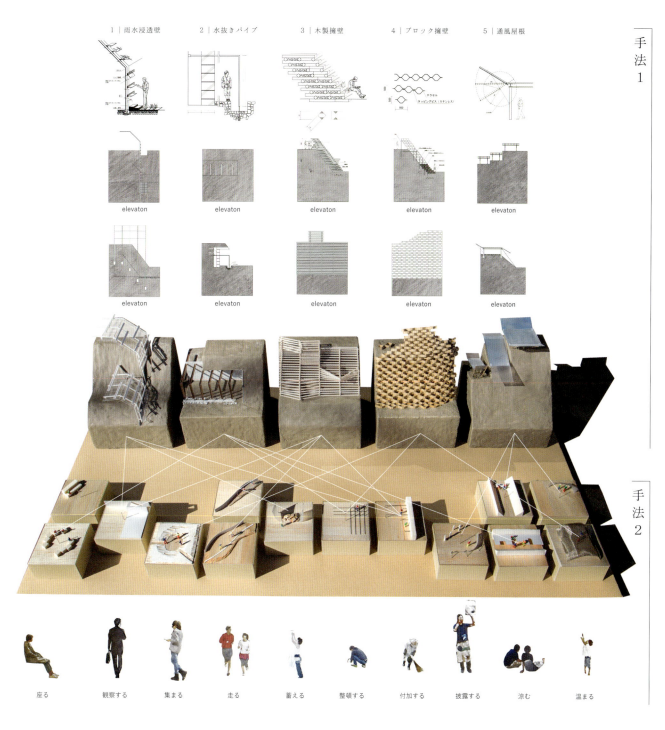

都市内生活者研究

## 全体計画
### 所作を内包する400mの擁壁と壁

西日暮里駅から徒歩圏である400mを計画。歩行者と鉄道利用者に共有される生活景となる。西日暮里-道灌山に発生しうる所作を導く形態の組み合わせにより擁壁と道を計画した。また、この地域の土木を支えるためのランドスケープセンターと、大地と付き合っていく住宅をモデルとして設計した。

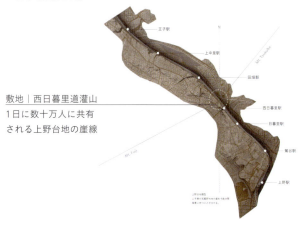

敷地｜西日暮里道灌山
1日に数十万人に共有される上野台地の崖線

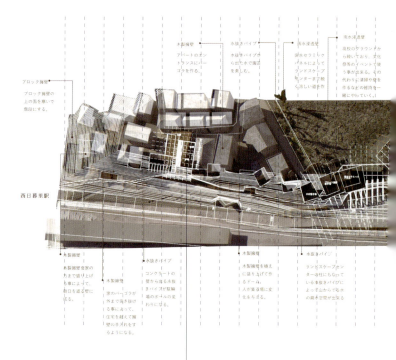

## 大地と付き合っていく住宅モデル

大地の中で暮らすために、擁壁と溶け合うような住宅をモデルとして設計した。家の中まで続くパーゴラは人の視線と行為を外の擁壁まで延長する。またサンルームの雨水浸透壁の保水パネルは庭まで続き、庭の手入れをすることは擁壁と雨水浸透性を保つことに繋がる。

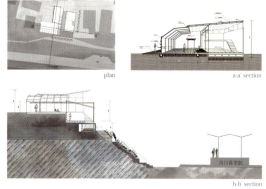

## くらしの中で手間をかける生活景

雨上がり。散歩道に水面が出来ていた。藤棚を辿って見ると山の中から湧き出た水によってできた事に気が付いた。

朝。洗濯物を干すついでに木製擁壁の植物の手入れをする事が日課になってきた。

毎年春には、幼稚園の遊びの時間に花を育てる事になった。擁壁を介して人の集まりが出来た。

日ごろの擁壁の手入れを表彰され保水パネルを床に敷いてもらった。家周りの清掃は雨水の浸透性を保つ事に繋がる。

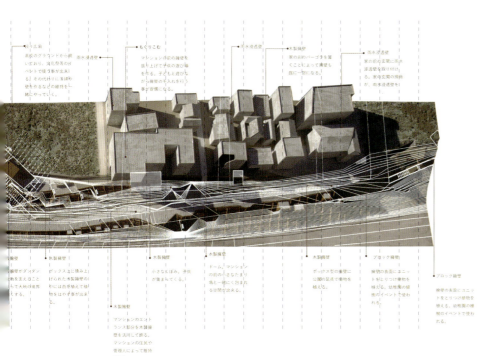

## プログラム

アダプトプログラムの一環として住民に手入れを託す。草花の手入れをしたり、住民を支える活動や、高校の授業の一環として、また幼稚園の遊びと学びの一環として行っていくなど、土地のリズムに合わせて行っていくことで段階的に生活景となっていく。

## ランドスケープセンター

この地域の擁壁と生活を守るランドスケープセンター。材のストックやレクチャー、高校のイベントの場として使う事が出来る。イベントの時には道具的土木の面倒を見る事や、来年の花を一緒に決めるなど、土木と風景に対して参画していく事が積み重なり風景を育てていく拠点となる。

plan

a-a' section

plan

b-b' section

イベント会場では雨が落ちる場所に保水パネルを敷くことによって植物を育て、イベント時に一緒に世話をしてもらっている。

久しぶりに祖父母の家に来た。玄関にはタイルと栽が増え、風景の一部となっていた。

朝、駐輪場に向かう。今までは何もなかった擁壁の一部に花が植えられた事に気付く。土がある事を少し意識する。

駅のホームで、目線に祖父母と母の家が見えてくる。誰かが母が手間をかけ続けた擁壁を綺麗だといった。誇らしく思う。

雨の日。ランドスケープセンターの通路を歩く。藤棚だと思っていたパイプから水の流れている音が反響している。

桜の季節。今年も桜並木が続く。桜並木を抜けるけ一時しかいなかった場所に、自分の痕跡が擁壁として残っていた。

## 優秀賞

# Terrain Vague Network
― 都市のリダンダンシーと建築のふるまいについて ―

### 岩本 早代
Sayo Iwamoto

東京藝術大学大学院
美術研究科
建築専攻
中山英之研究室

　Terrain Vagueとは、都市において、もはや空虚で占有されていない、不安定で曖昧な場であると同時に未知性や自由への期待を想起させる場を示す造語（フランス語）である。主に空地や未利用地として現れるこの風景は、用途や活動の不在がもたらす、ある種の清々しさが魅力的だ。一義的な有為性の感じられない風景が、人間の本質的な部分に作用する、ある種の豊かさをもたらしているのかもしれない。そんなTerrain Vagueを、新しい都市の庭として迎え入れてはどうかと考えた。そこをいきものたちが行き来できるようにネットワークを構築する。そうして動植物のダイナミックな動きを受け入れる新たな都市のネットワーク＝Terrain Vague Networkを提案する。

　「どんな種類の生物も環境なしには存在しえない。どんな種もそれ専用に作られた環境に生きることはできないし、どんな種も生態学的共同体の非破壊的なメンバーとしてでなければ生きてはいかれない。どのメンバーも、生きてゆくためには共同体の他のメンバーと環境とに順応せねばならぬ。人間もこのテストから除外されてはいない。」- ヤン・マク・ハーグ『人間とその環境』「都市の条件」

　Terrain Vague Networkが実現された新たな都市は、ついに、人間の一義的な有為性を超えた、本質的な豊かさを獲得し始めることだろう。

### 忘れられた庭の魅力から

　私が建築を学ぶ一方で惹かれ続けてきたのは、高密な都市にひっそりと存在する、建物のたっていない、人々から忘れられた庭のような場所だった。建築をつくるということとは真逆にある風景に惹かれてしまうという、矛盾や不安と葛藤しているときに、テラン・ヴァーグという言葉に出会った。22年前に一人の建築家が当時最も重要な会議の一つであった「any会議」で発表したこの言葉は、まさに、私が惹かれ続けていた風景につけられたものだった。

　修士設計ではこの「テラン・ヴァーグ」についての研究を行いその本質的な価値を提示すると共に、これらを都市の新たな庭として迎え入れるための建築的提案を行うことを試みた。

### テラン・ヴァーグと人々のふるまい

　タバコを吸うひと、居眠りをするひと、自転車や空き缶をそっと並べて置いて立ち去るひと、道端に捨てられた壊れたものを組み合わせて遊ぶひと……このような無意識的な、しかし一抹の後ろめたさを抱くようなふるまいがテラン・ヴァーグでは多く見受けられた。こういった行為は人間が根本的に必要としているものであり、それらを許容する空間が、テラン・ヴァーグの魅力の特徴としてあげられそうだ。

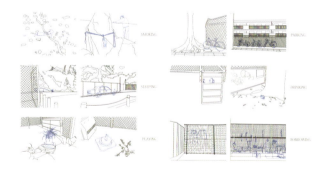

### テラン・ヴァーグを行き来する生き物たち（一例）

 蝶々
移動力は中程度で400〜600m。花壇や植え込みなどの植栽地や小規模な緑地でも誘致が可能。都心部でも広く見られる蝶々は判別しやすく、狭い範囲の生態系の指標性が高い。

 トンボ
移動力は中程度で700〜3km。樹林、草地、水辺地（池やプール）に生息し、生活史のステージにより生活環境を変える。繁殖地は水辺で、人間の手入れの少ない荒れた場所の方が好まれることが確認されている。

 鳥
移動力は高く、数100km飛ぶものまでいる。都心部の樹林地に生きる鳥たちは、山間部での大きな動物たちからの捕食から逃れようとやってきたものが多い。警戒心が強いものが多く、人間の目を避けるように生活している。

 ミツバチ
行動範囲はおよそ半径2〜4km。受粉を促し、植物たちの生命活動を支える。屋上での養蜂は、蜂蜜が収穫できるだけでなく、その成分を調べることで地域の植生の観察を可能にする。

 カエル
移動距離は小型〜中型のもので200〜600m、大型のアズマヒキガエルなどで200〜1.5km。カエルの存在は、豊かな林床や落ち葉が溜まっている樹林地と水辺が一体となった、都心部では減少しつつある環境があることを示す。

 タヌキ
移動距離は1〜2km。都心部に残された大型緑地を、排水溝などを利用しながら移動して生きていると観測されているが、高速道路等がその行動範囲を大幅に狭めている。

## 遍在する未利用地

テラン・ヴァーグは都市では主に未利用地として地図に描かれることが多い。東京都土地利用現況GISデータを用いてその動向を観察したところ、ほとんど一定の割合で未利用地が存在し続けていることがわかった。いくつか特徴のある場所をピックアップしてGIFデータにしてまとめ、その動向がよく見えるようにした。下図は平成23年の未利用地（黄色部分）をプロットしたものである。

## Gap Dynamics ⊃ Terrain Vague

ギャップダイナミクスとは、森林生態学の用語の一つである。森林が、部分的に壊れては遷移することを繰り返し、全体として極相の状態を維持すること（狭義のギャップダイナミクス）や、そういった考え方（広義のギャップダイナミクス）を示す。森林におけるギャップとは、林床の暗い森林に出来た、林床まで光が差し込む隙間である。極相林では背の高い陰樹により林冠が形成され、林内は暗い状態であるが、自然災害・伐採・老衰・病気等によって高木が倒れると、周囲を巻き込んで林冠に大きな隙間を生じ、林床まで光が差し込む隙間が出来る。この光あふれる大地には、林冠において育つことが出来なかった草花が姿をあらわし、そういった草花や光を求めて様々ないきものが訪れる。場所を移しながらも極相林には常にギャップが生じており、そこがいきものたちにとってのオアシスとなっているのである。

建物が密集する都市において、テラン・ヴァーグはまさにギャップ的役割を担っている。これは主に荒地や空地・未利用地として現れ、都市に生きる様々ないきものたちが訪れる場となっている。人間も例外ではない。一方現状、テラン・ヴァーグは人々からポジティブに受け入れられることは少なく、どちらかと言えば治安悪化や賑わいの喪失、雑草の繁茂などの「空き地問題」として取り上げられるのが一般的だ。しかし同時に、2020年の東京オリンピックにむけて新国立競技場が新設される際、東京の中心に大きな空地が出現したのを見た人々から「このままでいいのに」という声が上がったことは記憶に新しい。これは混乱の中で出てきた人々の本能的・本質的な欲求なのではないだろうか。

テラン・ヴァーグがあってよし（必要だ！）と、肯定的に捉えられる都市の実現に向けた、建築的提案を行う。

## Terrain Vague Network の構築

## 草刈りの頻度と植生の変化

年に4〜5回（〜20cm）：バッタやシジミチョウ
クローバー、タンポポ、ハハコグサ、ホトケノザなど

年に2〜3回（〜1m）：アゲハ類
イヌムギ、ネズミムギ、ノゲシ、ヒメジオンなど

年に1〜2回（〜2m）：トンボ類、鳴く虫
アキノキリンソウ、ノハラアザミ、シラヤマギクなど

# Terrain Vague Network

〜都市のリダンダンシーと建築のふるまいについて〜

チューニングインフラ LIST（例えば）

a：かえるのための連続的な緑地街道
b：リスなど、小動物のための橋
c：屋根の上の渡り鳥の休憩所
d：たぬき専用トンネル
e：ミツバチの巣箱
f：トンボが育つちいさな水辺
g：関東タンポポの保全

## Terrain Vague Network

　Terrain Vagueとは、都市において、もはや空虚で占有されていない、不安定で曖昧な場であると同時に未知性や自由への期待を想起させる場を示す造語（フランス語）である。主に空地や未利用地として現れるこの風景は、用途や活動の不在がもたらす、ある種の清々しさが魅力的だ。一義的な有為性の感じられない風景が、人間の本質的な部分に作用する、ある種の豊かさをもたらしているのかもしれない。そんなTerrain Vagueを、新しい都市の庭として迎え入れてはどうかと考えた。そこをいきものたちが行き来できるようにネットワークを構築する。そうして植物のダイナミックな動きを受け入れる新たな都市のネットワーク＝Terrain Vague Networkを提案する。

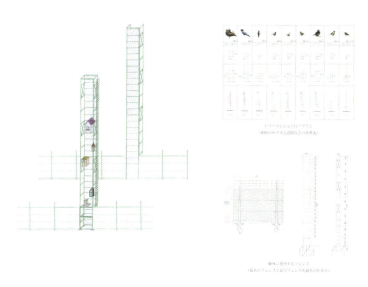

## ハイウェイ・ブリッジ

首都高によって分断された自然教育園とその飛び地の間にかかる、動物専用の橋である。橋をかけることで、高い塀で囲われ、独立していた自然教育園の生態系を少しずつ回復し、結果として、周辺を含めた敷地全体の環境の変化を促すことができるのではないかと考えた。また、人間が利用することを想定しない、新しい構造やスケールを持ったストラクチャーは、一元的な有用性を超えて、都市に新たな豊かさや喜びをもたらすことだろう。

## トリーマンション

インフラ副産物型のテラン・ヴァーグなど、フェンスが線状に連なる風景に介入する、鳥のためのマンション。よく見られるフェンスを組み合わせて作る、高さ12メートル・幅1メートルのタワーマンション型。周囲の立ち入り禁止エリアには、鳥たちが運んできた様々な植物が花を咲かせるだろう。

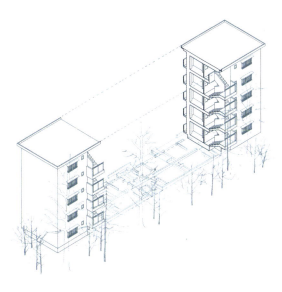

部分的に解体する
（キリトリセンが見えてくる）

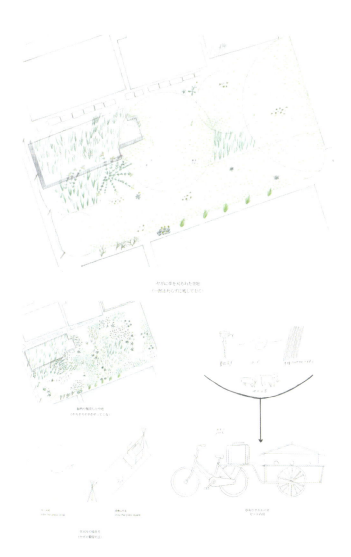

## テラン・パーク

立ち退きが完了したがその後の計画の見通しが立っていない青山北町アパートを、工事が始まるまでのあいだ、一時的に公園にする提案である。豊かな植栽をそのままに、基礎、水回り、階段室などを部分的に残しながら解体を行う。立ち退きが完了したら団地の周りをフェンスで囲い、一帯を公園にする。ここでの活動は「自己責任」のもと、何をするも自由だ。部分的な解体によって生じた凸凹には、鳥やミツバチなど都市にくらすいきものたちが借り住まいを始めるだろう。

## 草刈りヤギのパオ

空地問題としてよく取り上げられる雑草の草刈りをヤギに行ってもらうプロジェクトである。草刈りにつきものの騒音問題と廃棄物の問題をうかせることができる。また、植物の植生は、草刈りの頻度によって少し調整をすることができることから、部分的にヤギに刈らせない場所を設け、同一敷地内に植生のギャップをつくり、小さな敷地の集合でも生態系の動きを促すことが可能であると考えた。

## 優秀賞

# 神田を結わく建築
― 異化作用を用いた中小ビル連結の試案 ―

**藤田 涼**
Ryo Fujita

法政大学大学院
デザイン工学研究科
建築学専攻
建築設計・空間デザイン研究室

　魅力がないとされてきた老朽化した中小ビル群を共同体として群をなすビル群へと価値を転換していく建築を提案する。
　これまでのような競争原理にのっとった殺伐としたスタンドアローンな存在としての建築ではなく、集積し隣り合うことを生かし様々な生命が群れを成すことで互恵関係を結ぶように、小さな建築たちが群れることは出来ないだろうかと考えた。そしてそれは小さな関係性がコラージュするように塗り重ねられ、一つの大きな「共同体としての群像」として立ち現れるのではないだろうか。そうした群像を成すために建築と建築を連結する空間を試案する。
　敷地は東京都千代田区神田。かつて下町と呼ばれ親しまれたこの場所はその時代の流れを映すように現在は中小のオフィスビル街へと変貌したが老朽化などによる空室化が進んでおり更新期を迎えている。こうした神田の中小ビル群を生活環境を纏わせながら連結していき、現代の密集した都市での新たな関係性を描く。またそうした連結によって結ばれるのは建築同士だけでなく、ひとつのまちとしても多くの関係性を連結されることが考えられる。つまり連結するための空間は単にひとつの建築の改修ではなく、周辺の建物やまちとの関係性によって作られるものだと考える。これは東京のような密集した都市空間における有効な改修計画のひとつであり、人とまちを結い合わせる媒介であると感じている。

対象地域の用途 　　　空室を持つビルのプロット

Urban Planning of Linking Architecture

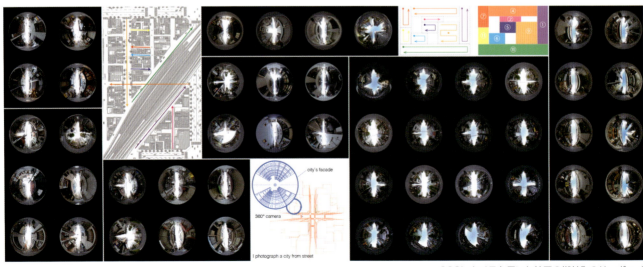

360°カメラを用いた神田の街並みのサーヴェイ

## 空隙の型

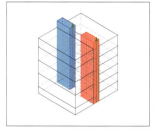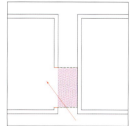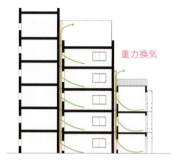

　現在、神田は狭い使いようのない隙間を保ちながら中小ビルが敷地いっぱいに建っている。これらのビルは多様な素材で外壁を覆っていて、バラバラな都市空間を作り出している。そんなバラバラなものも、視点を変えれば醜くとも美しい。
　この提案は隣のビルの外壁を内部空間に取り入れる連結である。この提案はビルの隙間にある開口部やダクトなどの関係によってランダムな構成を作り出す。そして面的な都市空間ではドナー供給側、レシピエント受け取り側という関係が連鎖的に起こり得る可能性を持っている。また、重力換気を促せば密集したビルの中に風を送り込む装置となる。

## 昇降の型

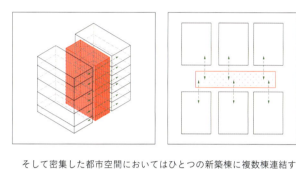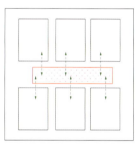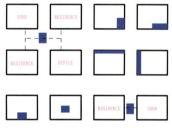

　そして密集した都市空間においてはひとつの新築棟に複数棟連結することができる。こうすることにより屋内や屋上空間の有効活用や省エネルギー化を促進すると思われる。この連結手法は既存中小ビルの空間の魅力を維持しつつ、自由にコンバージョンをすることが出来る方法である。この手法は連結するほうが「新築」であることから多くの事を許容し、それぞれのニーズに合った多彩なバリエーションを可能にする。水周りやコアを空間から分離してやると空間自体を自由にすることができ、また自由な部屋割りをも可能になる。

## 残余の型

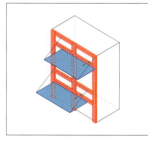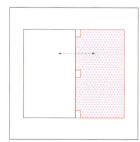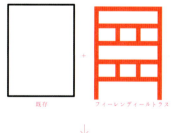

　ビルの特徴のひとつとして、地上階に様々な機能をもっている。しかしそれらの機能は内から外へと開き、またそれらの機能同士はお互いに影響し合う事はない。かつての神田の路地はヒューマンスケールであったため向かいの家が至近となり、「向こう三軒両隣」と呼ばれるような生き生きとした空間を作っていたように思える。
　この提案はビルの劣化や人口減少による需要減少で「減築」が余儀なくされた場合の、その時に残る小さな空き地の活用方法である。それぞれのビルの壁面にフィーレンディールトラスで補強する。それにより既存壁面は自由になり自由な開口を空けることができる。この開口部は単なる窓だけではなく、バルコニーなどの設置を可能にし、内部の空間性を高める。自由になった壁面により1階部分の機能は拡張し、この場しかできないヒューマンスケールな路地空間をつくりだす。

敷地図

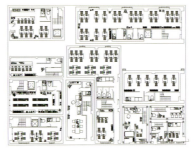
既存1F Plan

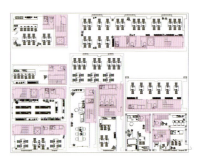
既存コア部分

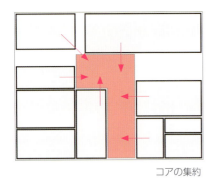
コアの集約

均質なプログラム → 断面方向にMIXされたプログラム

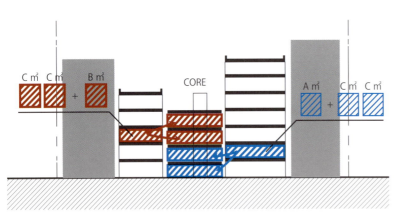
コアの集約と平面的なつながりを獲得

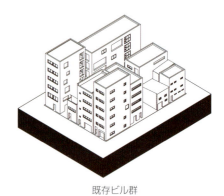
既存ビル群

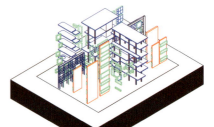
連結空間

平面図

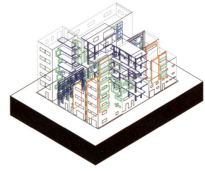
Linking Architecture

風が抜けていくと同時に穏やかな光が差し込む

都市のスキマが環境装置へと転換される

拡張されたテラスは様々なアクティビティを都市に解放する

隣のビルの外壁をインテリア化し、つながっていく

読み替えられたオフィス街は新たな生活環境を提示する

## 奨励賞

# 五十年の継ぎ手
## ― 相馬野馬追を通じた集団帰省の提案 ―

**藤原 麻実**
Asami Fujiwara

早稲田大学大学院
創造理工学研究科
建築学専攻
入江正之研究室

### 福島県相馬地域における集と散の歴史的起点

#### 集の歴史｜相馬野馬追（940-）

　今から千年以上前、相馬家の先祖と言われる平将門が軍事演習のために相馬野馬追を始めたと言われている。当初から三日間のプログラムで行われ、三つの神社（中村・太田・小高）と雲雀ヶ原祭場地を人と馬が往復し、その道中は祭の賑わいに包まれる。
　野馬追は騎馬に乗り、幅三尺・高さ五尺の旗を取り合う競技である。旗は家系ごとに様々な願いを込めてデザインされ、同じ模様や同じ色の旗は存在しない。地域全体で2641本の旗が存在し、小高郷は170本所有している。

#### 散の歴史｜東日本大震災（2011-）

　相馬地域の中で最も南に位置する南相馬市小高区は、東日本大震災による原発の影響を受け、五年間宿泊が制限されていた。その間に86%の住民が町を去り、残ることを決めた高齢者達は再生の兆しが見えない町の中で孤独な生活を強いられている。五年間放置された町は急速に荒廃が進み、元々人が暮らしていたことが想像できないほどに物寂しい風景が広がっていることが現地調査で明らかとなった。

　2011年の東日本大震災によって、福島県相馬地域は津波と原発の二重の被害を受けた。しかし、2016年7月の避難区域解除を起点に、再び元の集落の姿を取り戻そうと動き出している。再生に根本的に必要とされるのは、人々が小高と接点を持ち続けること。そこで相馬地域で千年以上前から行われている『相馬野馬追』を中心とした、年に一度の集団帰省を考案し、その具体的な風景を思い描くことから設計を始めた。

　敷地は相馬野馬追の最終地点である小高神社の境内の足元。この場所は通常新設高校の生徒100人の学生寮・第一次産業の生産拠点として運営されるが、『相馬野馬追』の最終日にだけ（歓迎・宿泊・伝達）の役目を担う集団帰省所に様変わりする。特に『相馬野馬追』に用いられる小高郷の170本の旗印に彩られた新参道はこの場所を象徴している。緩やかなカーブを描いた建築の先端部は帰省者を優しくこの場所に包み込み、上昇する旗の列は小高神社まで続く階段を上るように導き、参拝を経て帰省したことを実感させる。

　この集団帰省は残留する高齢者・移居した生産年齢者・高校生・初来訪者といった多様な状況下にある人々が縁を持ち続ける契機である。将来的にその行為が慣習化し、帰省が日常化し、最終的には帰還という選択肢に繋がることを願う。

梯子　　　　　ムカデ　　　　稲妻　　　　　五重塔
上昇する縁起良さ　軍者の人の証　光のような素早さ　墓に入るくらいの覚悟

イノシシ　　　オリオン座　　　千切　　　　　木槌
猛烈な勢い　　侍が好んだ星　　契る、結びつける　敵を討つ

## 通時的・共時的な集団帰省による再生の視覚化

　残留する高齢者は、小高区の再生には五十年の月日が必要であると語っていた。彼らが再生の日を迎えることは年齢的に困難であり、再生までの空白の時間には、町の営みを存続させる担い手が必要とされる。そこで、相馬野馬追の最終日を旧住人を歓迎する日とし、それ以外の364日を旧住人の帰省を待望する日とし、それによる一年を五十回続けることで再生を視覚化させながら五十年を繋ぐことを提案する。集団帰省を通じて旧住人に小高区の現状を正しく認識させることで、通時的・共時的に帰還という選択肢を与え、新たな担い手になることを期待する。

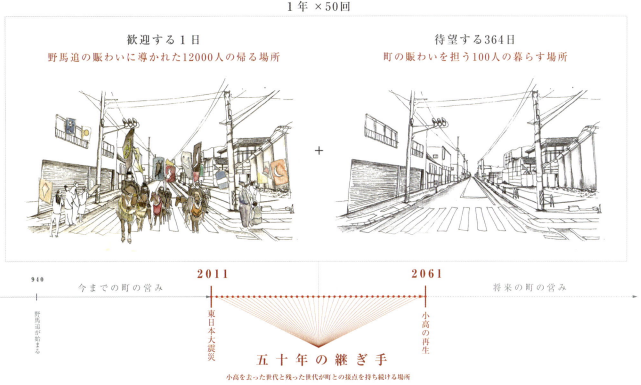

## 帰省者を歓迎する170本の小高郷の旗の群

　歓迎の日、帰省者を待ち構えるのは野馬追に用いられている170本の旗の群である。大きなカーブを描く参道の玄関は帰省者をこの場所へと優しく包み込む。

## 全体計画

小高神社の麓に妙味橋から小高神社までを一体とした、集団帰省所を計画する。この場所は相馬野馬追と共に帰省した旧住人に対する〔歓迎・宿泊・伝達〕の拠点であり、三つの役割が相互に依存し合うことによって、意義のある集団帰省を成立させることに繋がる。

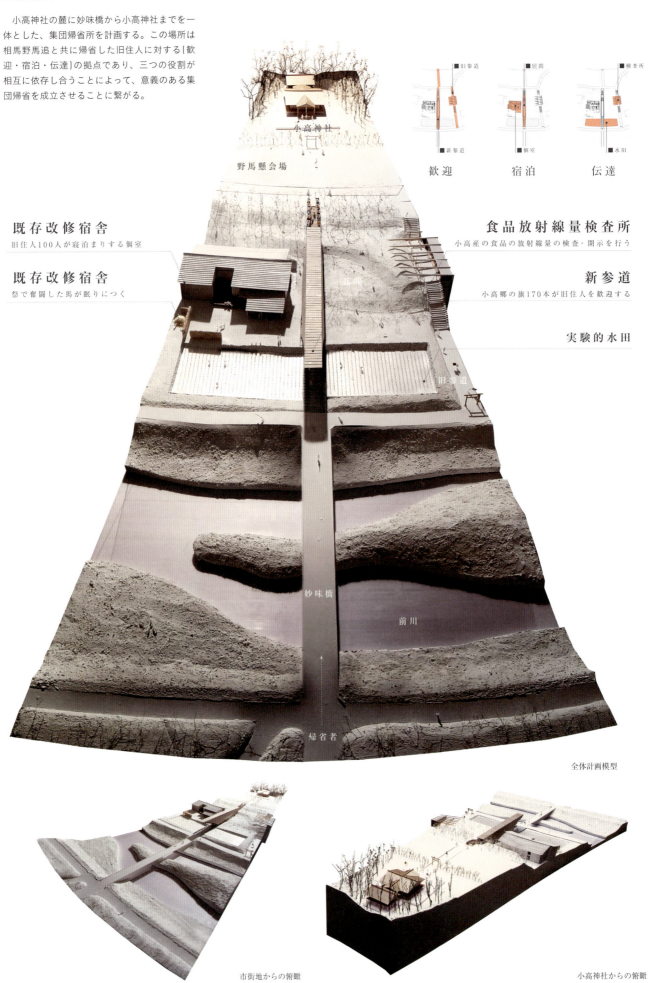

歓迎　宿泊　伝達

**既存改修宿舎**
旧住人100人が寝泊まりする個室

**既存改修宿舎**
祭で奮闘した馬が眠りにつく

**食品放射線量検査所**
小高産の食品の放射線量の検査・開示を行う

**新参道**
小高郷の旗170本が旧住人を歓迎する

**実験的水田**

小高神社
野馬懸会場
広場
旧参道
妙味橋
前川
帰省者

全体計画模型

市街地からの俯瞰　　　小高神社からの俯瞰

## 計画　364/365日

　内部まで侵入する新参道の旗の並びに導かれて階段を上ると小高神社に到達し、参拝を経て元の町に戻ってきたことを実感する。帰省者は既存改修と新参道による宿舎、野馬追で奮闘した馬は向かい合う厩舎で眠りにつく。また旧参道沿いの検査所では現在の食品の安全性に関する情報が開示が行われる。

上：　　　新参道内観
中央左：　新参道夜景
中央中：　新参道旗詳細
中央右：　新参道と検査所
下：　　　新参道断面

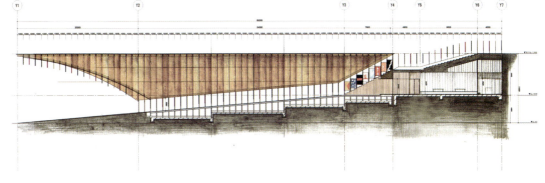

## 計画　1/365日

　相馬野馬追の最終日を過ぎると、新参道に挿入されていた小高郷の旗は取り外される。集団帰省所は新設高校の生徒100人の学生寮として稼働する。新設高校と学生寮の距離は約1kmであり、その間には再開した店舗が点在している。高校生が移住することで通学路と店舗までの道に介入し、町が満遍なく活気付いていくことが期待できる。

1kmの通学路

点在する再開した店舗

通学路と店舗間に高校生が介入する

# コミュニティの継続を意図した住環境の提案

## 足立 将博
Masahiro Adachi

神奈川大学大学院
工学研究科
建築学専攻
山家京子研究室

近年、密集住宅市街地では転入者は増え顔なじみが減り、以前のように密なコミュニティを維持することが困難になっている。コミュニティが継続するには、まちに人の活動や気配が表れ、関係を持ち、様々な変化を受け入れられることが重要なのではないか。

密集住宅市街地である横浜市磯子区森3丁目を対象に、塀や道、植栽、庭などの住環境を構成する空間要素に関する現況調査を行った。このまちは路地や植栽が豊かで奥まっている場所や開発が進んだ商店街に面し外へと開かれた場所など様々な特性をもつ地域である。また、地域には福祉施設や病院、学校などの住人を支える地域資源が点在し、まちでは老人会などのコミュニティや井戸端会議などのコミュニケーションを見ることができる。

本提案ではまず、場所ごとの特性を見出し、建築のデザインコードとして通路、棚、踊り場、煙突を導き出した。

次に、この場所に新しく住む住民像を設定し、福祉施設などの地域資源や地域の人との関係を結ぶような接点空間をもつ集合住宅を提案した。

集合住宅は「住」の多様性を生み、まちの医・職／食と交わることで、様々な生活様式の人や高齢者、子供などが生活しやすい環境を作る。集合住宅により、人やまちの接点を生み出し、コミュニティが継続する住環境を計画していく。

## はじめに

世代交代が進んだ現在の密集住宅市街地では、転入者が増え、顔なじみが減り、近くにどんな住人がいるのか分からない状況になりつつある。また現在の住宅は現代人の「プライバシーとセキュリティ」に対する過剰な意識の高さから、鍵やシャッター、門塀などで安易に周辺に対し、閉じられてきた。このように街に対し閉じ、部屋で完結する住居は、まちなみを均一化し、閉鎖的な住環境を作り、コミュニケーションを生みにくくしている。

そこで、直接的・間接的なコミュニケーションの生まれる場を考え、現代の住居のあり方を再考していくことで、コミュニティが継続する住環境を提案する。

## 対象敷地

### 横浜市磯子区森3丁目について

この地域は1950年代後半から、臨海部工業地帯の開発に伴い、後背住宅地として市街化し、スプロール的に開発された。

また、狭あい道路が多く、防災や避難、高齢化などの問題を抱えている。地域にある白旗商店街は20年ほど前から衰退し、低・中層集合住宅や戸建て住宅へと建て替わっている。

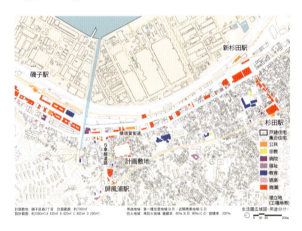

### 現在のコミュニティ

森町内会老人部白旗会や白旗商店組合などのコミュニティがあり、道では井戸端会議や、挨拶などの日常のコミュニケーションが見られていた。

しかし現在では転入者と商店を営む人などの先住者との接点は少なくなっている。

### 昔の名残のある風景

商店街から奥まった場所に行くにつれて、塀や折れ曲がる道が残っており、時間の蓄積を感じられる風景が広がっている。

## 提案 - 計画について -

### 目的
(1) 先住者と転入者の接点を設け、緩やかな世代交代の行える住環境を作っていく。
(2) 現状の地域資源（病院、サロン、福祉施設、町内会館など）と接点空間（工房や図書室、コミュニティカフェなど）の互助ネットワークを作ることで、高齢者や子供にとっても過ごしやすい住環境を作っていく。
(3) 防災、通風、採光などの木造密集住宅地の問題を改善し、住環境を向上していく。
(4) 塀や道などが醸し出す懐かしさを感じる風景を再構築していく。

### 集合住宅（接点空間）とまちの関わり

計画する集合住宅に接点空間を設ける。セミパブリック性のある接点空間はまちと集合住宅（公と私）を緩やかにつなげる空間であり、先住者と転入者との関係を作る。まちの地域資源である病院や福祉施設、商店街などの医・職／食と新たな集合住宅が互いに補い合うことで、小さな生活圏を作っていく。

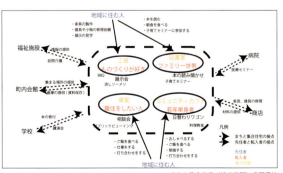

まちと集合住宅（接点空間）の関係性

## 提案 - 設計について -

### 場所の特性に合わせた住まい手と接点空間の変化

曲がり道や塀が多く残っている奥まった私的性質の場所には守られたい世帯が住まい、商店街沿いなどの人通りが多い公的性質の場所にはシェアハウスなどの開きたい人たちが住む。

場所・建築・住まい手のゾーニング 特性に合わせて変化していく　　滲み出すイメージ

### まちなみを取り入れる

街に存在する曲がった道が作るヒダやたまり、抜けなどの要素を取り入れ、街並みに連続性を作る。

### 混構造による生活様式の共存

RCと木造の混構造により建築を構成していくことで、変わるもの・変わらないものや開く・閉じるなどの生活要求に対応する建築を計画する。

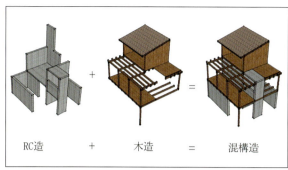

構造ダイアグラム　人や時代の変化を受け入れ、まちなみを継承していく

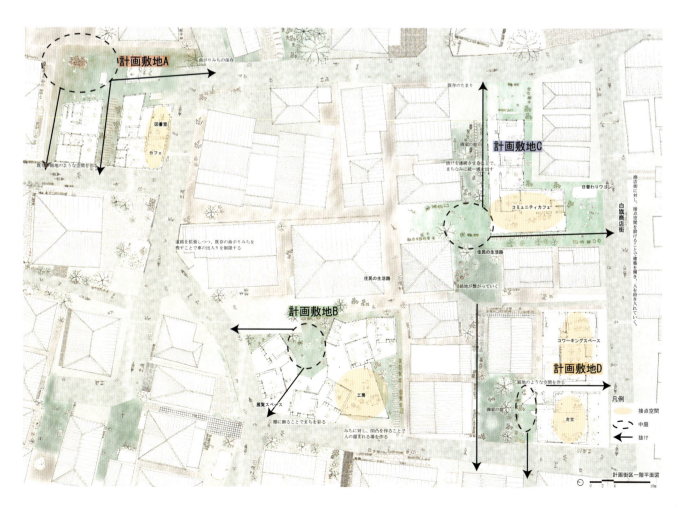

計画街区一階平面図

## 計画敷地A:
## Passage House(折れ曲がり道に建つみちの家)

## 計画敷地B:
## Ledge House(アイストップに建つ棚の家)

　この敷地は住宅地の奥まっている場所であり、塀や曲がった道、植栽から歴史を感じるような場所である。ここにファミリー世帯向けの集合住宅を提案する。集合住宅は図書室を媒体とし街へとつながり、奥まった場所なりの開き方をする。

　また各住戸は土間キッチンを道に面することで、食をきっかけとしコミュニティを築いていく。メゾネットやトリプレッドにより住戸を構成していくことで、様々な方向で生活し、ドアではなく通路によって家族の距離を緩やかにつないでいく家である。

　この敷地は住宅地の奥まっている場所と開いている場所との中間的な位置であり、車の交通量が少ないため、歩行者の迂回路として使われている。ここに工房付きのシェアハウスを提案する。各部屋に飾り棚があり、また2住戸に1つの玄関を設けることで、活動や生活を表現できる場所を作っていく。また工房だけでなく、中庭も活動や休息の場として計画していく。壁や窓から突き出た棚は住人の活動を外へと開き、人の関係を生み出す。

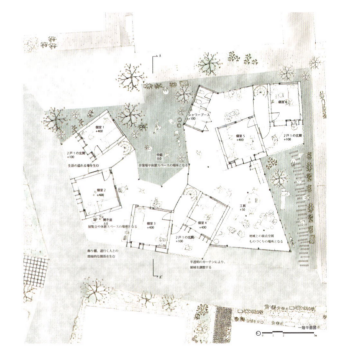

A-A' 断面パース

## 計画敷地C:
## Chimney House(2本の軸に建つ煙突の家)

　この敷地は住宅地の奥まっている場所と開いている場所と接している中間的な場所である。ここにコミュニティカフェ付きのシェアハウスを提案する。立体的な幅の違う道によって各部屋をつないでいく。また1.5階の広い踊り場は、時間によってカフェや事務所の打ち合わせスペースへと使われ方が変化していく場である。
　吹き抜けや煙突のある建築は立体的につながり、採光や通風の良い環境を生み出していく。

## 計画敷地D:
## Landing House(賑わいと緑に沿う踊り場の家)

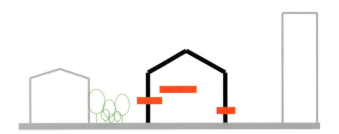

　この敷地は商店街に面しており、開いた場所である。ここに食堂・コワーキングスペース付きのSOHO型集合住宅を提案する。職住したい人たちが住んでいく。一階にコワーキングスペースを設け、長期や短期の働く場が欲しい人に貸し出していく。床の高さを変えて作ることで、何となくつながり離れているような場を作っていく。また様々な踊り場を設けることでSOHOのオフィスと廊下がつながり、私と共有の曖昧な場を作り、高さの違う立体路地を作っていく。

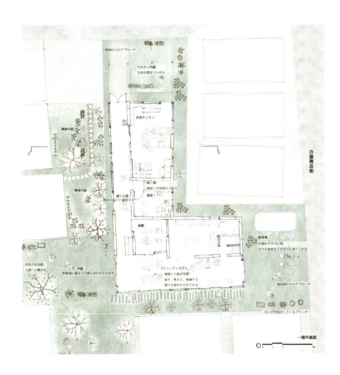

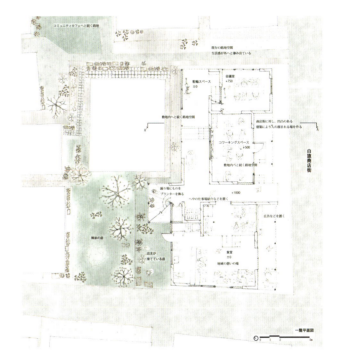

南アプローチを見る　塀や道を引きこみ、敷地内へと連続性を作る

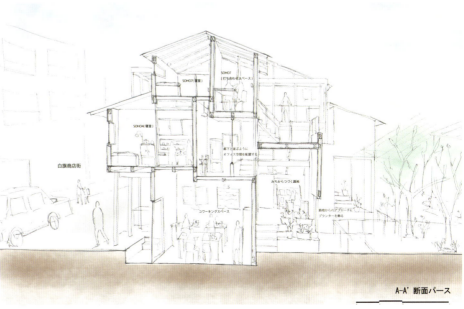

A-A'断面パース

# 防災から考えるこれからの地方のあり方
― 徳島県美波町における地域特性を活かした防災計画の提案 ―

**児玉 貴典**
Takanori Kodama

神奈川大学大学院
工学研究科
建築学専攻
曽我部昌史研究室

東日本大震災以降、全国の77.9%の市町村が、津波避難タワーの建設をはじめ避難経路の保全化など防災計画の改定を行っている。

それらの中で計画されている津波避難タワーの中には、周辺の景観への配慮が十分でないものもあり、町の中で異物として佇んでいる場合も少なくない。また、普段から地域との関係が持たれていないため、非常時の利用に繋がらないことが懸念されている。日常の暮らしと非常時への対応という二つの側面を同時に扱かうことで、より安全でより暮らしやすい地域デザインを、景観維持に配慮しながら実現できると考える。

本研究では、徳島県美波町日和佐地区を対象として、地域住民へのヒアリング調査や地域のフィールドワークを重ね、美波町の現状や対応すべき課題を幅広く丁寧に読み解き、歴史や文化など地域特性を浮き彫りにすることで、歴史的景観の維持を前提としながら避難計画、地域防災対策を立案し、多様な地域生活のための拠点を兼ね備えた津波避難タワーの提案を行う。

それにより、少子高齢化などによる人口減少や、景観や文化など地域特性の消失による衰退が懸念されている地方都市における持続可能な地域計画となる。

## 既存の防災計画

美波町では、東日本大震災後に行った被害想定の見直しの結果、従来の想定より高い最大9.8mの津波が10～13分以内に到来すると推定されている。

現在、美波町では、日和佐川沿いの津波避難タワー1基と役場裏の高台にある神社を緊急避難場所に指定しているが、被害想定の見直し前の基準であり、津波避難タワーは高さが足りず、高台のみだと時間内での避難が不可能とされている。

そこで、防災計画が改定され、津波避難タワー1と津波避難タワー2の2カ所で津波避難タワーの新設を進めている。

しかし、その2カ所のみだと高齢化が進む地域住民全員の避難を時間内に完了することが困難だと考えられているため、中心部に津波避難タワー3の建設が検討されている。

また、南北方向への都市計画道路として住宅などの解体を行い、既存道路を幅員6mに拡張する計画もある。

## 徳島県美波町日和佐地区について

・町並み

日和佐地区の建物の81%が木造であり、その多くは、「みせ造り」と呼ばれる開閉式の雨戸を兼ねた縁側や、「銀杏き屋根」「出桁造り」「つし二階」「出格子」など、伝統的な建築である。
また、それらを「石積み塀」などが囲っており、その間を通る「あわえ」と呼ばれる網目状の細い路地と、かつて栄えた廻船問屋の名残である暗渠や、かつて利用されていた共同井戸など風情ある町並みが残っている。

・人口推移

日和佐地区における将来推計人口は、少子高齢化や人口の流出などにより減少の一途をたどっており、平成22年の時点で2,634人である人口は、平成47年には1,419人になると予想されており、大幅な人口減少が懸念されている。
また、高齢者率が平成22年の時点で37%であり、今後も増加が予測されている。

・サテライトオフィス

サテライトオフィスというと、同じ徳島県である神山町が有名だが、美波町でも、町内全域に配備されている光ファイバーと、マリンスポーツが活発なことを売りとして誘致を行っており、2016年4月時点で13社が進出している。
多くの企業が、古民家や公共施設跡などを改修してオフィスとしており、朝はマリンスポーツを楽しみ、昼から働くという新たなライフスタイルで仕事を行っている。

・観光

美波町は、NHKの連続テレビ小説『ウェルかめ』の舞台になったことで全国的に知られている。
四国八十八ヶ所の一つである薬王寺をはじめ、ウミガメの産卵地として国の天然記念物に指定されている大浜海岸や、道の駅ランキング・四国部門で1位を獲得したこともある道の駅、風情ある町並みなど、地域資源に恵まれており、年間100万人近い観光客が訪れている。

・移住者

美波町では、移住者の呼び込みに力を入れている。
昔から、お接待の文化が根付いているため、外部からの人を受け入れやすい土壌があり、町の住民が自ら移住者が来たくなるような活動を行っている。
日和佐まちおこし隊では、高齢者の配食サービスなど地域と移住者を結ぶような職業の積極的な受け入れをしている。また、移住者コーディネーターとして町にある空き家の改修を行い、移住者の住まいを整備する活動を行っている人などがいる。

・南海トラフ巨大地震

過去に3回、巨大地震が発生しており、近い将来、再び巨大地震が発生すると考えられている。
その際、震度6強～7の揺れが予測されており、それにより発生する最大9.8mの津波が10分以内に到来し、地区全域が浸水すると予測されている。

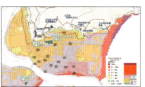

## 日和佐地区における対応すべき課題

フィールドワークなどから浮かび上がってきた課題をリスト化し、カテゴリー分けすることで、美波町の地域特性を反映した防災計画の手がかりとする。

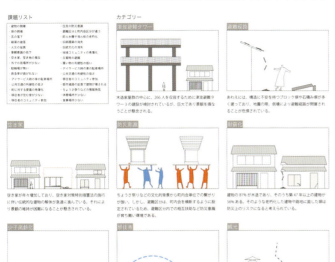

## 提案

### 避難経路の整備
フィールドワークの結果、あわえには、構造に不安を持つブロック塀や石積み塀が多く建っており、地震の際、倒壊により避難経路が閉塞されることが危惧されている。特に南北方向のあわえには東西方向への抜ける道がないものが多く、震災時の迅速な避難に支障をきたすことが予測できる。
そこで、空き家の解体の際にでる廃材を活用しながら既存のブロック塀を補強すると同時に、住宅間の隙間に新たな避難動線となるネコ道を新設する。

### 既存ブロック塀の耐震補強
防災リスクが高いブロック塀だが、塀に囲まれた空間は、日和佐地区における重要な景観要素であるため解体するのではなく、空き家から出た廃材を活用しながら補強する。耐震補強を行うと同時に、周辺に馴染んだ新たな景観となる。

### 相互扶助ユニットの組織
非常時の緊急避難動線となるネコ道を住宅間に作るために相互扶助ユニットを組織する。かつてあった井戸の共同利用のような小さな共同体を、町内会の自主防災会の下部組織として町内会の垣根を越えて組織することで、非常時だけでなく日常的な交流にも繋がり、高齢化により希薄化が進む地域コミュニティが強化されることにもなる。

### ネコ道の新設
住宅間に新たな小道を通す。近隣住宅に配慮するため、両端に高さ450mmのブロック塀を設置し上部を棚壁とする。それにより、住民が好きようにデザインすることができ、プライベートを守りたい場所には壁を、開放しても良い場所は、ベンチにしたり植栽を置いたりとすることができる塀を設置する。

### 空き家を活用した津波避難タワーの分散配置
既存の防災計画で検討されている津波避難タワー3の建設予定地は、新設が決定されている他の2カ所と比べると、木造密集地の中心部に位置するため、266人規模の津波避難タワーを建設するのに不適切な場所であると言える。
フィールドワークの結果を踏まえ、津波避難タワー3を5カ所に分散配置する。分散することでスケールの縮小だけでなく、避難時間の短縮にもなり余裕を持った避難が可能になる。
分散配置するにあたり、対応すべき課題を元に避難機能以外の町に必要とされるアクティビティを空き家を活用しながら整備する。それにより災害時のみに役立つオブジェクトとして佇むのではなく、日常的に住民、移住者、観光客の交流拠点として活用される場所となり同時に、災害時のスムーズな避難が行える津波避難タワーとなる。

## プログラム

## A. シェアオフィス

サテライトオフィスのような企業単位でなく、個人単位で活動する人の仕事場を整備する。

レベル差を設けながらスラブを挿入することで、各階が緩やかに繋がり各々の作業に集中しながらも利用者同士の刺激になりより良いシェアオフィスの環境となる。スラブを取り巻くようなスロープにより、町の住民たちは移住者が何をしているのか知ることができ移住者と住民の交流のきっかけになる。

ファサードは、出格子をイメージとする棚壁とすることで、内部からは、あわえの特徴である生活の滲み出しを生み出すと同時に、外部からは保護膜の役割となり、仕事に集中できる環境を守る装置になる。

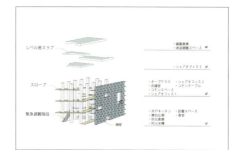

## B. 高齢者拠点

日中、屋外に居場所が少ない高齢者のために、集まって食事ができるような場所を整備する。

螺旋状のスロープに付随するように人工地盤を作ることで、安心できる水平な床面を大きく取ることができる。人工地盤を街区を横断する配置にすることで、下層は通り抜けできるピロティ空間となり、躯体に付随してベンチなどを整備することで、螺旋状のスロープの中庭から落ちてくる木漏れ日が気持ちの良い公園のような日常的な交流場所となる。

ファサードに、隣地の錣葺き屋根に連続する大きな軒屋根を設けることで、連続感を出すと同時に、セットバックを行い道に対しての圧迫感を軽減する。

1階平面図

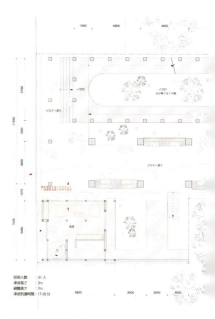

オープンスペースには井戸を利用したキッチンがあり移住者と住民の交流スペースになる

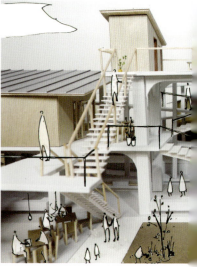

ガラスウォールにより津波避難タワーと改修した空き家に関係が生まれる

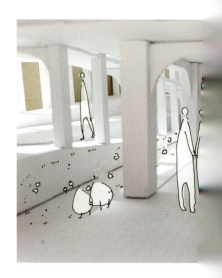

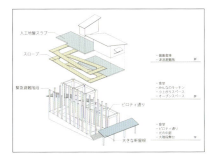

## C.観光拠点

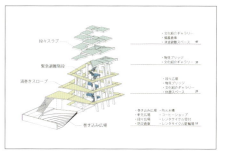

豊かな町並みながら観光ルートが漠然としている日和佐浦地区に、観光の拠点となる場所を整備する。道路からの動線を巻き込むような形状の広場とスロープになっている。スロープと平行するように段々にスラブを入れることで町から流れるように登るスロープと一体となって空間が広がっていく。そのような空間に文化紹介スペースを配置することで、町からの連続として文化紹介を巡ることができる。

渦巻きになっているスロープにより、上部に行くほどファサードがセットバックすることで、スロープのエッジが際立ち、周辺の軒先のエッジと連続しながらも存在感ある佇まいを生み出している。

1階平面図

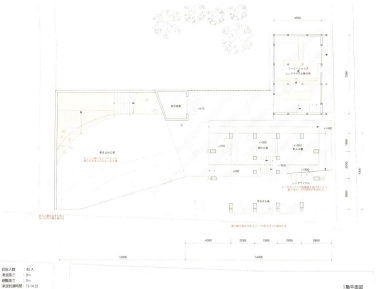

1階平面図

ピロティ通りと平行するように大階段を設け、天高を変えることで36mある通りに多様な空間ができる

町の伝統文化であるちょうさ祭りの町中でのコアスペース、より多くの人が見学できる

列柱の隙間から落ちる光の連続を感じるピロティ空間、マルシェなど多様なイベントを行うことができる

町並みと連続する軒先き、セットバックしながら登って行く

# 多様化する建築
― 都市に於ける新しい公共の在り方 ―

## 関 広太郎
Kotaro Seki

関東学院大学大学院
工学研究科
建築学専攻
柳澤潤研究室

平成22年に内閣府より『新しい公共』宣言され、それ以降公共の意味が変わりつつあると私は感じている。特に地方の公共建築は、新しい動きが活発である。地方の公共建築では、市民に滞在してもらったり、自発的に活動を行ってもらったりという動きがある。一方、都市部では、公共建築以外の建築で公共的空間が設けられ始めている。都市の中では、再開発等で設けられた公共的空間（オープンスペース）の方が公共性の高い場所さえ生まれている。

そこで横浜市みなとみらい地区という開発が進む地区で、今後の公共空間・公共建築がどうあるべきなのかを提案する。本計画では、都市の中にある公共的空間を持つ建築の事例を基に、空間構成要素を抽出した。その中で囲む・スラブ・エントランスの3つの要素を利用して都市に於ける新しい公共を提案する。建物全体をスラブで構成し、外部との関係を密にする。計画地に隣接する公園と連続した空間になるようにスラブを上層階に行くにつれ、セットバックしている。さらに建物内部に巨大なボイドを計画する。そのボイドの中では、アルコーブのような突き出したスラブ空間があり、各階を繋ぐ役割をする。各用途を繋ぐようにエントランスという空間を設ける。それにより上下階の関係性を強めることができる。これにより都市に於ける新しい公共が構成される。

## 都市の公共

現在、都市の公共の問題点は大きく3つあると考える。

1. 公園などのOPENな空間のOFFICIAL化
   公園という誰でも自由に使える空間が、行政などにより管理され、禁止事項が増えている。たとえば、ボール遊びの禁止・喫煙禁止などさまざまである。
2. 公共建築
   図書館などの公共建築は、自分の目的の為に行き、終えたら帰るというように、それ以外の目的での使用が困難である。
3. 地域との関係
   最近では小学校などの体育館を市民に開放などを行っているが、他施設ではなかなか行われていないのが現状である。

## 計画目的

都市の中でどのように公共があるべきなのかを目的とし、その中で3つの空間に注目して研究を進める。

1. 誰もが立ち寄れ、利用できる空間
   →生活する人や通勤・通学する人がいつでも立ち寄れ、気兼ねなく利用できる空間。
2. 多様な空間が存在し、様々な活動が行われる空間
   →様々な用途が建物内部に取り込まれ、多くの活動が行われる空間。
3. 滞在（休憩）出来る空間
   →何かをするわけではなく、休憩や話しなどが出来る空間。

## 計画敷地

今回の計画地は、横浜市みなとみらい21中央地区の52・53・54街区とする。現在54街区は、計画が進行中なので、その計画を踏まえて提案する。計画地は、現在開発を待っているということで空き地になっている。周りには、みなとみらい線新高島駅・高島中央公園・集合住宅・大型商業施設・オフィスなどがある。さらに計画地の西側、57街区には、2018年に「みなとみらい本町小学校」が開校される。

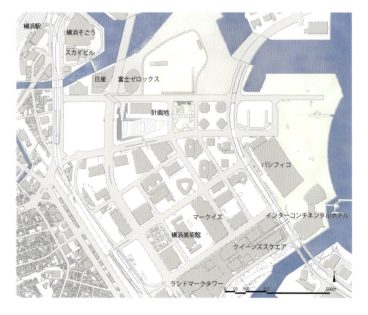

## 事例研究

都市の中にある公共的空間を持つ建築を基に、公共的空間がどのように取り入れられているのか、空間をどのように構成しているのか考察する。そしてこれらを基に都市に於ける新しい公共の条件とそれに必要な空間を抽出する。

これらより都市に於ける新しい公共の条件と必要な空間がわかった。都市に於ける新しい公共の条件は4つある。フレキシブルに使える空間・シンボル性・企業と一体で使える空間・多くの人のニーズにこたえられる空間の4つである。必要な空間は、重複した空間構成要素を基に考える。全項目の特徴として多くの人が利用できるような要素になっていた。その中でも、緑地はこれからの公共的空間には欠かせないものだと考える。そして、歩廊とボイドは空間を繋ぐ役割をしていた。ランドマークタワーやクイーンズスクエアのように歩廊と商業施設を設けた空間構成で歩廊というただの歩行空間だけにせず、空間を一体的に利用している。さらにクイーンズスクエアの駅からの巨大な吹き抜けは、立体的に空間を繋ぐ役割があり、また空間を見渡せることで、様々な機能を利用しやすいようになっていた。

| NO. | 竣工年 | 作品名 | 主要用途 | 公共的空間の取り入れ方 | 空間構成要素 |
|---|---|---|---|---|---|
| 1 | 1975 | 福岡銀行 | 銀行 | 大きなピロティを設け、そこにカフェや公園を設けている。 | ピロティ |
| 2 | 1993 | ランドマークタワー | オフィス・ホテル・店舗 | 建物を貫通する約200mのクイーン軸を中心にガレリア形式のショッピングモールを形成している。 | 歩廊 |
| 3 | 1995 | アクロス福岡 | 事務所・店舗・劇場 | 段々になっている面に緑化を行い、ステップガーデンと名付けられた、公園と一体となった空間が設けられている。 | 緑地・レベル差・スラブ |
| 4 | 1996 | フジテレビ本社ビル | テレビ局 | 連続した空間を作るために大きなピロティのような空間が設けられている。 | デッキ・ピロティ・階段 |
| 5 | 1997 | クイーンズスクエア | 事務所・劇場・ホテル・店舗 | 駅のホーム、改札、地上階とをつなぐ大きなボイドが設けられている。 | 大空間・ボイド |
| 6 | 2002 | オアシス21 | 公園・店舗・バスターミナル | 地下を掘り下げ、その上に大屋根をかけている。地上階は公園になっている。 | 人工地盤・大屋根・ボイド・緑地 |
| 7 | 2002 | 泉ガーデン | 事務所・ホテル・店舗 | 地下鉄の駅から地上階までをレベルの違うスラブが設けられている。さらに内部は、大きな吹き抜けを設けている。 | スラブ・レベル差・ボイド |
| 8 | 2003 | 六本木ヒルズ | 事務所・店舗・住居 | 多くの人が訪れるので大空間の中に多くの空間を提案している。 | 大空間・緑地・ボイド |
| 9 | 2009 | 日産自動車グローバル本社 | 事務所・ギャラリー | 本社機能と自動車ショールームという大空間、それを貫くように公共通路が設けられている。 | 大空間・歩廊 |
| 10 | 2010 | コレド室町 | 店舗・事務所・ホール | 街区の再編成が行われたが、既存の道路を残している。さらに地下に通路を設けている。 | 既存道路・歩廊 |
| 11 | 2013 | 東京スクエアガーデン | 事務所・店舗 | 元々2街区のものを再編成したが、今までの道路を歩行空間として残した。さらに突き出したスラブに京町の丘という緑地を設けている。 | 既存道路・スラブ・緑地 |
| 12 | 2014 | 虎ノ門ヒルズ | 事務所・住居・店舗・ホテル | 芝生のある庭園では、建物の中にあるカフェなどが、席を外に出している。 | 緑地 |
| 13 | 2014 | 大手町タワー | 事務所 | 大手町の森と呼ばれる緑地と吹き抜け空間が連続し、空間を作っている。 | 緑地・ボイド |
| 14 | 2014 | あべのハルカス | 駅・店舗・オフィス・ホテル | 各プログラムをつなぐように百貨店ボイド・オフィスボイド・ホテル、展望台ボイドが設けられている。さらに立体緑地という空中庭園を設けている。 | ボイド・緑地 |
| 15 | 2015 | 豊島区役所 | 役所・住居・店舗・事務所 | 豊島の森と呼ばれる空中庭園が設けられている。 | 緑地 |
| 16 | 2015 | 品川シーズンテラス | 事務所・店舗 | 下水道施設の上に人工地盤を設け、そこに緑地を設けている。 | 人工地盤・緑地 |

## 都市に於ける新しい公共の条件

フレキシブルに使える空間(使用方法を考えることができる)
体育館のようにネットなどによって空間が作られる空間

建築のシンボル性
えんぱーく：壁柱

企業と一体として使うことができる空間
オフィスと公共的空間をセットで考える。同一空間に公共的空間を設けることで、市民と共同での活動が行いやすくなる。

多くの人(住民、企業、観光客など)のニーズに応えられること
→ 全員に一様ではなく、個々に

## 都市に於ける新しい公共を形成する3要素

・囲う   ・スラブ   ・エントランス

今までの公共的空間は建物の外部に計画されており、建物との関係が一方向のみになってしまう。

箱形の建築は、建物の内部だけで空間が完結してしまい、外部との関係等が作りにくい。

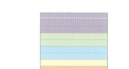

複合施設はエントランスが一か所であることが多く、それぞれにエントランスがない。

敷地を囲い、公共的空間と建物の関係を増やす。

スラブで空間を構成することで、内外の空間が連続した空間となる。
これにより上層階でも外部との関係が持てるようになる。

スラブで分けられた空間にエントランスを挿入する。
各用途の関係性を強めることで多様化を図る。

さらに囲まれた空間の中には通路などの動線、アルコーブ等の空間を挿入する。
この空間の中で人々は学び・遊び等を行う。

さらにスラブをセットバックさせることで近隣の公園との関係を生み、空間の連続性が増す。
ずれたスラブには、緑化を施すことが出来る。

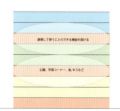

エントランスは、各用途同士の利用が可能である。
そのため、各用途で使える機能をエントランスに設ける。

## 構成

建物内部に設けられた大きなボイド空間。これにより各階の繋がり（どこで何をしているか）が増す。さらに建物を貫通するように公共歩廊（グランモール軸）がある。各階の構成はエントランスを境に3層から2層が同じプログラムになるようにしている。各階だけで完結してしまうと空間が途切れてしまうからである。さらに各用途を細かく分散することで、多くのテラス空間や休憩空間を設けることができる。誰でも自由に使える空間を多く設けることで、都市に於ける新しい公共がさらに充実すると考えた。そして、内部やセットバックでできたテラスには緑化をすることで、今後の都市の問題である環境面にも貢献する。

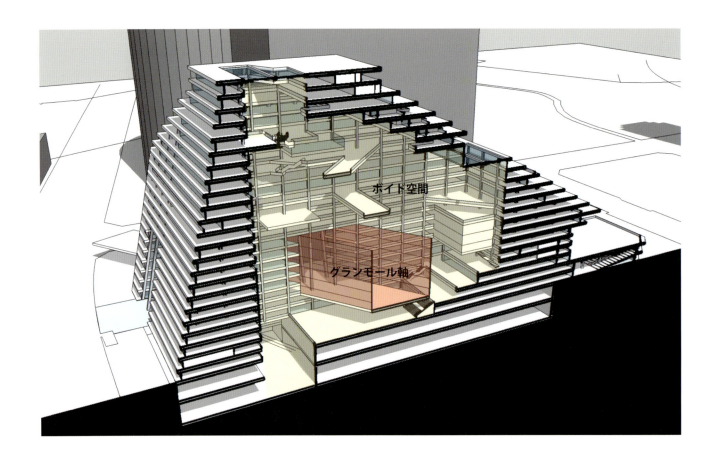

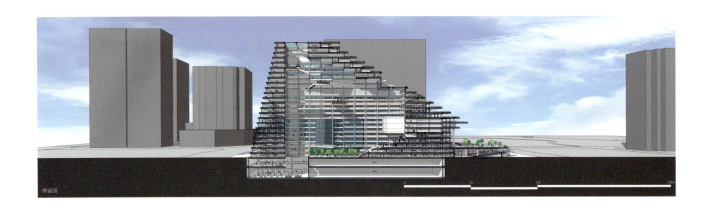

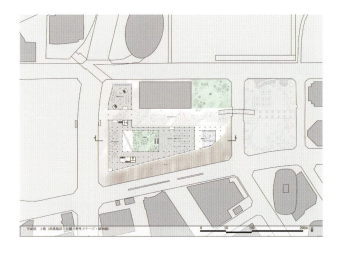
平面図 1階（商業施設・公園・野外ステージ・植物園）

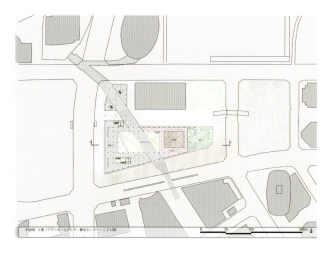
平面図 3階（グランモールデッキ・観光センター・こども園）

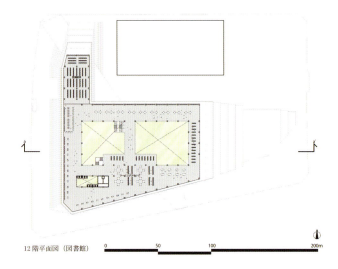
12階平面図（図書館）

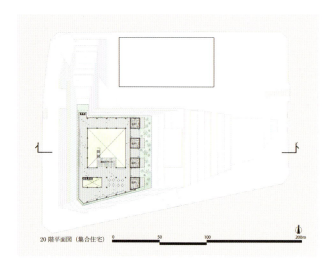
20階平面図（集合住宅）

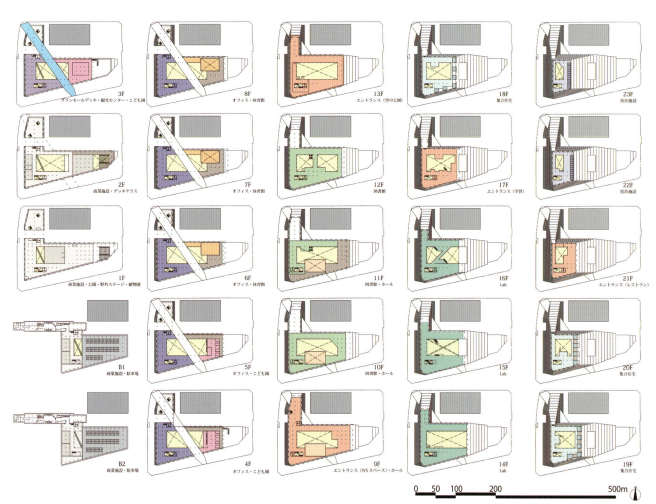

# 『組木』を用いた新たな木質建築の提案
— 横浜市中区黄金町を対象として —

**長尾 将孝**
Masataka Nagao

関東学院大学大学院
工学研究科
建築学専攻
粕谷淳司研究室

横浜市中区黄金町の京急線高架下を計画地として選定し『組木』を用いた新たな木質建築をテーマとして空間を制作したものである。本計画は木質構造を利用した近年の建築動向について多数の調査を行なった上で、未だ建築には応用事例のない「六本組木」に着目し、提案を行なっている。組木とは飛騨高山の職人が玩具に使用してきた、釘などを使わずとも複数の木材を組み合わせることで固定させることができ、束ねることで強固な強度を得ることができる技術である。部分模型を制作し施工性や木材の断面寸法、格子のグリッド、納まり等の検討をし、それに基づいてモックアップを自ら制作した。組木を用いた建築物は構造性と意匠性を併せ持ち、空間に対し様々な表情を与える。組木で規則的に組み合わせられた立体格子(一次部材)に壁や床、棚といった要素の部材(二次部材)をはめ込むことで建築として成立させる。負のイメージを払拭すべく、アートを中心とした街の再生が行われている黄金町において、この組木の建築をアーティストや住民ら、その周囲の人間を巻き込み自ら作り上げ、各々が適宜に装飾することで新たな街の顔となる。また、組木の建築は黄金町に限らず様々な場所でも展開と応用が可能である。

## 材料構成

六本組木はA,B,D,Eを各1本、Cを2本で構成することができる。木口の寸法を基準に切り欠く寸法を決定する。

## 組立手順

B材を立てる。

D材をスライドさせ、A材にはめ込む。

A材を寝かせる。

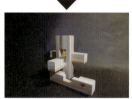
2本目のC材をB,D材が挟む向きで置く。

B材の切り欠き部分にA材をはめ込む。

C材でB,D材を挟む。

C材をB材がはまる向きで置く。

C材をそのままスライドさせ1本目のC材にはめる。

C材をB材にはめ込み、A材の下へ合わせる。

正面から見てB,C,D材にE材が入る穴が残る。

D材の狭い切り欠きにC材が挟まるよう、D材を立てる。

C材の上にE材を乗せる。

D材をA材に沿わせながらC材をはめる。

E材をスライドさせれば完成。

## 納まり

　組木のフレームだけでも境界を生み出し、空間を作り出すことが可能であるが、「床」「壁」「窓」など、内外の境界を仕切る要素である二次部材を組木のフレームに組み込むことで、室内空間を作り出すことが可能になる。3本組木とは違い、6本組木では角材を重ねて構成するため、方向が生まれる。また、角材が重なってできた長方形の断面がそれぞれ違う向きで交わることで交差部には入れ隅が生まれるとともに幅の広い面の外側に使用する角材の半分の長さがそれぞれはみ出ることになる。3本組木ではそれぞれ正方形断面が交わるためフレームの内側に押し縁で固定したり、部材の上に板を乗せるが6本組木では入れ隅やはみ出た部分に各要素を掛けることで容易に固定することができる大きなメリットがある。

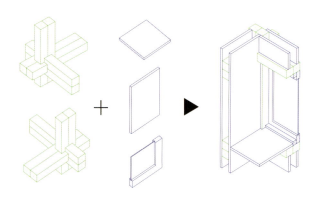

### 壁

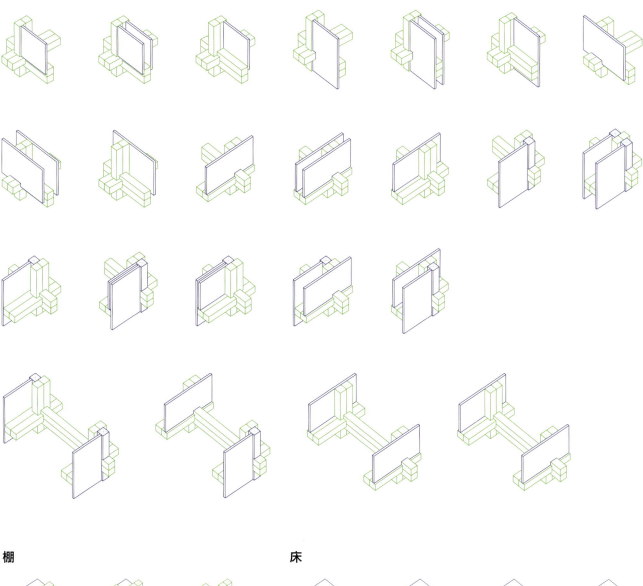

### 棚

### 床

### 開口部

### 屋根

### ガラス

## 敷地概要

　組木を用いた建築は基本的にはどのような場所でも展開可能なシステムである。今回は横浜市中区黄金町を対象エリアとして設定し、RCの柱が林立する京急線高架下や中高層の集合住宅などの開発が行われ、空地や駐車場のある場所でこのシステムの利点を生かすことができるのではないかと考えた。黄金町は黄金町駅と日ノ出町駅に挟まれた場所に位置し、駅間隔はおよそ800mであり、苦に感じることなく歩くことができる距離である。現在の黄金町では負の歴史が色濃く残り、特殊飲食店跡の建築物が多数残されている。また、京急線高架下では、耐震工事の際に特殊飲食店等の立ち退きを行って以来、スタジオ等に活用されてはいるものの、いまだに仮囲いに囲まれたスペースが多く残り、街のイメージが寂しく感じる要因にもなっている。また、特殊飲食店の排除を目的として行われた「バイバイ作戦」以来、黄金町ではアート活動を中心とした街の活性化が行われ、黄金町バザールも毎秋行われている。

## 配置図

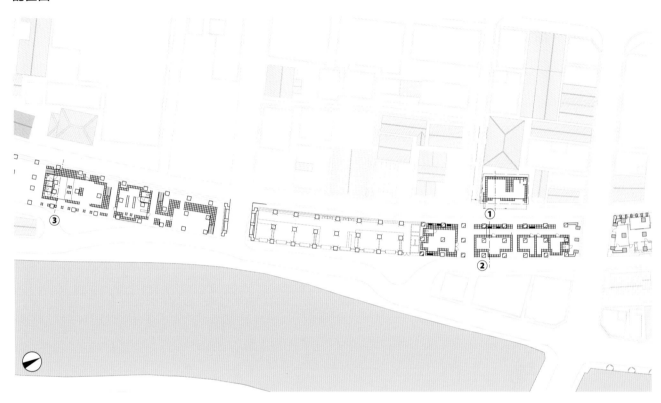

## 断面図

　6本組木を用いて格子グリッドを形成し、その集合体によって建築を構成する、組木の建築を提案する。高架下に展開するパターンと空き地等に展開するパターンの2種類を考えた。用途は各エリアで分け、アトリエを兼ねた店舗、大岡川の桜並木と一体的につながるスタジオを計画している。

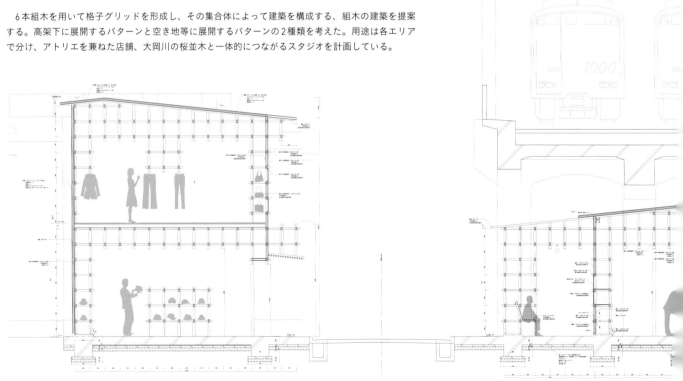

①店舗タイプ

実寸模型

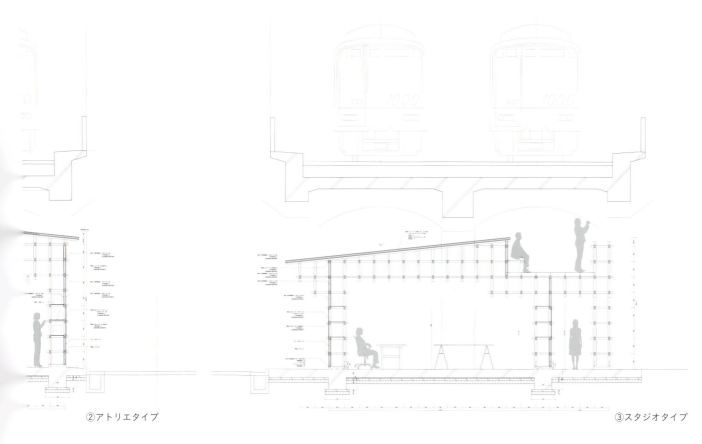

②アトリエタイプ　　　　　　　　　　　　　　　　　　　　　　　　　　③スタジオタイプ

# Moire Chromism

**遠藤 明**
Akira Endo

慶應義塾大学大学院
政策・メディア研究科
EG専攻
松川昌平研究室

モアレはグラフィックザインにも数多く使われるなど、幾何学としての芸術的、装飾的な要素を持ち合わせている。一方で図としてではなく立体としてモアレの原理が使われている事例が数多く存在する。これらの事例を調査していくと距離感の消失、光の効果的な演出、ぼかし効果、誘視効果など、モアレ形状に加えて様々な現象的な要素を扱おうとしていることが分かる。しかし、モアレ形状を制御する方法論が曖昧なため、モアレをデザイン手法として取り入れる設計者はモアレを感覚的に扱うことしかできていないと考えられる。モアレ形状を制御することで、機能性や他の現象的な側面（光や色など）の検証が容易になると考えられる。

本研究は実施制作課題をケーススタディとして、モアレ形状を制御するシステムを開発し、モアレの持つ現象的な側面と機能性を同時に制御するデザイン手法の提案を行う。

SFCの喫煙所はかつて目抜き通りの先に位置していた。しかし、目抜き通りに喫煙所があるのは立地として問題があるとしてすぐに撤去された。喫煙所を目立つ場所に設置したくないという学校の方針とそれに伴い煙草を吸う場所がなくなってきている喫煙者の利害関係が一致していない。これは喫煙所が煙草を吸う喫煙者だけのものであることに起因するのではないか。非喫煙者にとっても恩恵のある喫煙所を提案することで喫煙者と非喫煙者双方が共存できると考えた。

モアレの原理を用いて喫煙者と非喫煙者の関係性を再構築する。非喫煙者にとってはシークエンスによる視覚体験を提供し、喫煙者にとっては目隠しとしての機能を果たす喫煙所の提案を行う。

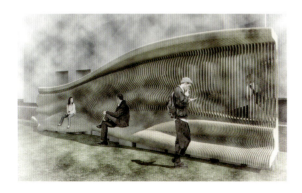

### ■モアレとは

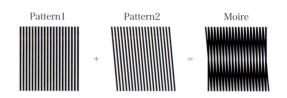

モアレとは、幾つかの規則的なパターンを組み合わせた時、それらが干渉し合うことによって形成される縞模様のことである。

### ■敷地

慶應義塾大学湘南藤沢キャンパス全体マップ

### ■デザインコンセプト

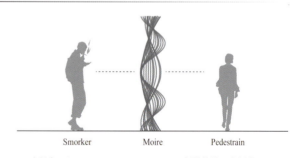

歩行者にとってはシークエンスによる視覚体験を喫煙者にとっては目隠しとしての機能をモアレ形状を制御することで行う。

### ■構造体

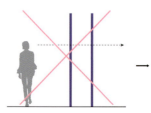 

モアレの壁面、屋根架構、床検討など、構成要素を独立で考えなければいけない。

パラメータを一方向断面に集約し、断面の操作だけで機能的要素を検討できる。

## ■基準線と基準点によるモアレ形状

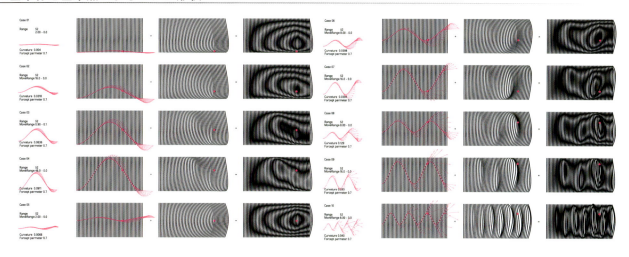

## ■変位図と縞次数の関係性

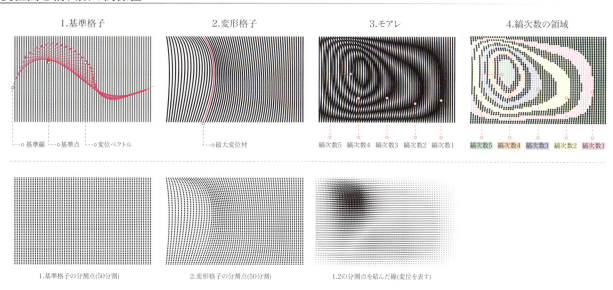

## ■複数曲線におけるモアレ形状制御

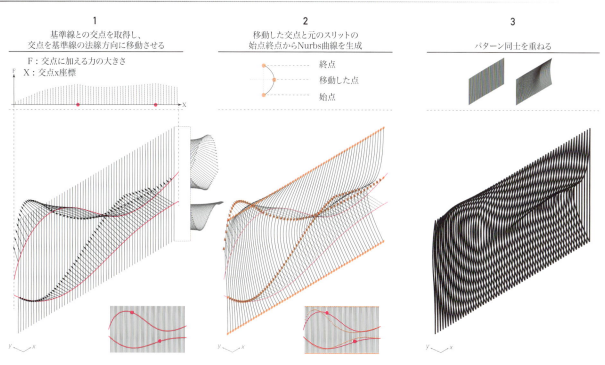

## 01.モアレを生成する穴を形成

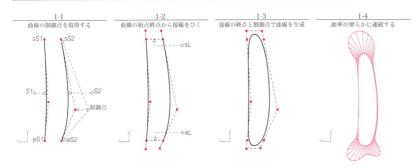

## 02.座面曲線を生成

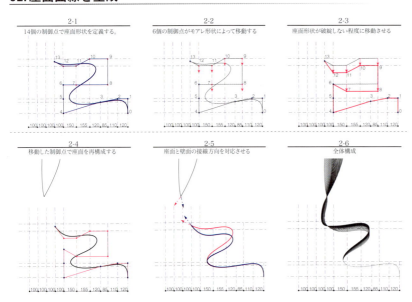

## 03.屋根曲線を生成

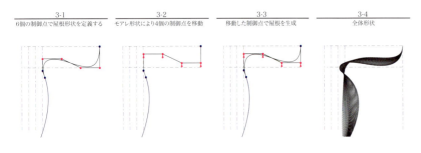

## 04.全体形状

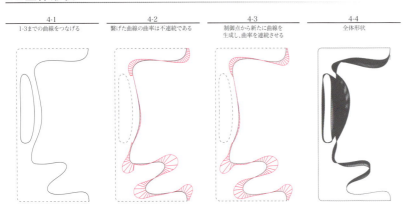

## ■構法

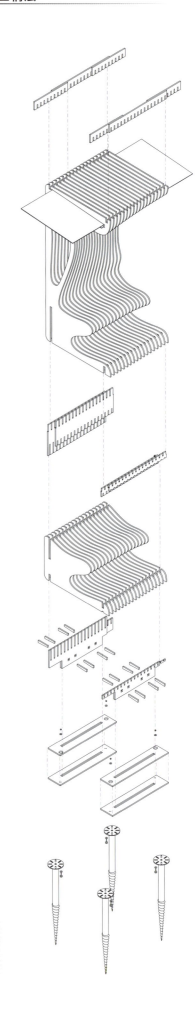

■実施制作物

# キリスト教系集落の調査及び
# 現代における集落の提案
~長崎県五島市奈留島を対象として~

## 宮崎 理佳
Rika Miyazaki

工学院大学大学院
工学研究科
建築学専攻
冨永祥子研究室

## はじめに

古来より、地縁、血縁、産業、宗教など様々な要因に拠る共同体が存在するが、その中でも宗教において信仰が繋ぐ共同体はとても強い結びつきである。長崎県五島市は潜伏キリシタンを先祖に持つ地域であるが、その中でも奈留島は弾圧や迫害が比較的なされず、同じ島に住む仏教信者らとも良好な関係を築きながら現代まで信仰が続いている。地域コミュニティの崩壊などといった言葉がきかれる現代において、奈留島における共同体の持続のあり方は、ひとつの示唆になるのではないかと考えた事がこの研究のきっかけである。

## 研究目的

長崎県五島市奈留島の江上集落・南越集落・葛島集落の3つのキリスト教系集落を研究対象とする。各集落の住まい方・生業・信仰を背景に、集落は何によって形成され、いかにして現在まで継承してきたかを調査する。また、各集落の特質や問題点を把握し、人がなんらかの形でその場に関わり続け、住み続けることができる現代の離島集落の存続のあり方を提案する。

古来より、地縁、血縁、産業、宗教など様々な要因に拠る共同体が存在するが、その中でも宗教において信仰が繋ぐ共同体はとても強い結びつきである。長崎県五島市は潜伏キリシタンを先祖に持つ地域であるが、その中でも奈留島は弾圧や迫害が比較的なされず、同じ島に住む仏教信者らとも良好な関係を築きながら現代まで信仰が続いている。地域コミュニティの崩壊などといった言葉がきかれる現代において、奈留島における共同体の持続のあり方は、ひとつの示唆になるのではないかと考えた事がこの研究のきっかけである。長崎県五島市奈留島の江上集落・南越集落・葛島集落の3つのキリスト教系集落を研究対象とし、各集落の住まい方・生業・信仰を背景に、集落は何によって形成され、いかにして現在まで継承してきたかを調査する。また、各集落の特質や問題点を把握し、人がなんらかの形でその場に関わり続け、住み続けることができる現代の離島集落の存続のあり方を提案する。調査の結果、同じ島でも信仰の違いや生業の違いで、住戸の形式や人々の生活が異なる。さらに同じ信仰であっても生業や生活する敷地条件が異なれば、住民の求めているものや問題も様々である。広い範囲で平均的に地域を判断するのではなく、集落形成の成り立ちや信仰を個々に調べる事により、各集落の特性を活かしつつ、各々の足りないものを島全体で補い合うことが、現代における集落の新しい提案になりうると考える。

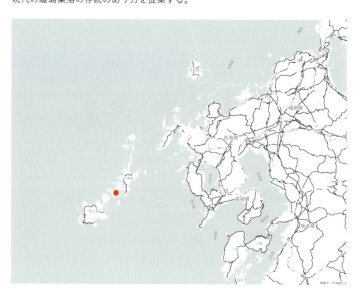

## 研究方法・対象

長崎県五島市奈留島の教会堂及び教会跡地が現存する江上・南越・葛島集落を対象にする。
1 ヒアリング 江上集落住民2人、南越集落1人、元葛島民3人に協力頂き集落内の使われ方や当時の様子について現地調査を行った。加えて、史料や当時の写真などからヒアリングによる住戸、教会堂の図面作成を行い機能や変遷などを明らかにした。
2 実測 集落の一部とその住戸の簡単な実測を行った。

# 奈留島について

奈留島概要

　長崎県五島市奈留島は五島列島の中心に位置し、面積は約24km²で人口約2800人の自然豊かな島である。また、岬の突出が多く複雑に入り組んだ海岸や静かで深い湾を擁するため、自然な良港が形成されているのに対し、地上の交通手段は不便なものとなっている。古くから漁業を中心とした半農半漁で、現在では、耕作面積が狭く手入れがしにくい事から耕地が放棄され、自家消費用の野菜の栽培が多く行われている。漁業に関しては、まき網漁、一本釣り漁、養殖業が主な産業である。現在は、人口流失からの空き家や耕作放棄地などが問題とされている。

[仏・キリスト教系集落]

　奈留島の集落は、仏教や神道を信仰していた先住者の集落(地下集落)と本島のキリシタン弾圧から逃れて奈留島に移住したキリスト教系集落(居付き集落)の大きく分けて2つに分けられる。仏教系集落は便利で豊かな平地や漁の多い海岸に形成され、キリスト教系集落は斜面地に面した細い浜辺や痩せ地、外海側に散在していた。

仏教系集落
仏教系集落は便利で豊かな平地や漁の多い海岸に形成。

キリスト教系集落
斜面地に面した細い浜辺や痩せ地、外海側に面している。

[奈留島の信仰の距離/明治期の禁教が解かれた後の各集落の反応]

　キリスト教系集落の中でも、明治憲法で「信仰の自由」が保障された後の対応が各集落で異なった。自分たちの先祖はそもそも、隠れていなかったと主張する葛島、禁教令が解かれすぐにカトリックに戻った江上集落、禁教令が解かれた後もカトリックと仏教や神道が混ざった土着の信仰（カクレキリシタン）を続けるが信者が減少し、信仰を続けるのが難しくなった為、不本意ながらカトリックに戻った南越集落の3つに分けられる。

[奈留島キリスト教系集落マトリックス]

　同じ島、同じキリスト教系集落でもこのように異なる。異なる集落に異なる集落の特徴をもってきても意味はない。

[3つの集落の特徴]

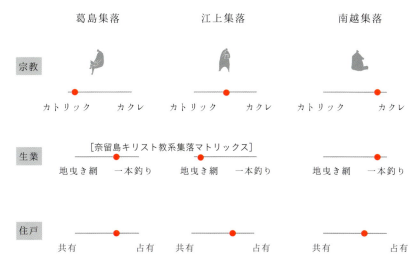

葛島集落　　　江上集落　　　南越集落

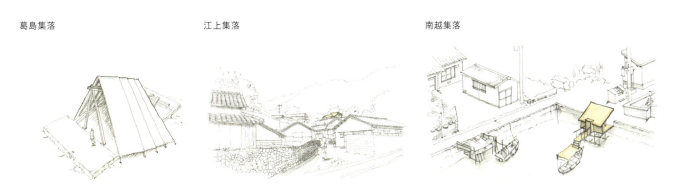

葛島集落 祈りの場

南越集落 船着き場

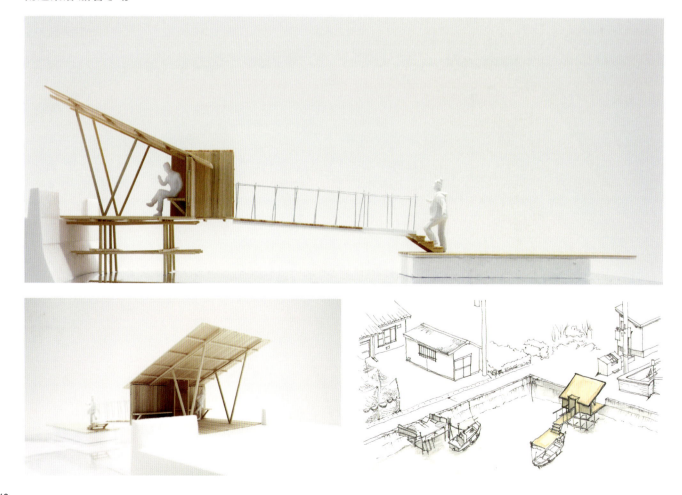

江上集落 宿泊施設

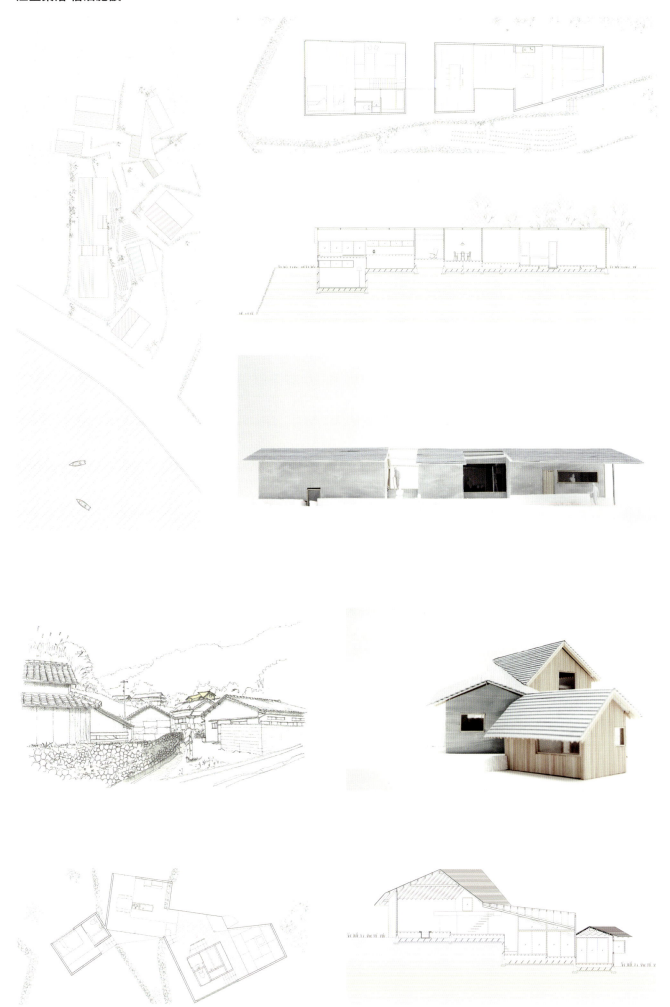

# 「建築」を介して、
# 世界はもっと美しく見えるか。

**赤池 伸吉**
Shinkichi Akaike

芝浦工業大学大学院
理工学研究科
建設工学専攻
堀越英嗣研究室

「建築」を介して、世界はもっと美しく見えるか。

空の青が夕焼けの赤へと徐々に染まること。四季によってその姿や色を変える植物の生命力。太陽のあたたかさから感じる居心地の良さと、陰翳によって研ぎ澄まされる身体感覚。現代は便利でキレイであること、わかりやすい豊かさを追求し続けた結果、そういった「世界」の変化に対する感性を失ってしまった。そういった「世界」の変化との連続的な振る舞いの中に、建築をつくることはできないだろうか。

本計画は、「生きる自然」の中につくられる"森の茶廊"の計画である。時間や季節によってグラデーショナルに変化を続ける、東京都台東区・上野の森を対象敷地として選定した。人々がその「世界」の変化を建築を介して経験し、また人をはじめとした多様な生物のための居場所となるような建築の在りようを考えた。

設計の手掛かりとして、「立体的ファサード」・「構築的陰影」・「内部照明表出」・「浮遊」・「フレーミング」の5つのキーワードを用いる。これらは、建築の立ち姿や空間に様々なスケールの隙間をつくる設計手法である。隙間は太陽の光・公園内を歩く人々・森の木々の風景など、様々な変化が入り込んでゆくことを許容することで、「世界」を美しく見せる。

建築を介した、その先の世界を思考すること。

その一連の思考が、未来に向けて建築空間の価値を再定義してゆくことを展望として、本計画の主題とする。

1 : STEREOSCOPICFAÇADE  2 : CONSTRUCTIVESHADOW  3 : INTERNALLIGHTING

4 : FLOATING    5 : FRAMING

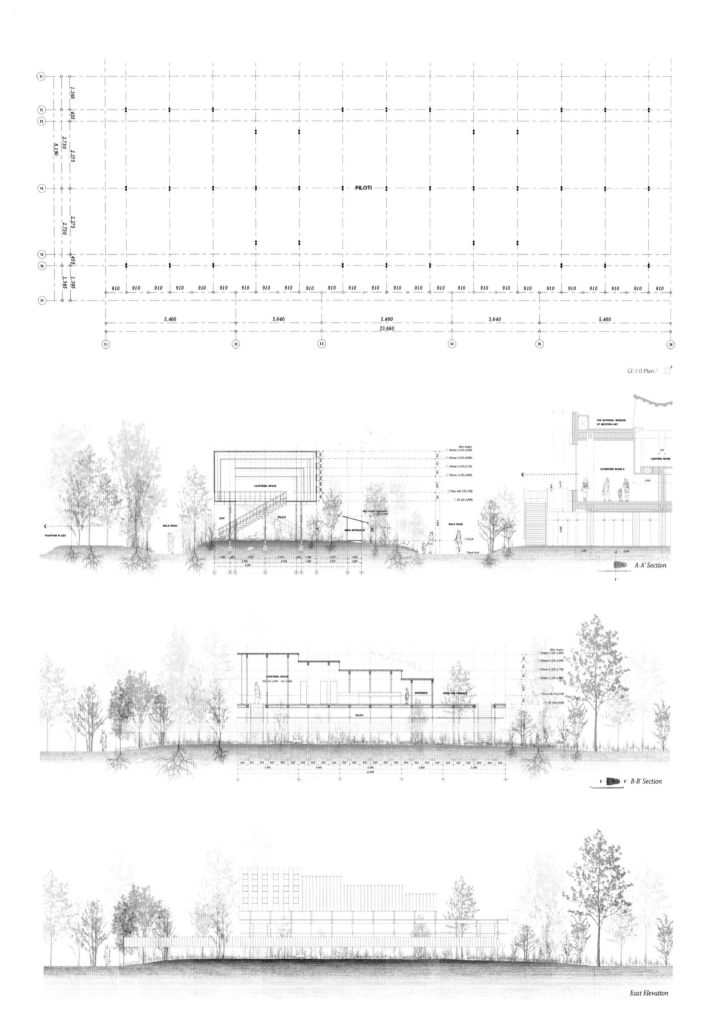

# 東京圏における鉄道貨物跡地の小規模開発の研究
― 貨物専用線線状跡地の提案 ―

## 大部 杏奈
Anna Obe

芝浦工業大学大学院
理工学研究科
建設工学専攻
西沢大良研究室

3700万人の後背地人口を持つ東京を支えているのは鉄道である。旅客・貨物の輸送を行う鉄道は、特に貨物においてその輸送体系を時代のニーズに合わせて変化させてきた。東京圏に残る貨物線跡地は東京の近代化のために現れては消えていった鉄道貨物の象徴である。鉄道の運んでいた貨物はまちの立地を生かした産業と結びついていたが、現在の貨物線の再開発はその特徴を生かしきれず、まちに埋没している。鉄道跡地の開発は貨物線ならではの開発があるはずだ。そこで貨物線ならではのまちづくりの拠点を再考する。道路に跡地の5割が開発される中、道路に一切開発されていない「川崎 - 浜川崎」の跡地を対象とする。貨物線の周辺への影響は大きく2種類に分かれている。貨物線がその軸となり直行する様に配置される場合（道路開発型）と全く無視され周辺の建物・街区が非直行する場合（敷地開発型）である。その影響により作りだされた独特の景観に基づいて建築の形態をつくる。跡地の開発用途もこの2種類によって大きく傾向が別れる。道路開発型は道路になりやすく、敷地開発型は住居店舗建築に開発されやすい。その為、敷地の周辺との関係を生かしたプログラムとして、既存の福祉複合施設に加え商業、集合住宅を地上に配置する。上部にはこの跡地に欠けている道路の機能を補完するものとして自転車道を通すことで、周辺の分断を解消しつつ地域再活性化の拠点となる自転車道建築を提案する。

## 調査

### 01 東京圏の鉄道貨物の歴史と跡地
時系列で東京圏を見ると、鉄道貨物が現れては消えていく様子がわかる。

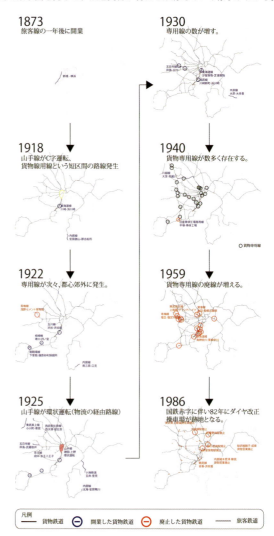

### 02 開発用途
大きく分けると4種類の用途に別れる。

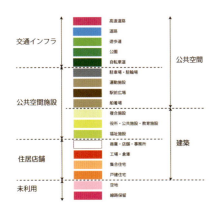

### 03 残留面積
敷地が線路の形状をどのくらい残しているかに着目する。

| | 面積 | 残留面積 | 残留率 |
|---|---|---|---|
| 総面積 | 69238.6 ㎡ | 47962.6 ㎡ | 69% |
| 線路 | 15282.4 ㎡ | 126.11.5 ㎡ | 82% |

### 04 残留面積合計と用途の合計から出した用途平均
5割が交通用途に開発されている。

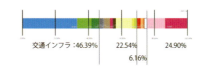

交通インフラ：46.39%　22.54%　6.16%　24.90%

### 05 6種類の貨物開発用途
貨物内容によって開発の傾向が異なる。

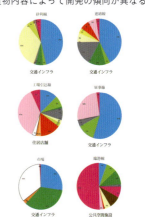

## 06 開発用途別の跡地と周辺街区
異なる周辺街区のグリッドの数

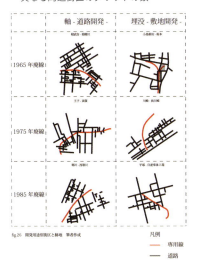

## 07 6種類の貨物内容によるマトリクス分析
6種の貨物内容がまちへの影響にも差異をうむ。

## 08 開発用途別の跡地と周辺の建物配置
周辺の建物配置にも差が生じる。

## 09 東京圏鉄道貨物跡地 敷地MAP

**設計** セメント工場への工場引込線跡地の「川崎 - 浜川崎」を敷地とする。工場引込線はまちとグリッドの時系列関係により、現状の旅客駅の駅徒歩圏800mに含まれていない為、自転車移動を軸とする必要がある。

**鉄道×自転車×生活拠点** 自転車道を軸に複合型の民間福祉拠点を繋いでいく。

## COMPOSITION
自転車移動圏3kmを意識して全体の動線計画を行う。

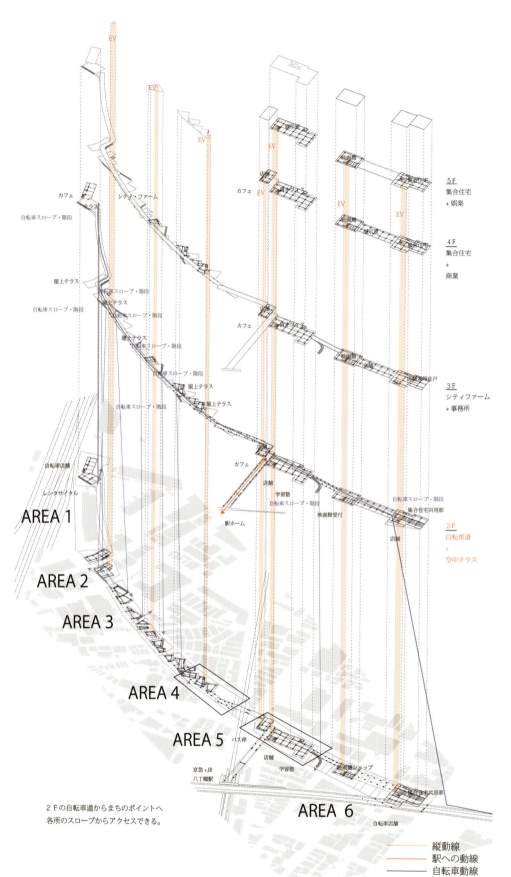

01 自転車道へ引き込む入口

02 観客席やテラス

03 自転車道とインフォメーション

04 京急線連絡橋

05 JR直通改札

06 建築内部を抜ける自転車道

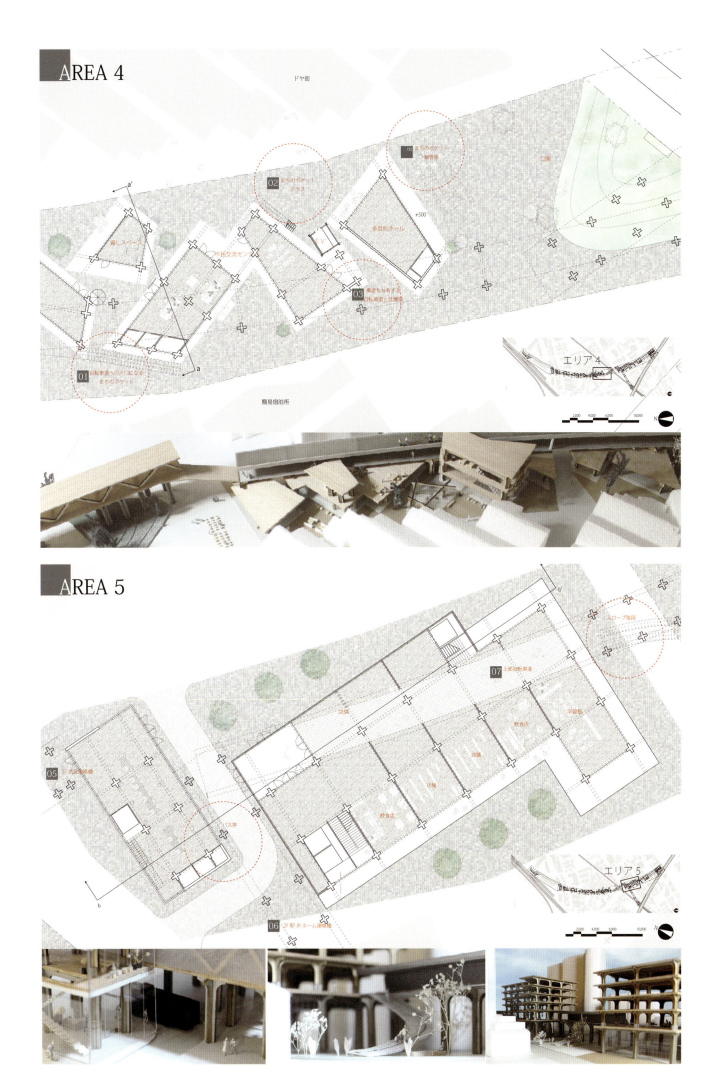

# 斜床空間に関する分析および建築設計提案
― クロード・パラン「斜めの理論」に着目して ―

## 徳田 翔太
Syota Tokuda

首都大学東京大学院
都市環境科学研究科
建築学域
小林克弘研究室

建築的な斜めの床（以下「斜床」という。）は、1966年に建築家クロード・パランと思想家ポール・ヴィリリオによって近代建築における水平と垂直の二軸と今後来るべき情報化社会に対して、第三の建築空間の可能性であると主張した建築構成要素である。本研究は、パランらの「斜めの理論」を援用し、近年の斜床建築と斜床に関する理論を参照することによって、建築における斜床の理論的な位置付けを再考する。そして得られた知見を設計提案で応用し、斜床を用いた建築空間の可能性を示すことを目的とした。

設計では、情報化社会の対象としてIT系企業のオフィスを選定し、斜床空間を用いた新たなオフィス空間を提案した。論文での分析・考察から【斜床空間の4スケール（都市・空間・人・家具）】【斜床空間の9つの構成手法】を抽出でき、それらをもとに、各スケールに応じた計画を行った。また斜床はある地点を結びつけるものとしてではなく、機能的な連続性をもつ【連続体】としてオフィス空間に応用した。都市・外部環境の連続、空間・機能の連続、個人と集団の視覚的連続、家具と床の連続の四つの連続体としての斜床空間を提案する。

【連続体】としての斜床空間は、従来のオフィス空間を超えた新たなオフィス空間を創出し、都市・外部空間・内部空間・人・家具と新たな関係を構築し、その可能性を設計提案にて提示した。

## 「斜めの理論」

フランスの建築家、クロード・パランは1963年の終わりに思想家ポール・ヴィリリオとともにアルシテクチュール・プランシプ[Architecture Principe]を設立する。彼らは近代建築における水平と垂直を否定し、今後来るべき情報化社会に対して第三の建築空間の開発を目的に、建築における斜めの床を説いた。彼らの理論が反映されたサント・ベルナデット教会[1966年]は、内部の向かい合う二つの房室が中央に向かって斜めに傾斜している。サント・ベルナデット教会は2000年に、歴史的建造物に指定された。その後グループは解散したが、パランは「斜め」の追求を続けた。

クロード・パラン、ポール・ヴィリリオによって1964年に提唱された「斜めの理論」は、傾いた平面状に人間の生活を定着させることを目的に、「斜床」による建築の新しい空間支配の可能性について彼らが書き出したものである。

彼らは、その中で二つの基本的なユークリッド空間の方向性に対して拒否し、立面の軸としての垂直と永久的な平面の軸としての水平性の終焉を告げ、第三の空間として「斜め」を説いている。パランらが提唱した「斜めの理論」は大きく5つの視点（斜めの都市計画・斜めの構造・斜めの機能・斜めの角度・斜めの敷地）に分けることができる。

## 斜床の理論的有用性

「斜めの理論」だけでなく、他分野の斜床に関する理論として、建築学、哲学、心理学、生理学、景観学の分野から10の理論・概念を抽出し、斜床の理論的な有用性を示す。各理論は「建築論・空間的視点」、「心理的・生理的視点」、「環境的視点」の3つに分類した。各理論の相互関係を比較するため、各理論を要素ごとに分解し、理論の要素を並列にする。そしてその要素が斜床に関連し、さらに要素同士の相互関係が認められるものを斜床の性質として取り上げる。要素同士の関係から斜床の性質として【斜床の5属性（連続性・流動性・多様性・開閉性・身体性）】が抽出できる。そして【斜床の5属性】における各属性を反映した具体的な機能や用途を示した。

## 斜床空間構成「9つの手法」

本項では現代建築における斜床空間構成の分析と考察を行い、さらに斜床空間構成を抽出することを目的とする。

①前章で求めた「斜床の5属性」を【斜床空間の構成要素】に置き換え、各事例の斜床空間の構成を分析する。　②斜床空間を構成する要素は以下のように類型化できる。　③調査事例の斜床空間構成を類型化すると「9つの構成手法」が抽出できた。「9つの構成手法」は連結部分によって【内部−内部】、【内部−外部】、【外部−外部】操作に区分され、さらに【傾斜地】に対する手法が6つ抽出できる。

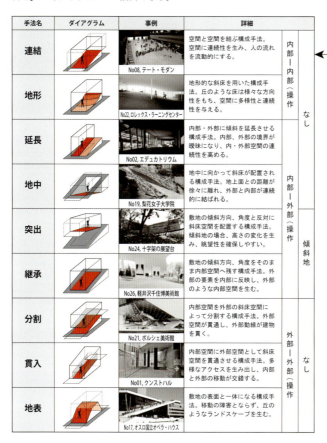

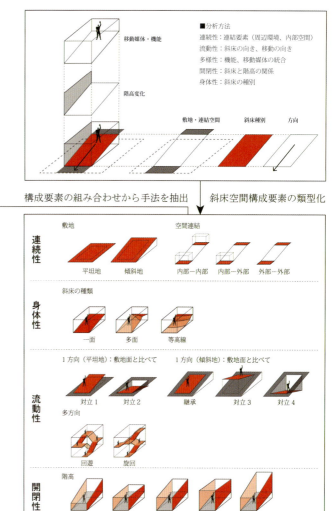

構成要素の組み合わせから手法を抽出　斜床空間構成要素の類型化

## 設計主旨／オフィス環境の変化

産業革命以来、オフィス建築は効率性が重視され、生産的で静的な建築空間が要求されるに伴い、労働環境が画一化し、オフィス空間は均質的で単純化した。近年は情報やメディアの変化に合わせ、オフィス空間に求められる要素にも新たな変化が生じ、机に縛られず自由で多彩な労働環境が求められている。

本設計提案では、斜床空間を用いた新たなオフィス空間の提案を行う。

## 設計対象敷地

対象敷地は明治通りと表参道が交差し、駅にもアクセスの良い場所とした。周辺施設などの影響で多様な世代が流動的に交錯する場所である。また敷地には傾斜が3度あり、交差点に面し、その交差点の地下には地下鉄駅が隣接する。そして表参道からのケヤキ並木が敷地に対して南面に立地している。

## 設計プロセス／連続体としての斜床空間

これまでの斜床は、ある地点とある地点を結ぶことを目的として用いられてきたが、本設計では斜床空間を機能的な連続性をもつ【連続体】として応用し、設計へと結びつける。【連続体】…「連結した部分として機能、または相互に連続的な関係を作り出すもの」と定義する。

これまでの斜床は、ある地点とある地点を結ぶことを目的として用いられてきたが、本設計では斜床空間を機能的な連続性をもつ【連続体】として応用し、設計へと結びつける。
【連続体】…「連結した部分として機能、または相互に連続的な関係を作り出すもの」と定義する。

斜床空間の4スケール（XL：都市、L：空間、M：身体、S：家具）が明らかとなり、各スケールに応じた斜床空間の【連続体】を再考し、斜床空間の有用性を示す。

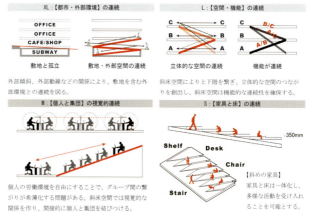

## 全体構成

　斜床空間の9つの手法を元に斜床空間構成の操作を行う。【地中】、【突出】、【継承】、【延長】、【貫入】の構成手法を用いることで、【都市・外部環境】と連続的な関係を作り、従来型オフィス空間の外部環境からの孤立、均質な労働環境を改善する。建物内部の上下階は【連結】を用い、全て斜床空間によって繋がれ、【空間・機能】の連続的な関係を創出する。

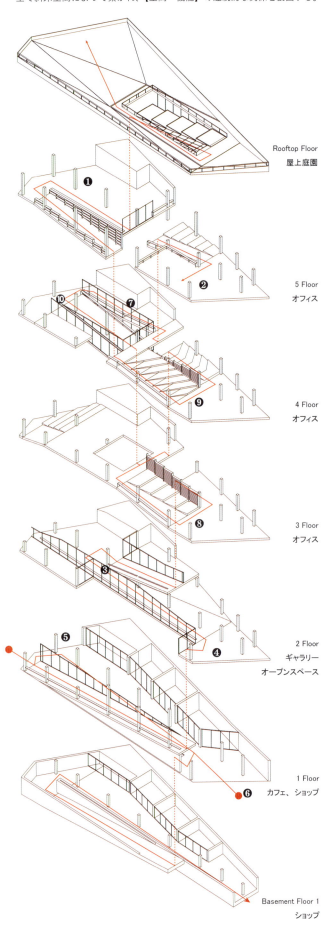

## 【都市・外部環境】の連続 / 手法
## 【貫入】【延長】【突出】【継承】【地中】

【貫入】 屋上には緑化規定から屋上庭園を設けており、その屋上の自然を斜床空間を用いて内部へと引き込むことを計画する。緑が建物に入り込むような演出をして、最上階にいながら外部環境や自然の変化が感じられる空間を作り出した。さらに床材料に透明材を用いたことでトップライトとしても機能し、その光は建物内を明るく照らすと共に、環境により変化する空間となる。

【延長】 2階、地下1階まで敷地傾斜を【延長】させ、敷地との連続性を高める。地下1階にはショップを計画し、2階はオープンスペースとオフィスギャラリーを計画する。敷地傾斜を延長させ、傾斜面の影響を感じながら展示を鑑賞し、鑑賞しながら身体感覚に刺激を与える。斜床のため、展示ボードは天井から吊るし、斜床を優先させる。オープンスペースは丘のような斜床を用い、エントランスのラウンジとして人の溜まり場を作る。

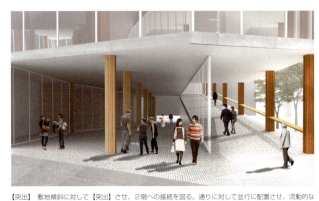

【突出】 敷地傾斜に対して【突出】させ、2階への接続を図る。通りに対して並行に配置させ、流動的な動きと連続的な移動を可能にする。

【地中】／【継承】 敷地勾配に対して連続的に【継承】させ、建物が交通の遮断を回避させ、裏通りとの接続、さらに【地中】により地下鉄駅との接続を図る。交差点からの人の流れをそのまま建物に引き込むように計画する。

## 【空間・機能】の連続 / 手法【連結】　　【個人と集団】の視覚的連続　　　　　　【家具と建築】の連続

【連結】空間同士は手法【連結】を用いて連続的な空間を生み出し、斜床空間に機能を加えた。オフィスとオフィスを結びつける斜床空間はオフィスとしての機能が加わる。さらに斜床空間が連続して存在することで上下空間で機能が連続する。連続した上下空間は、大きなワンルームとしての機能も加わる。

従来型のオフィスは効率的で、短時間でのアクセスを重視していたが、本提案では人と人との接触や出会いを誘発させることを目的に動線計画を行なっている。そして壁ではなく、斜床の高さの変化により緩やかな空間区分を行なった。人の視線が遮断されることなく、多様な活動を確認することが可能になった。様々な活動と視線が交錯し、個人と集団との関係は視線により遮断されていたものが、視覚的に連続性を持ち、間接的な結びつきを与える。

「斜床の上では家具は再定義される。」とバランはいう。本設計でも【斜めの家具】として斜床と家具のあり方を再考する。そこで家具と斜床空間は連続的なものとして計画を行う。斜床の上に斜めの板を350mmずつの間隔で配置することによって、高さの変化が生じ、その板の上では【机】【棚】【椅子】【階段】などに変化し、それらは連続的に床と結びつけられている。さらに木材を用いることで、床と家具との関係をより曖昧なものとして成り立たせている。

## 断面計画

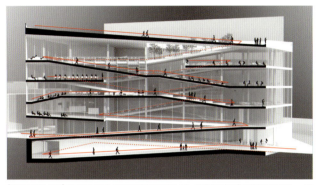

【動線の交錯と連続】地下鉄から屋上まで斜床空間の連続により、流動的な人の動きが生み出される。一般の利用者、外部の人の動き、オフィスワーカーなどの人たちが様々な移動経路で交錯し、接触、出会いの機会を誘発させる。

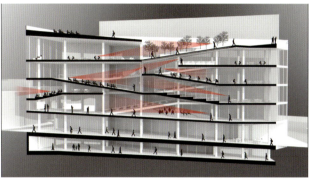

【視線の交錯】傾斜による方向性は、視線を一つの方向に向ける。複数の斜床によって、視線の方向が多様に交錯し、室の活動、空気感、光など自然に感じ取れる。

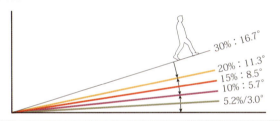

11.3°／20％：座る、散歩する、休憩する、鑑賞する／最大勾配：日本建築学会
8.5°／15％：座る、散歩する、休憩する、鑑賞する／クンストハルの勾配
5.7°／10％：走る、軽い運動／最大勾配：日本建築学会
3.0°／5.2％：見えない斜面／走る、軽い運動／対象敷地の勾配

【斜床の勾配】
建物内部の上下階は全て斜床空間によって繋がれている。その連結する斜床空間の勾配は分析結果から得た勾配4スケールを参考に、11.3度、8.5度、5.7度、3度の四つの角度を設計に用いた。

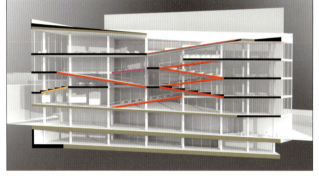

a：地下斜路、b：カフェ、c：二階斜路、d：エントランス、e：講義室、f：作業室、
g：オープンスペース、h：リフレッシュスペース、i：会議室、j：書庫、k：屋上庭園

# 繋ぐ
― 旧野外活動センターリノベーション計画 ―

## 田邉 明子
Sayako Tanabe

昭和女子大学大学院
生活機構研究科
環境デザイン研究専攻
金尾朗研究室

逗子市の公園、蘆花記念公園にある空き家の再生計画を行った。以前は別荘地で活気にあふれていた逗子市に若者と活気を呼び寄せたいという思いから修士設計を逗子市で行った。

逗子市を調査していると、現在利用されていない「旧野外活動センター」という建物に出会った。この建物は市の公園である蘆花記念公園の中に建っている。元々社員寮として利用されていたが、無償で市に譲られてからは市民の宿泊施設として利用していた。しかし、老朽化などの理由から利用できなくなってしまった。

蘆花記念公園は多くの木々に囲まれ自然を感じる事ができる。歩いてみると、海の景色が広がっていた。ここを歩いている際、いくつかこのような景色を感じる箇所があった。私は、ここが逗子の自然を最も感じることができる場所だと感じた。

そこで私は、逗子市の特徴的な自然に触れながら市民と逗子市に訪れた人たちが交流できるような場をここに提供し、以前のように子どもや若者で賑わっていた頃の記憶を蘇らせながら、そこから賑わいが拡散される発信元となるような場を創出したいと考えた。逗子の昔の記憶を思い出す事ができるような場所と逗子の自然を感じる事ができる場所を同時に解決できるような場所にする為、記憶が蘇るような大切な部分を残しながら旧野外活動センターのリノベーションを行った。

## 敷地

現在空き家となってしまっている旧野外活動センターの存在を知った。社員寮として利用されていた建物はそのまま残っており現在まで築47年となる。この旧野外活動センターは逗子市の公園である蘆花記念公園内に存在し環境が良い事と、規模についても大きさがあるため修士設計の敷地とする事にした。また、旧野外活動センター周辺も巻き込めることを目指し、敷地は旧野外活動センターとその周辺とした。そして、逗子市では空き家が多く存在している事が現在の問題点である事から新しく建築を生み出すのではなくリノベーションにより現在ある建物の価値を蘇らせようと考えた。蘆花記念公園は公園内にある施設も含めた敷地全体が日鐵商事という会社の持ち物だった。そして、旧野外活動センターと第一・二休憩場は同じ企画として建てられた。旧野外活動センターは社員寮として、第一休憩所は社員の宴会場として、第二休憩所はオーナーの自邸として利用されていた。しかし、日鐵商事がこの敷地を手放すという事で昭和59年に土地開発公社が土地を取得した。その後市に無償で譲与され、昭和59年4月に市制施行30年を記念しこの公園ができた。蘆花記念公園の名前の由来として市役所の方に聞いたところ、作家である徳富蘆花が公園の近くに存在した柳屋旅館に4年間住んでいたことで逗子にゆかりのある人物として定着していたため名前を使う事になった。また、ゆかりの地ではあるが蘆花記念公園には全く関係なく、街おこしを目的として有名な蘆花という名前をつけたという事だった。平成19年には蘆花記念公園の範囲を広げ面積は約4.3ヘクタールとなった。

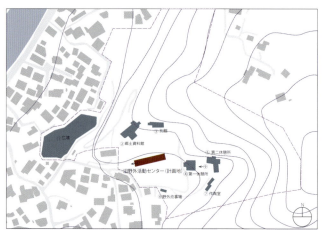

蘆花記念公園周辺

旧野外活動センター（現状写真）

資料館

改修前：第二休憩所から見た景色

旧野外活動センター内3階からの景色

## 現状

点線より左側は独身寮のエリアで右側は家族で暮らすエリアとなっている。また、左と右のエリアは壁で仕切られているため、内部で移動する事は不可能となっている。建物全体でなく右側のみ階段室という作りは非常に珍しいものとされている。

1階には、独身寮エリアのエントランス、管理人室、食堂、台所、共同浴室、共同便所があり、そして右側には家族エリアの住居が並ぶ。2階には独身エリアの洋室が4部屋、共同便所、共同洗面所があり、右側には同じく家族で暮らす住居が並んでいる。平面図を見ると、2階平面図と同様の部屋が並んでいる。

## コンセプト

設計コンセプトは逗子の自然と公園を共存させる。分析調査などから、蘆花記念公園の既存施設同士が樹木が原因で遮断されている。これらの問題から、お互いの施設の存在が確認できたり逗子の自然を旧野外活動センターの中と外で感じる事が出来るようにした。この施設にいる事で、最も逗子の自然を感じる事ができ公園内の良さを感じる事ができる。

現在、樹木で遮断されている公園内の視線

施設同士の視線を通し、存在が分かるようになる

## ダイアグラム

設計では、視線を意識したデザインとした。特に、最も視線が遮断されており公園内でも孤立している資料館との繋がりを持たせたいと思い、資料館を中心とした視線となった。視線を通す空間を3つ作った。まず、旧野外活動センターを経由し資料館と野外炊事場を繋ぐため削る。他に、資料館と第一休憩所前の広場の視線と室内から資料館を見る視線を作った。

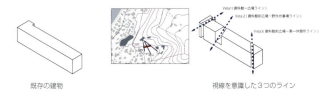
既存の建物　　　　　　　　　視線を意識した3つのライン

## 構成

以上の活動から、逗子文化の会の人達が求めている旧野外活動センターの活用方法は「工房やオフィスのある施設」という事が分かった。また、オフィスに関しては逗子市の市民団体が活用できる事を目的とした空間とする事にした。

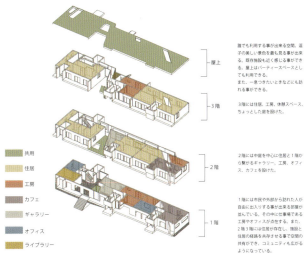

工房、オフィス、住居を点在させる事で、人々の繋がりを増やす事を望む

利用者と居住者の動線は住居を点在させる事で混ざり合うように設計した。人々のコミュニケーションが盛んに行われる事を目指した。また、視線を意識した箇所を赤印で記す。

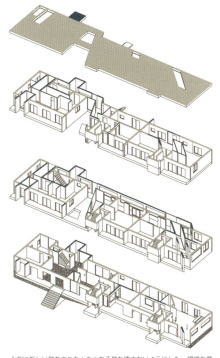

北側に新しい壁を作りもともとある壁を壊さないようにした。視線を意識した箇所の周りは特に新設が多い。

## 建築計画

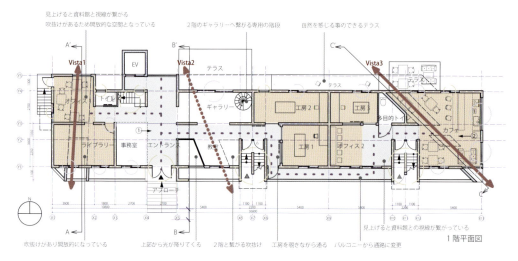

1階平面図

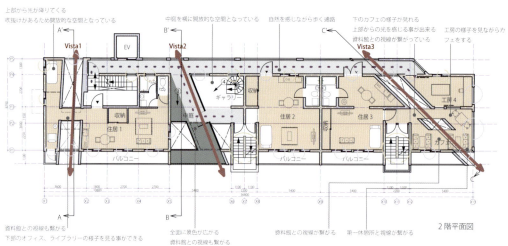

2階平面図

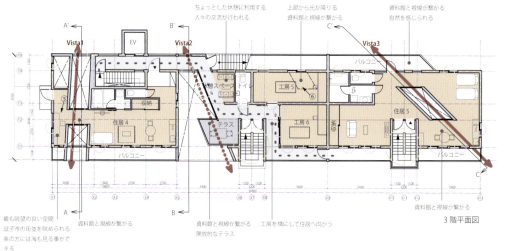

3階平面図

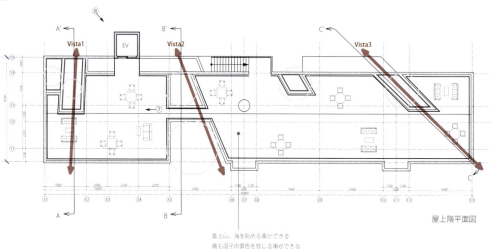

屋上階平面図

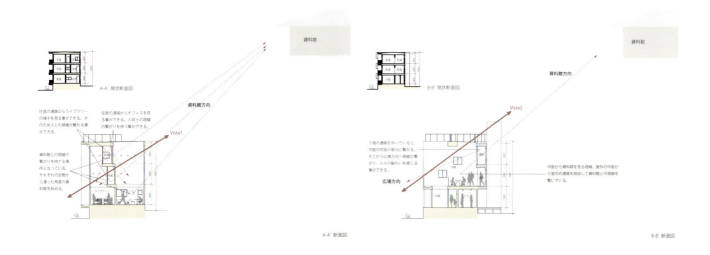
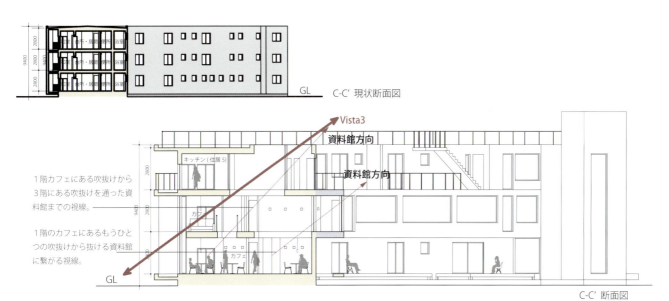
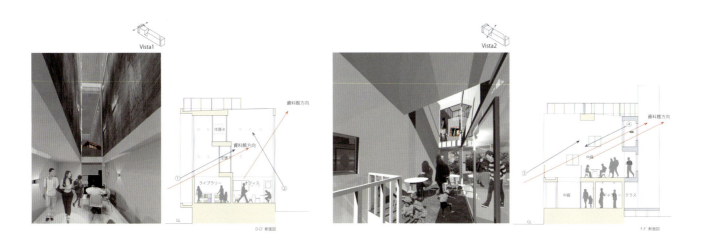

# 前庭のある集合住宅
― 都市型集合住宅の提案 ―

**若林 晴美**
Harumi Wakabayashi

昭和女子大学大学院
生活機構研究科
環境デザイン研究専攻
金子友美研究室

都市に住むということは利便性に優れているが、その一方で開口部が面していることで周囲の視線の交わりが気になり不快に思うようなことも多々ある。このことから、都市で快適な居住環境を確保するために建築のデザインが出来る事を探る。

都市型集合住宅は住戸密度を上げるため窮屈な住居となってしまう場合が多い。その中でも採光、通風、プライバシーを確保しながら、十分な居住面積を得る必要がある。都市型集合住宅の条件として、住戸密度を上げること、プライバシーの確保（集合住宅内外）、開口部（採光面）の確保、個々の住戸面積を確保することを目指す。側面からの採光による共用部分の最小化、メゾネット型住居による視線の高さの衝突緩和、そして「前庭」による開口面の確保とコミュニケーションの提案を行う。

集合住宅に設けられた前庭空間はガーデニングを行ったり、子ども達が自由に遊んだりすることができる空間であり、住民がそれぞれ好きな空間をつくることができる屋内外の中間領域として機能する。そして、廊下や階段に隣接して前庭空間を設けることで、開口を設けられる面が増える。この結果、外壁面の開口を最小限に押さえても前庭空間を設けることで居室部分に十分な通風や採光を得ることが可能である。また、前庭は各住戸の専有空間でありながら、集合住宅の共用空間として、住人同士のコミュニケーションの場としての機能も期待できる。

## コンセプト

都市型集合住宅は住戸密度を上げるため窮屈な住居となってしまう。その中でも採光、通風、プライバシーを確保しながらも、十分な居住面積を得る必要がある。集合住宅ならではの問題でもある住民同士のコミュニティ、住戸配置による採光等の偏り、住居と外部とのプライバシーの問題を階層の構成で解決する。上記に加え、横からの光、メゾネット、建物の中に組み込まれた屋外空間をコンセプトしそれぞれの設計を行った。

## メゾネット

住戸プランをメゾネットにし、単純に並べると二方向のみにしか開口を得る事ができない。しかし、組み合わせや配置を変えることで開口を設けられる方角が増え、各住戸になるべく平等に開口や方位の条件を与えられる。これらの方法によって道路に隣接する1階部分の住居は道路利用者と住民との視線等によるプライバシーの問題が解決することが可能となる。また、メゾネット構成とし立体的に組み合わせることで北側で起こる日照の問題や住戸配置の偏りを無くすことができると考える。上階では隣接する住宅との開口面にずれがうまれ、互いに開口部が向き合うという状況を回避でき、プライバシーが緩和される可能性がある。

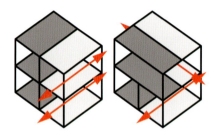

## 建物の中に組み込まれた屋外空間

建物の中に各住戸専用の前庭を設ける。前庭の効果としては、内部に採光や通風を確保するだけではない。この空間が住民同士の共有空間やコミュニケーションを取る場となり、各住戸へのアプローチ空間の役割も担っている。これらに加えて、住戸の周りに空間が生まれることでより多くの開口を設けることが可能となる。

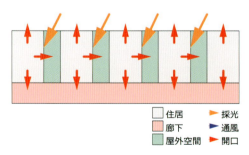

## 敷地

周囲の環境を含め都市のかかえる問題の典型事例となる場所を抽出した。対象の敷地は以下の3カ所である。①不整形な平面、②間口に対して奥行きがある、③三方向大きな道路に囲まれている。抽出した3つの敷地に共通していることは、徒歩圏内に駅、スーパーなどの様々な公共施設が揃っていることが利点として挙げられる。これら3つの敷地の問題点は都市部においては珍しいものではない。3つの敷地で集合住宅を提案することは、単に世田谷区の当該敷地の問題を解決するだけではなく、都市に住むことの提案になると考える。

## 敷地A　東京都世田谷区太子堂4-9

### 概要

この敷地は太子堂の密集した住宅地の中にある。道路に囲まれているがどの道も比較的狭く交通量はほとんどない。北側には世田谷線西太子堂駅が隣接しているため交通の便がとても良いという利点がある。一方で、駅を利用する人の往来が多く、狭い道路にもかかわらず歩行者、自転車を多く目にする。面的街区を構成している敷地Aに対して階段室型で設計を行う。2つの階段室を設置し、階段を囲うよう住戸の配置をした。

### 階段室型の典型事例と提案

北側に階段室を設けた場合、アクセスは一箇所に集約され遮るものがないため二面に開口が設けられる。廊下が無いため、人目を気にせずに生活することができプライバシーが保たれる。

しかし、典型事例のような階段室はひとつの階段室からアクセスできるのはワンフロアにつき2つの住戸しか確保することができない。住棟の中央に階段室を設けると、住戸に囲まれるため暗くなり風が抜けないというデメリットがある。今回の設計のように前庭を設けることで全方角をつくることができる。結果、階段室内部に採光、通風の確保が可能となる。

### 踊り場の構成

階段室の踊り場と同じレベルで繋げることで、段差なしのフラットな住居ができる。また、2つの階段室を繋げているので、2ヶ所の出入り口を設けることが可能となる。このような住居は2世帯住宅に有効である。

### ずれる視線

本設計は8段ごとに踊り場を設けている。階段室の踊り場からそれぞれアクセスをすることで住宅にレベル差がうまれ住民同士の視線のずれがうまれる。玄関が向かい合う住戸は半階分ずれておりレベル差があるためドアを開けたら人がいて目が合って気まずくなるという状況が避けられる。

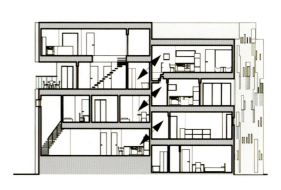

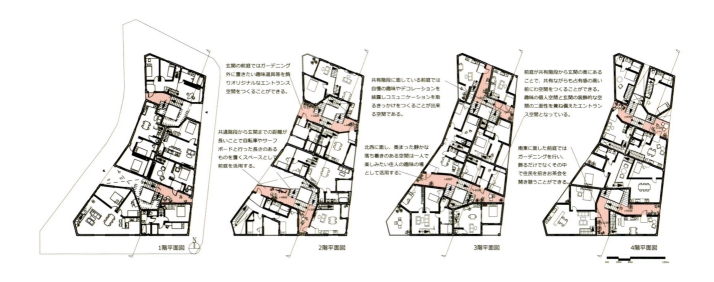

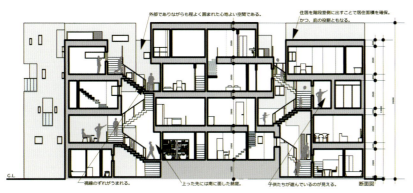

## 敷地B　東京都世田谷区若林3-16

### 概要

この敷地の南側は世田谷通りに面しており、向かいには大きな建物がないため南側からの日照については遮るものが何もなく十分に確保することが出来ると考える。しかし、間口約20mに対して約40mの奥行きがあり、単純に住戸を並べると南側と北側の居住環境の差が大きくうまれる。当敷地には現在建物は建っていないが、西側は狭い道路に隣接しており、東、北側には集合住宅が建ち並んでいる。間口に対して奥行きがある敷地に対して中廊下型で設計を行う。廊下の幅を最小限におさえて住居部分を充実させる。

### 中廊下型の典型事例と提案

中廊下型は廊下の両側に住戸を設けることができるため、住戸密度を上げる事が可能であるが、住戸への玄関は向かい合い、廊下は住戸に囲まれ自然光が入らず、開口も二面しか設ける事ができない（ただし廊下側は閉鎖的）。前庭を設けることでドアを開けたら人が歩いていて視線がぶつかるという現象が無くなる。また、1階から4階まで前庭を介して側面からの光により、中廊下に採光を取り入れることが可能となる。この前庭は各住戸への採光にも有効である。

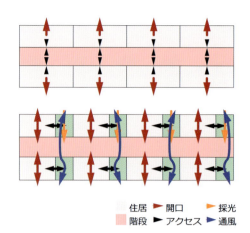

### 中廊下に有効な採光

廊下が住居に囲まれることから自然光が入らず暗くなってしまうというデメリットもある。そして、各住戸の開口も中廊下側を含め二面しか設けることができない。これらの解決方法としては、中央に吹き抜けが設けられたツインコリドール型となっていることが多い。しかしそれらは、共用部分に多くの面積を要するため敷地面積の限られた都市型の集合住宅では住戸密度を上げにくくなってしまう。中廊下に面する住居全てに前庭空間を設けることで、上からの光ではなく前庭を介して側面からの光で長い中廊下の採光を確保する。

### 中廊下に対する開口

それぞれの住居の階高を操作することで、中廊下に対して開口を設ける際に同じレベルで向き合うことがなくなる。また、メゾネット型にし、アクセスを分けたことで中廊下に吹き抜けを設けることが可能となった。

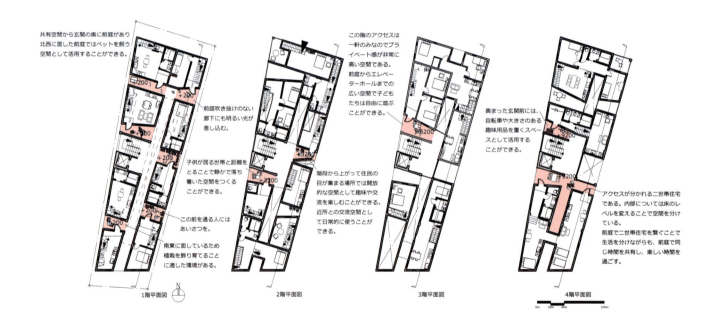

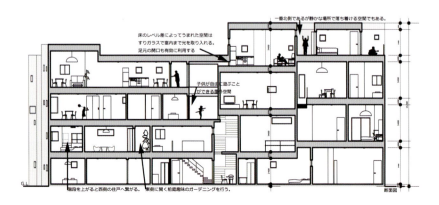

## 敷地C　東京都世田谷区世田谷2-13

### 概要

　この敷地は、交通量が多く比較的大きい3つの道路に囲まれているということが特徴である。3方向道路に囲まれていることの利点としては、周囲に隣接して建つ建物が無いため採光や通風の点で有利であると考える。当敷地は現在3つの建物が建っており、その中にも集合住宅が含まれているが開口部が互いに面している箇所や数十センチの隙間に向かってあけられているのが現状である。東西に伸びており、周囲が道路に囲まれているという特徴から南北に抜ける前庭空間を設けた。片側だけでは住戸密度が上げられないため東西の二方向から廊下を通した。

### 片廊下型の典型事例と提案

　一つの廊下で多くの住戸にアクセスすることができる。しかし、各住戸の前に廊下が通るため廊下側のプライバシー確保が難しい。一般的に片廊下型の住棟では、一本の廊下に対して別途階段室が設けられている。都市型でこれらのアクセス空間の集約を考えて廊下と階段を一体化したとき、各住戸は踊り場からアクセスすることになる。住戸密度を上げるためには踊り場の数を増やすことが必要であると考えた。また、階段下の空間の有効利用を考えたとき、2本の廊下から相互にアクセスを考えることでも住戸密度を上げられる。

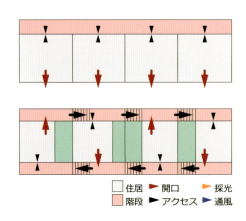

### 外部に対する開口

　廊下や階段に隣接して前庭空間を設けることで、開口を設けられる面が増える。この結果、外壁面の開口を最小限に押さえても前庭空間を設けることで居室部分に十分な通風や採光を得ることが可能である。また、前庭は各住戸の専有空間でありながら、集合住宅の共用空間として、住人同士のコミュニケーションの場としての機能も期待できる。

### 外階段の利用

　東西に伸びる廊下、外階段の下の空間を室内に取り入れることでより多くの住居面積を確保することが出来る。また、この空間を外壁で閉ざすのではなく、すりガラスにすることで昼間の室内は採光確保、夜は住居の明かりが漏れ暗い街を照らす効果もある。

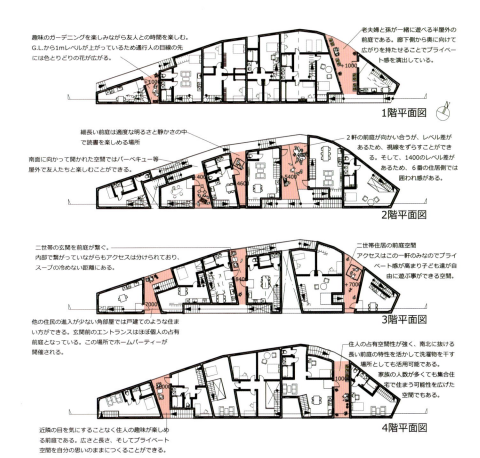

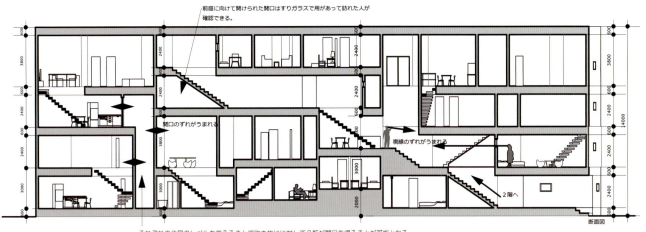

# Uglers
「share」をテーマにしたスポーツバー兼宿泊総合施設

鄭 凱
Kai Zheng

多摩美術大学大学院
美術研究科
環境デザイン研究領域
米谷ひろし研究室

「share」というキーワードを中心に研究を進めた。本設計は感動をシェアするための空間、「Uglers」というスポーツバー兼宿泊総合施設だ。

スポーツには永遠の魅力があって、いいスポーツは映画のように、人のこころを感動させることができる。ただゴールや逆転の瞬間を見るだけではなく、どのような環境で誰と一緒に見たのか、その感動を誰と共に分かち合ったかも忘れられない。スポーツバーで観戦することの興奮と感動は、スタジアムへいく以外の唯一の選択となる。

しかし、現代生活と時差の原因で多くの海外試合はバーで見ることが難しくなっている。深夜に帰宅して気持を抑えながらスポーツを見るより、多いに盛り上がれる環境で試合を見ることのほうがより豊かな生活となるのではないか。

敷地は渋谷の、渋谷川と明治通りに挟まれた角地だ。建築は完全に地下にして、地上部分は都市のポケットパークとして計画することで、建築以上の役割を果たす都市に開かれた場所をデザインした。

高い壁がなく、交差点から見ても視線が抜け、地域の視野を広げ、敷地が持つ景色をシェアしている。屋根は少し膨らんだ形とし、周囲を見渡すことができるが、建築としての存在感は保つことができる。

## LOCATION

敷地は、渋谷3丁目にある渋谷川と明治通りに挟まれた角地です。そこは渋谷駅再開発計画（南街区）の端部でもあり、代官山や恵比須方面への接合地点にもなっています。建築は完全に地下にして、地上部分は都市のポケットパークとして計画することで、建築以上の役割を果たすような、都市に開かれた場所をデザインできないかと考えました。

さらに、渋谷駅周辺で唯一地上に顔を出している渋谷川で、並木橋周辺まで賑わいと潤いのある良好な水辺空間を創り出す渋谷南街区プロジェクトがあり、この場所はこの"渋谷のオアシス"で人がたまるところになります。高い壁がなく、交差点のどこから見ても視線が抜け、地域の視野を広げます。このデザインは敷地が持つ景色をシェアしています。

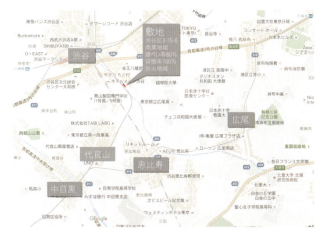

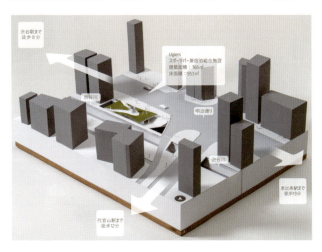

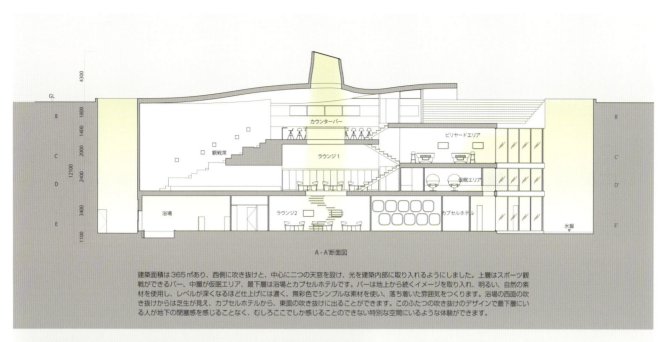

A-A'断面図

建築面積は365㎡あり、西側に吹き抜けと、中心に二つの天窓を設け、光を建築内部に取り入れるようにしました。上層はスポーツ観戦ができるバー、中層が仮眠エリア、最下層は浴場とカプセルホテルです。バーは地上から続くイメージを取り入れ、明るい、自然の素材を使用し、レベルが深くなるほど仕上げには濃く、無彩色でシンプルな素材を使い、落ち着いた雰囲気をつくります。浴場の西面の吹き抜けからは芝生が見え、カプセルホテルから、東面の吹き抜けに出ることができます。このふたつの吹き抜けのデザインで最下層にいる人が地下の閉塞感を感じることなく、むしろここでしか感じることのできない特別な空間にいるような体験ができます。

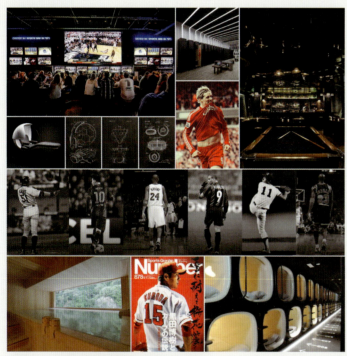

**カウンターバー**
入口から近く、気軽に入って、話しながら試合を見られるところです。

**観戦席**
劇場のような型をしており、臨場感があふれ、盛り上がって観戦できるところです。席も広めに設計し、靴を脱ぐ、あぐらをかいて家にいるようなリラックスした状態で試合を楽しめます。

**ビリヤードエリア**
落ち着いてビリヤードをしながら静かに試合を見られるところです。東面は全面ガラスで、自然を取り入れ、スポーツバーで盛り上がる雰囲気の中試合を見ること以外に、もう一つ違う雰囲気をもつ空間を提供します。

**ラウンジ1**
建築の中心にあり、休憩、入浴する前のスペースです。ロッカーを設け、試合が終わり、盛り上がっている気分を持ったまま、ラウンジでしゃべりながら、休憩、入浴の準備ができる空間を提供します。

**仮眠エリア**
試合前後、服を脱がず、ちょっと仮眠ができる空間です。Energypodというマシンを導入し、より効率的に睡眠をとることができます。

**ラウンジ2**
浴場とカプセルホテルの間にあり、風呂上りに一番リラックスした状態で、雑誌を読んだり、テレビを見たり、雑談したりすることができる空間です。

**お風呂**
建築最下層の西面にあり、吹き抜けからは芝生と光が見え、都心部に自然を感じられる贅沢な浴場です。

**カプセルホテル**
建築最下層の東面にあり、きちんと睡眠を取れる場所を提供します。出入口は東の吹き抜け側に設け、水盤からの反射が三角形の吹き抜けにきれいに映り、寝起きの人が自然と光と時間を感じることができます。

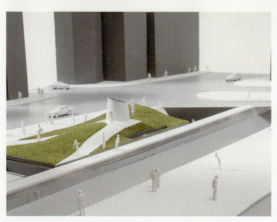

屋根は公園としての機能があり、この場所が、目的がないと来れない場所ではなく、渋谷という土地において、緑がほしい、もっと簡単な気持ちでここの建築に近づくことができます。より自然的なものを組みとれる。地下化することにより、少し膨らんだ形をしていても視界が抜け、周囲をより見渡すことができますが、この建築としての存在感は保ちます。屋根から伸びる吹き抜けが、この街の新しいランドマークとなるでしょう。

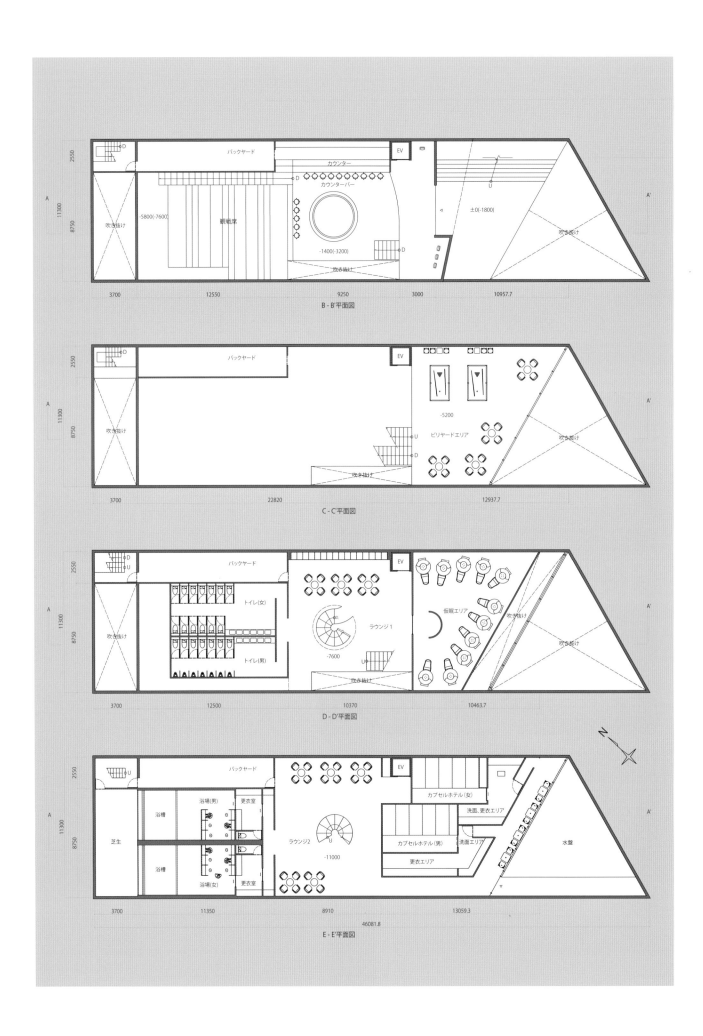

私はスポーツには永遠の魅力があると感じています。私が年を取ったとき、
時々孫を膝の上に座らせて、若い時に見た忘れない試合を孫に教えるでしょう。

あの伝説の試合はどのようだったか、
あの瞬間、選手がどんな信じられないプレーをしたか、
あの日のバーはどんな雰囲気だったか、
何杯の生ビールを飲んだか、
誰と何を話したか。
逆転の瞬間、隣にいる知らない人と抱き合って叫び、
どれほど感動したか・・・

渋谷の土地にこの建築が建つことによって、スポーツによる感動がより大きなもの
として存在し、現代に生きる人々にとって、生活がより豊かで、よりすばらしく、
より忘れられない思い出を作れるものになればいいなと思います。

# 物質創造実験
― モノが先行する建築をどう考えるか ―

**秋山 怜央**
Reo Akiyama

千葉工業大学大学院
工学研究科
建築都市環境学専攻
遠藤政樹研究室

　プログラムから組み立てる設計手法ではなく、モノから設計を組み立てるような「モノが先行する建築」を考える。都市に散在するオブジェクトを分析し、モノが持つ可能性から建築を構築していき、そこから生まれる建築という一つの全体性がどのようなポテンシャルを持ちうるのかを実験する。

## 都市に散在するオブジェクト

　行田公園周辺でのサーベイにより、60個の都市のオブジェクトを発見した。都市の物質オブジェクトの定義として「無用物」「ただそこにあるもの」「物質が先行しているもの」などを定義としてサーベイを行った。さらにその発見したオブジェクトにヒアリングを行っていき、各オブジェクトにどのような要素が含まれているのかを分析した。分析の結果都市に散在するオブジェクトは「二次的機能性」「非人間性」「不気味さ」「他のモノとの差異性」という4つの要素に分類分けすることができた。この60個の物質オブジェクトを本設計に応用していく。

・二次的機能性…本来の機能を失うことで、違う機能性を担保している状態
・非人間性…一次的に人間のためのモノではなく物質が先行している状態
・不気味さ…物体の発生条件が不明なモノ。正体が知れず、気味が悪い状態
・他のモノとの差異性…周囲のモノから逸脱し、異様な状態

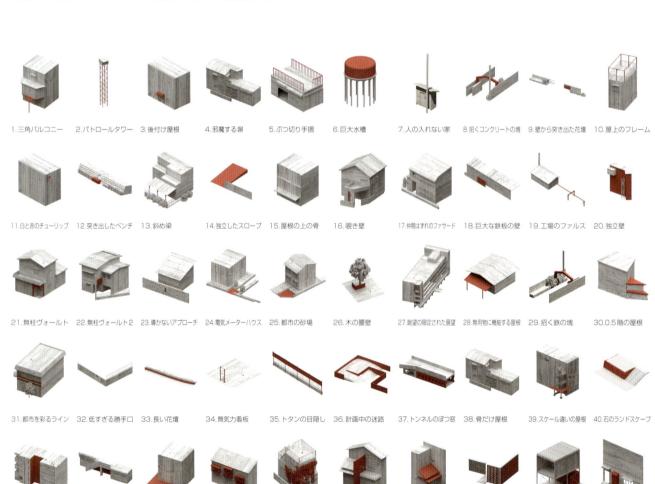

1.三角バルコニー　2.パトロールタワー　3.後付け屋根　4.邪魔する塀　5.ぶつ切り手摺　6.巨大水槽　7.人の入れない家　8.招くコンクリートの塊　9.壁から突き出た花壇　10.屋上のフレーム
11.白と赤のチューリップ　12.突き出したベンチ　13.斜め梁　14.独立したスロープ　15.屋根の上の骨　16.覗き壁　17.仲間はずれのファサード　18.巨大な鉄板の壁　19.工場のファルス　20.独立壁
21.無柱ヴォールト　22.無柱ヴォールト2　23.導かないアプローチ　24.電気メーターハウス　25.都市の砂場　26.木の腰壁　27.眺望の限定された展望　28.無用物に機能する屋根　29.招く鉄の塊　30.0.5階の屋根
31.都市を彩るライン　32.低すぎる勝手口　33.長い花壇　34.無気力看板　35.トタンの目隠し　36.計画中の迷路　37.トンネルのぼつ窓　38.骨だけ屋根　39.スケール違いの屋根　40.石のランドスケープ
41.凸凹スペース　42.階段下の隠れ家　43.ごみ置場横の余剰空間　44.バードメタボリズム　45.プリミティブハウス　46.外部を分断する壁　47.屋根の屋根　48.囲いルーバー　49.ピロティ内の屋根　50.内的要素の出っ張り
51.分断されたヴォリューム　52.裏が表出するピロティ　53.一軒路地空間　54.露出する構造　55.赤い壁　56.目隠し屋根　57.孤独になれる場所　58.ファサードのコントラスト　59.不自然なスケール　60.エッジの丸み

## 敷地

千葉県船橋市に位置する行田団地。半径400mのサークル状の街区の中に、住居機能、公園、幼稚園、小学校、大学、農産物直売所、消防署、交番など、様々な都市機能が確立された状態にある。このサークルは以前、日本海軍の無線基地として使用されていた場所で、サークルの中心には高さ200mある主塔が設置されていた。そして、その主塔を囲むように18本の副塔が設置されていて、主塔と副塔は空中線で結ばれていた。全ての空中線にかかる加重を均等にするために線の長さを揃え、副塔は正円状に配置された。当時あった無線基地に設置されていた鉄塔も撤去され、現在では正円状に計画された街区が残る。

サークル内には諸々の都市機能が配置されていて、それぞれの機能が外部と切断された状態にある。それらが円形のサークルを構成し、外部と切断されている機能の集合体が、結果としてサークル全体を（もっと広域で見た）都市から切断している。もちろん各所にサークル内にアクセス場所はあるが、サークル内外が繋がるような関係性は生まれていない。そこで、サークル内でおこっている活動が外の人間に把握される、あるいはサークル外の諸要素と関係をもつようなことが生まれ、サークル領域を（形状としてではなく、行われる活動領域として）破壊する計画を試みる。

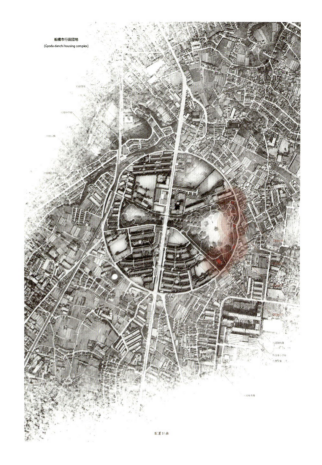

## 配置計画

この敷地に存在していた「18本の副塔」と「現在の公園敷地範囲」を重ね合わせた時に交わる4つの点をオブジェクトの配置とし、そこに4つのオブジェを設計する。

本プロジェクトにおいて、自ら恣意的に細かい敷地を選定するというのは、敷地からプログラムを抽出するという従来の設計となんら変わらぬ設計手法になるおそれがある。そこで、「18本の副塔」という歴史的コンテクストと「行田公園」という現在のコンテクストのレイヤーの重ね合わせにより導きだした配置計画により、プログラムに対しての恣意性をできるだけ発生させないようにする。

## Object 01

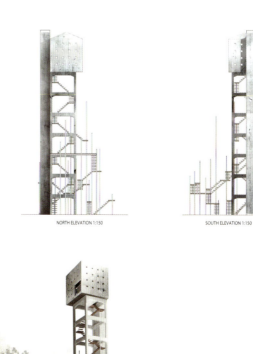

NORTH ELEVATION 1:150　　SOUTH ELEVATION 1:150

展示ギャラリーには3つのオブジェクトの要素を組み込んでいる。（仲間はずれのファサード、孤独になれる場所、不自然なスケール）それぞれのオブジェクトは行田公園周辺のサーベイにより発見した都市のオブジェクトである。街並みを実態として見ることで、行田公園の歴史を再認識するための施設である。

展望台本来の機能に対して、「孤独になれる場所」という上部に導く階段のオブジェクトを反復させた。そうすることによって、展望室という1つの空間に対して向かうあるルートがあり、それとは別の通りで向かう他のルートが生まれた。1つの目的に対して、この2通り以上の通りの出会い方があることが、小さな森の空間の中にとても豊かな体験を生んでいる。展望室に対して一直線で向かう階段や、公園を見渡すステージのような行き止まりの階段や、公園の木々の中を散策をするように通り抜ける階段など、何種類かの階段が混ざり合うように構成している。展望室のファサードは採光を取り入れるための開口と、眺望を取るための開口の2種類の開口がある。全体的に採光を取るために250×250の開口を全面に規則的に反復させ、眺望をとるための開口は2000×2000で構成している。この開口の不自然な差異性は都市で発見した「仲間はずれのファサード」の要素によるものである。

# Object 02

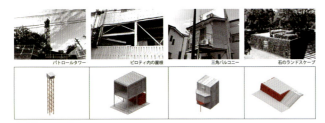

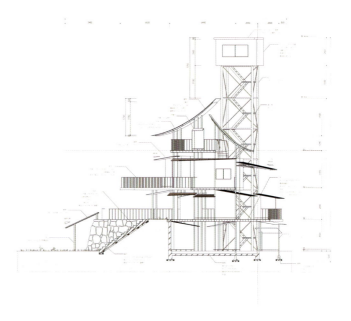

　公園管理事務所には4つのオブジェクトの要素を組み込んでいる。(パトロールタワー、ピロティ内の屋根、三角バルコニー、石のランドスケープ) それぞれのオブジェクトは行田公園周辺のサーベイにより発見した都市のオブジェクトである。公園の管理をする機能を持たせるため、遠くを見渡せるパトロールタワーを選定した。パトロールタワーは一部構造的に作用していて、他のオブジェクトとの関係において本来とは別の機能がここに生まれている。ピロティ内の屋根はピロティの下に屋根が設けられている無用物の例である。無用物で構築しても無用物は無用物であり、そこに合理性は発生しないのだが、ピロティ内に屋根のある空間を展開していったことで、ピロティという全体性の中で屋根下空間という個の空間が生まれている。この屋根は雨を凌ぐなどといった合理性から発生したオブジェクトではなく、個の場所を作り出すオブジェクトとして発生したオブジェクトである。

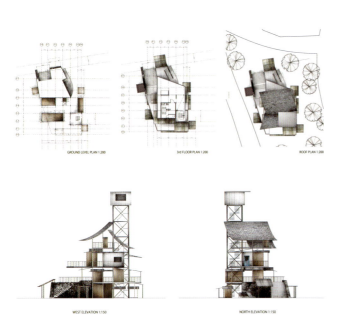

## Object 03

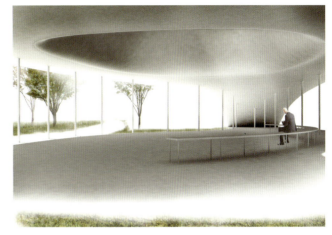

　休憩所には2つのオブジェクトの要素が含まれている。(エッジの丸み、不自然なスケール) それぞれのオブジェクトは行田公園周辺のサーベイにより発見した都市のオブジェクトである。この施設は公園の休憩所として機能するとともに、公園の複数のイベントに対しある瞬間のある機能に応答するような、「何にでもないような建築」を目指した。

　どのような形態でもある程度成立する休憩所という機能に対し、できるだけ特定の機能性を発揮しないようなオブジェクトを選定した。

## Object 04

　展示ギャラリーには4つのオブジェクトの要素を組み込んでいる。(巨大水槽、分断されたヴォリューム、ファサードのコントラスト、石のランドスケープ) それぞれのオブジェクトは行田公園周辺のサーベイにより発見した都市のオブジェクトである。付近の小学校の生徒や幼稚園の生徒が作成した作品を展示し、地域の人に開放する施設である。

　ギャラリー本来の規模に対して、「巨大列柱」のオブジェクトを挿入することによって、より壮大なオブジェクトへと変貌した「分断されたヴォリューム」の要素を組み込むことで、内部に分断されたプランを与えた。複数のヴォリュームが構成する迷路のような空間構成を作っている。ヴォリュームとヴォリュームの間からは周囲の風景が切り取られる。2階展示室のファサードにはガラスの外側にエキスパンドメタルを採用している。1階のガラスのみで構成された軽いファサードに対し、2階のファサードを半透明なエキスパンドメタルとすることで、建築に軽さを与えた。これは「ファサードのコントラスト」により生まれた要素である。

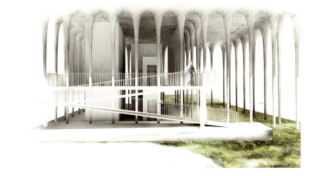

# 見えざる線
― ル・コルビュジエの近代建築と芸術作品の分析から ―

## 高橋 沙織
Saori Takahashi

千葉工業大学大学院
工学研究科
建築都市環境学専攻
遠藤政樹研究室

　本研究は、モダニズムの一時代を築いた巨匠ル・コルビュジエの生涯にわたる作品を通じて、近代以降の建築の限界と可能性を探るものである。

　本研究は、コルビュジエの全作品をトレースすることからはじめる。そこには未完のプロジェクトや絵画作品も含まれている。その調査から、近代主義を乗り超えようとしてきたコルビュジエの思想変化を発見した。コルビュジエの作品には、均質空間に代表される直角と曲線が生涯を通じて同居している。そしてそこに3つの共通点が発見されるのであるが、抽象的な曲線が第2次世界大戦を境に、女性の体（しかもボリュームのある）や動物（牡牛）に変わり、直線との差異が甚だしくなっていくのである。

　本研究の狙いは、道路を基準とする現在の用途地域制度都市への批判である。そこに新しくコルビュジエの曲線を持ち出し、新しい緑の線を都市につくっていく。都市に有機的な繋がりをもたらすことを意図した提案である。それは「大地」のようなデザインであり、人工と自然の間、公共と私の間を埋める建築となる。

## はじめに

　建築とは、建造物をつくることである。人は自然環境から身を守る為に風土に根ざした建築をつくってきた。そしてやがて建築様式が出来上がり、建築自体が装飾され芸術となった。産業革命により、建物が機能主義によって均質化、機械化されていき世の中には似たような建物が一気に増えていく。部材たちは規格化されより多くの人達が快適に過ごせるように利便性や効率などが重視された。消費社会の今、これらの建築はつくっては壊されまた新しくつくるという循環ができている。

　しかし、根源をたどると自然という大地に対しどう共存していくかということを考えてきたのではないだろうか。人工的なものがつくられながらもどこかで自然的なものを求めているのではないだろうか。これからの建築は、消費され続けるのではなく長い時間をかけてつくられ、周りの人々が介入できるそれ自体が風土となる、自然物のような建築が必要となるのではないかと考える。

## 研究目的

　本研究は、モダニズム時代のル・コルビュジエの近代建築と芸術作品をトレースすることで、コルビュジエの歴史をたどる。理性的な建築が、感情的な芸術作品への移行を追求し、そこからあるべき建築を見出すことが目的である。

## ル・コルビュジエ　分析

　計402枚をトレースし、機能や動線などから線が使われているところを分析した。そして再びどのような線が実際の建築に、そして芸術作品に使われていくのかを分類していく。

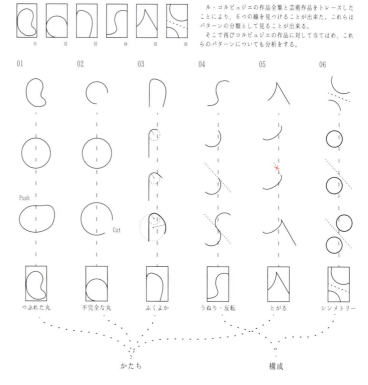

## ル・コルビュジエ全集　分析

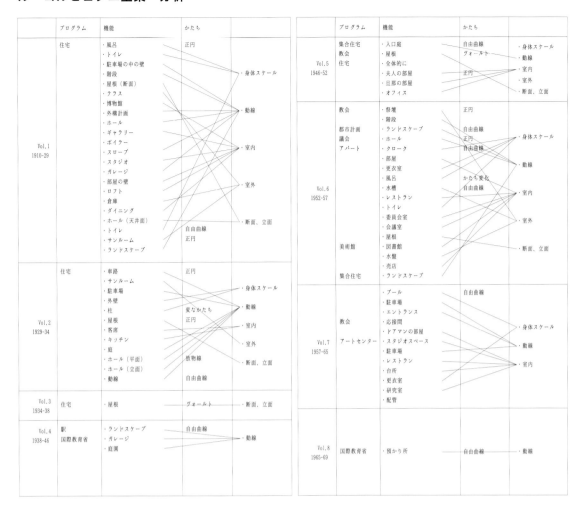

身体スケール

動線

室内

室外

断面・立面

・曲線が使われている機能を抜き出す。
・そこからどのような形になっているか、正円、自由曲線、放物線、ヴォールトに分ける。
・機能がどのように使われているのか、身体スケール、動線、室内、室外、断面・立面に分ける。

## ル・コルビュジエの曲線

　コルビュジエは近代化によって均質化していく社会に対し、「ドミノシステム」や「近代建築の五原則」などシステム化することによって、建築の進む道を示してきた。芸術作品にも「幾何学」という図式出来るもので自然を表そうとしてきた。

　しかし、戦争を介して後期の建築は人が違ったような一面が現れた。版画集「直角の詩」「二つの間に」から人や自然に対する考えが語られている。水平と垂直という相反する価値観がぶつかり融合し生み出される「直角」というものに可能性が見出されている。

　第二次世界大戦後、表面上では常に復興計画への積極的な参画をアピールし、新しい年へと常に攻撃的なまでに前向きであり続けたコルビュジエであったが、同時に誰しもが味わったであろう喪失感が、コルビュジエの中にもその影を投げた。

　コルビュジエのサヴォワ邸は大戦後凄まじく破壊され、ロンシャンの礼拝堂はもともと破壊された教会だった。コルビュジエは廃墟を知り、自分の作品そのものが「近代」を大地に刻みながらゆっくりと廃墟になっていく様を感じていた。廃墟を知りながら、楽天的な構築者、形態授与者としての素振りしか見せないル・コルビュジエであり続けたのである。コルビュジエが崩れ行くコンクリートの塊としての建築に無頓着であったのは、手を離れた瞬間に自分とは全く別個の自立した一個の生命を生きる絵画や彫刻と同様に、建築を無責任に突き放した態度である。かつ常に建築するという行為のみに執着した積極的態度をそこに見ることが出来る。同時に強烈なニヒリズムとして冷ややかなジャンヌレの心を垣間見る。

　そしてまたコルビュジエが好んで描き続けたのが、貝殻や骨、脱ぎ捨てられた手袋であったことを思うと、これは廃墟であることに気付く。

　コルビュジエは理性的、感情的。自然、人工。女性、男性。生、死。強、弱。直線、曲線。ル・コルビュジエ生涯をかけてあがいていた。

　その間を駆け抜けるような蛇行していくものが曲線であったと考察する。

## 計画敷地

都営青山北町アパート
所在地：東京都港区北青山3-4

東京都青山にある都営住宅（団地）。戦後初の都営住宅と言われている。現在、中央道路を挟んで南側の区域は解体作業が進められている。国道246号線の北側裏手に広がる約4ヘクタールの敷地内に1957年から1968年にかけて建設された4階から5階建てのアパートが25棟建っている。青山北町アパートの所在地は、師範学校や旧制中学校など東京府立の学校の跡地である。はじめは1900年、東京府師範学校（東京学芸大学の前身の一つ）、および東京府師範学校附属小学校がそれまでの小石川区竹早町からこの地に移転・開校した。1908年には東京府青山師範学校、および東京府青山師範学校付属小学校と改称し、1936年に世田谷下馬町に移転するまで当地にあった。師範学校と同附属小学校の移転後にはいくつかの府立新設中学校などが一時的に仮校舎としてこれを使用したほか、1939年から翌年までは東京府立第十五中学校（東京都立青山高等学校の前身の一つ）がここに開設された。これら歴代の学校によって使われた校舎・学校施設は1945年5月のアメリカ軍による東京大空襲によって焼失。

## 都市に線をひく

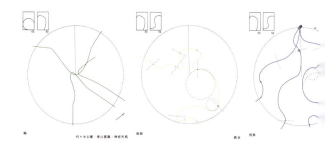

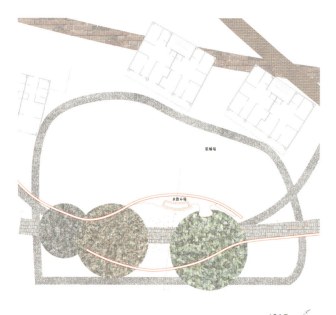

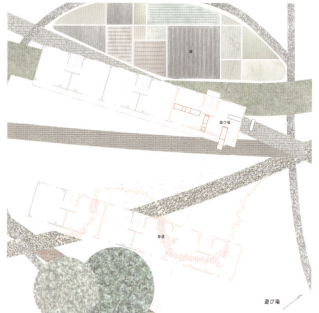

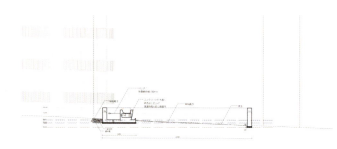

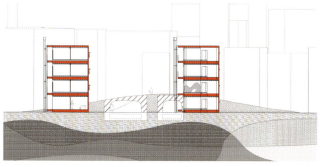

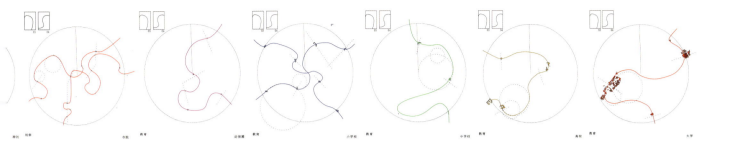
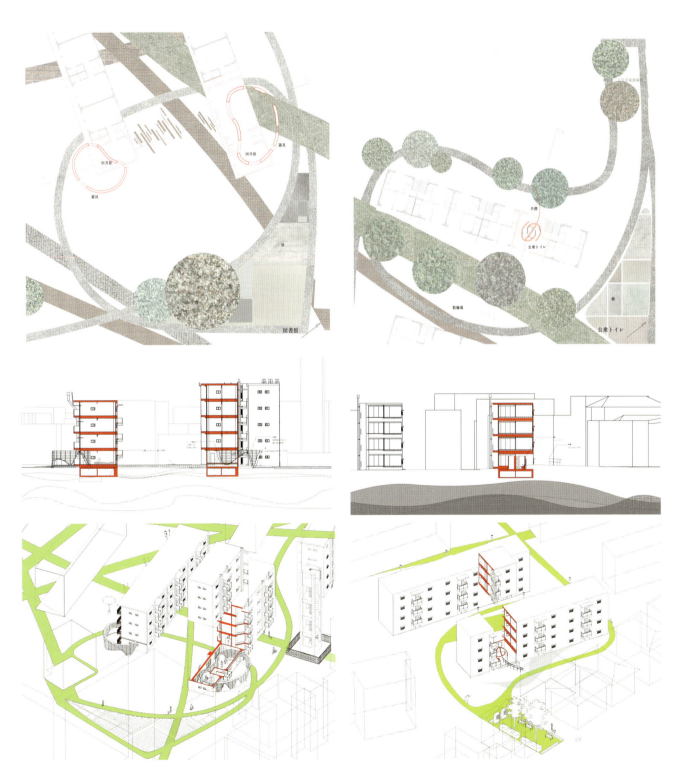

# (縁) 取る建築
## ― 視覚的奥行きが揺動する建築空間の構築 ―

小林 拓人
Takuto Kobayashi

東海大学大学院
工学研究科
建築学専攻
杉本洋文研究室

　領域の境目に生まれる"縁"の存在に興味を持った。

　異なる領域を連関させる縁は、空間の奥行き認識との関連が深いと考えられ、それらの関係性に着目した。奥行きには、実際の物理的奥行きと人の認識による視覚的奥行きがある。建築空間の輪郭線が弱まると、消失点の認識も弱くなるため物理的奥行きと視覚的奥行きとの間に歪みが生じ、実際の距離とは異なる認識が発生すると考えられる。

　遮蔽縁と呼ばれる視野を限定させる遮蔽面に発生する縁。不可視な領域を感じさせ、見えない先の空間を想起させることで視覚的奥行きが揺動すると考えられる。開口を複層させ、縁を強調する連続的遮蔽縁と、曲縁を複合させ縁を曖昧にする流動的遮蔽縁を用いて、可視領域と不可視領域の2つの領域への意識をつくることを【(縁)取る】と定義する。

　不可視な領域を持つ細街路で構成された路地空間が特徴の台東区谷中を対象敷地とし、滞在機能を備えたシェアスタジオを計画する。

　本設計手法は、視覚的奥行きの揺動を発生させることで、限られた敷地条件に実際の距離以上の広がりを齎すのに有効だと言え、【(縁)取る建築】は固有空間の行為の断片が重なり合い、相互の機能が緩衝する建築空間が構築される。

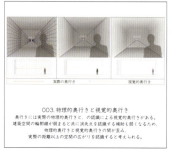

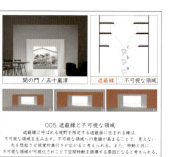

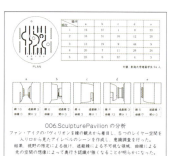

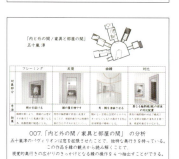

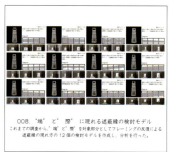

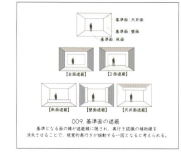

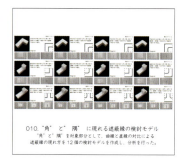

1F 平面図

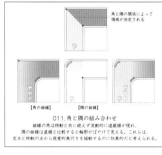

011. 角と隅の組み合わせ
曲線の角は移動と共に絶えず流動的遮蔽線が現れ、隅の曲線は直線と比較すると輪郭がぼやけて見える。定点と移動の点から視覚的奥行きを揺動するのに効果的だと考えられる。

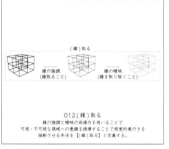

012.( 縁 ) 取る
縁の強調と曖昧の両機能を用いることで可視・不可視領域への意識を誘導することで視覚的奥行きを揺動する手法を【( 縁 ) 取る】と定義する。

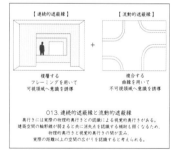

013. 連続的遮蔽線と流動的遮蔽線
奥行きには実際の物理的奥行きとの認識による視覚的奥行きがある。建築空間の輪郭が揺らぐと共に消失点を認識する補助も鈍くなるため、物理的奥行きが揺らぐと視覚的奥行きの幅が広がり、実際の距離以上の空間の広がりを認識すると考えられる。

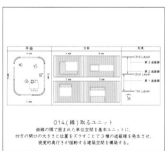

014.( 縁 ) 取るユニット
曲線の隅で囲まれた単位空間を基本ユニットに、四方の開口の大きさと位置をズラすことで3種の遮蔽線を発生させ、視覚的奥行きが揺動する建築空間を構築する。

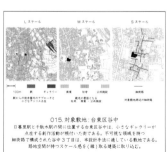

015. 対象敷地:台東区谷中
日暮里駅と千駄木駅の間に位置する台東区谷中は、小さなギャラリーが点在する創作活動が根付いた街である。不可視領域をもつ細街路で構成された谷中3丁目は本設計手法に適している敷地である。路地空間が持つスケール感を( 縁 ) 取る建築に取り込む。

017. プログラム:滞在機能付きシェアスタジオ
古くから残る低層の木造住宅や、社寺を目当とした観光により、かつて住宅街であった谷中は観光化され、街に混雑を生んでいる。そこで、その緩和を促す滞在機能を備えたシェアスタジオを提案する。

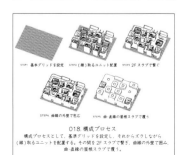

018. 構成プロセス
構成プロセスとして、基準グリッドを設定し、それらをズラしながら( 縁 ) 取るユニットを配置する。その間を2Fスラブで繋ぎ、曲線の外壁で囲み、曲・直線の屋根スラブで覆う。

019. 行為の断片を重ね合わせる遮蔽線
ユニットの開口のずれにより多様な遮蔽線が現れ、固有空間と共有空間を持つ建築空間が構築される。フレーミングに人や家具が入り込むことによって基準面が遮蔽され、多様な視覚的奥行きが生まれる。

020.( 縁 ) 取る建築
遮蔽線を手がかりに( 縁 ) 取ることで可視・不可視領域への意識を誘導させ、視覚的奥行きの揺動を発生させる本設計手法は、固有空間の行為の断片を重ね合わせ、相互に縁取り合う建築空間が構築される。

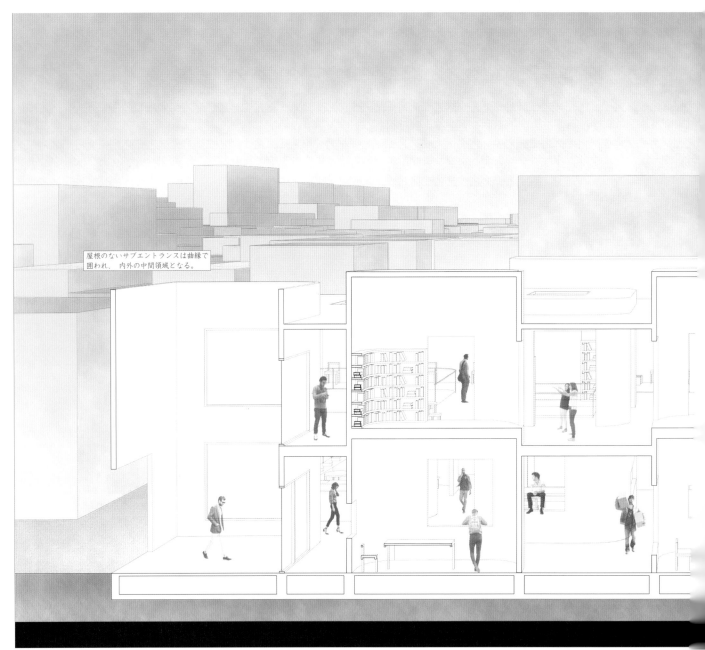

屋根のないサブエントランスは曲縁で囲われ、内外の中間領域となる。

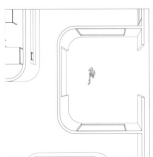
【サブエントランス】

住宅エリアからの動線上に位置し、三方に上下2つの開口があり、外と内の中間領域となる居場所となる。

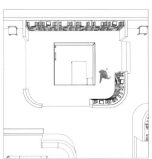
【図書スペース】

アトリエの上層に位置する図書スペースは、吹き抜井窓が設けられており下層と外の気配を感じられる。

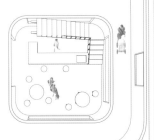
【カフェ】

サブエントランスと近接する角地に位置するカフェ。近隣住民の憩いの場所として機能する。

【アトリエⅠ】

四方に開口を持つアトリエ。アーティストによる制作共有空間に展示・販売を行われる。

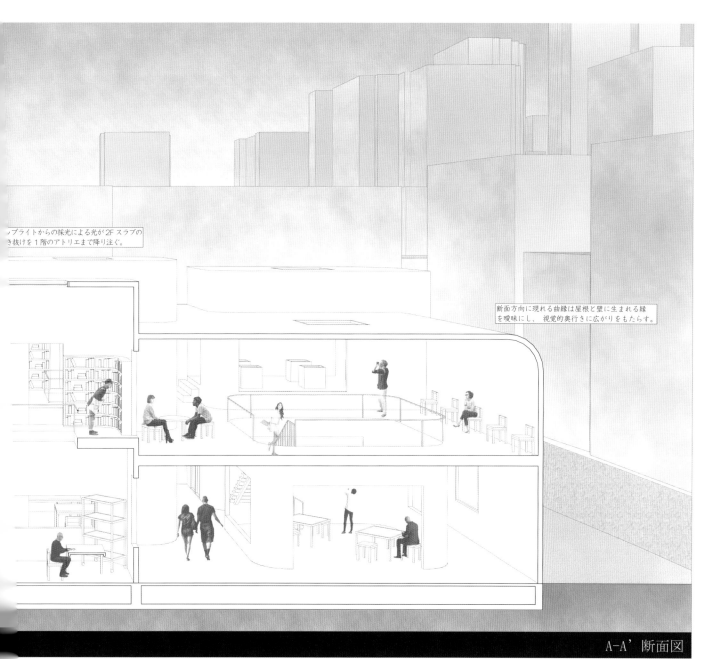

ップライトからの採光による光が2Fスラブの
き抜けを1階のアトリエまで降り注ぐ。

断面方向に現れる曲縁は屋根と壁に生まれる縁
を曖昧にし、視覚的奥行きに広がりをもたらす。

A-A'断面図

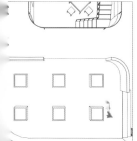

【展示スペース】

2F 地域ラボ周辺に近接する曲線で囲まれた輪郭がぼやけた展示スペース。展示品が栄える。

【メインエントランス】

メインエントランスから奥のアトリエまで、可視領域が絞られながら抜けており、複層する遮蔽縁による奥行きを持つ。

【アトリエⅡ】

三方に開口を持つアトリエ。斜め方向に連続するアトリエの振る舞いが見え隠れしながら奥まで視線が抜ける。

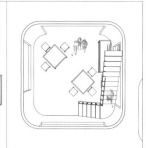

【地域ラボ】

前面の商店街の人やアトリエ利用者、訪問者とのコミュニティーを生み、地域の核となる居場所となる。

# ポストテンションと3Dプリンターによる曲面成型手法に関する研究

**田野口 紘大**
Kodai Tanokuchi

東京藝術大学大学院
美術研究科
建築専攻
金田充弘研究室

デザインと工法は互いに支え合う関係にある。

情報技術を建築設計に応用することによって環境や構造に合理的な計画が可能になってきたが、合理性によって導き出された多様化する形態にアップデートされていない現場はかえって以前より複雑性を増している。

アップデートされた設計手法にはアップデートされた建築工法が求められている。

本計画では一種類の曲面パネルを成型するのに同じ種類のメス型曲面型枠を用いなければならなかった現状に対し、3Dプリンターとポストテンションを用いることにより一種類の平面型枠からバリエーションのある曲面パネルを成型する手法を考えた。

鉄筋コンクリートの鉄筋にあたるモデルを3Dプリンターで作成し、コンクリートにあたる部分はシリコンを用い、硬化させた後に内部に通しておいたワイヤーを引っ張ることで曲面成型を行う。

この手法は内部に埋め込む3Dプリンターのモデルを変更するだけで様々な種類の曲面を成型することができるので、モデリングに専門知識がない施工技術者と作業を分担しながら協働して制作を行うことが可能だ。

将来的にはシリコンより固い樹脂やコンクリートで実現することを考えている。

今回は3Dプリンターの素材がまだプラスチックより固いものが使えなかったため、シリコンを用いているがいつか金属の3Dプリンターが一般的になってきた時、より大きな意味をこの計画は持つと思う。

## パラメトリックデザインと工事現場

情報技術を建築設計に応用することによって環境や構造により合理的なデザインが可能になってきた。しかし合理性の半面、多様化する形態を施工することに**現場は以前より複雑性を増してしまっている**。この現状をふまえ、工法がデザインを規定するように**デザインのために工法を刷新する**ことを試みた。

## 単一平面型枠からバリエーションのある曲面を制作する

これまでの曲面パネルを成型するときは成型したい曲面に合わせた型枠を1:1の関係で用意する必要があった。3Dプリンター射出体をシリコンに埋め込みポストテンションをかけることによって**単一平面型枠からバリエーションのある曲面を成型する手法**を考えた。

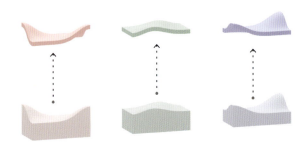

カタワク(1,2,3,,) ---> キョクメン(1,2,3,,)

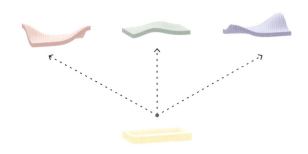

カタワク(0) ---> キョクメン(1,2,3,,,,,)

## ポストテンションについて

ポストテンションとは橋などの大スパンをRCでとばす時などに用いられ、予めコンクリートの内部に通しておいた鋼材を硬化後に引くことで補助的な強度を出す手法である。**これまで対荷重用の手法として用いられてきたが粗骨材を3Dプリンターで制作することで対変形用の手法として使用する**ことを試みる。

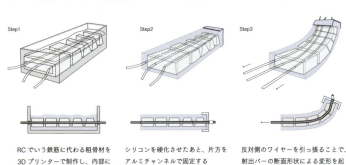

Step1: RCでいう鉄筋に代わる粗骨材を3Dプリンターで制作し、内部にワイヤーを通して養生する

Step2: シリコンを硬化させたあと、片方をアルミチャンネルで固定する

Step3: 反対側のワイヤーを引っ張ることで、射出バーの断面形状による変形を起こさせる

## 道具と素材とその関係

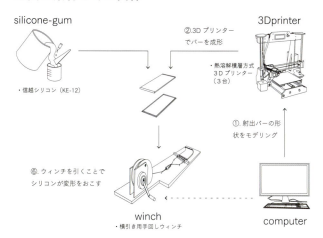

## 制作フローチャート

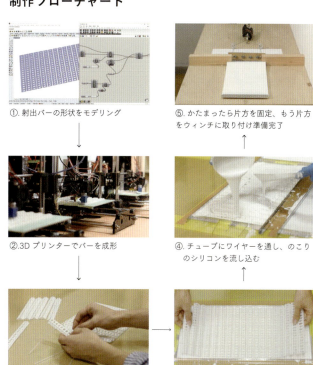

## 構成ダイアグラム

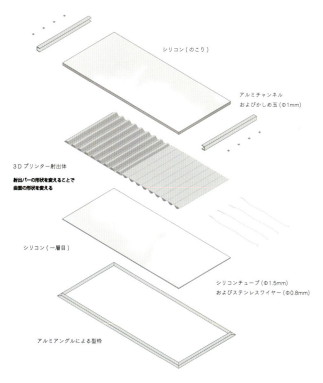

## 展望

　ポストテンションをかけるまではプレート状なので工場でシリコンを養生させるところまで行い、**平面状態のまま運搬**し現場に到着してからポストテンションを掛けることも可能である。

　これにより、**大変だった曲面パネルの運搬の負担を軽減**することができる。本制作では廉価版3Dプリンターがプラスチックより硬い素材を扱えなかったためシリコンを使用している。将来的に金属やグラフェンなどの硬い素材が扱えるようになったとき、より硬い曲面パネルを制作することができるようになり、社会的な貢献度も高まると推察できる。

## 射出バーのディテール

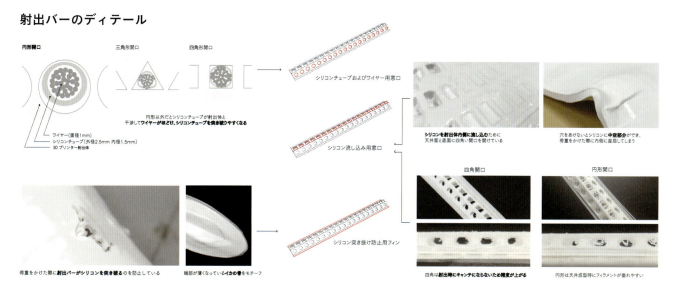

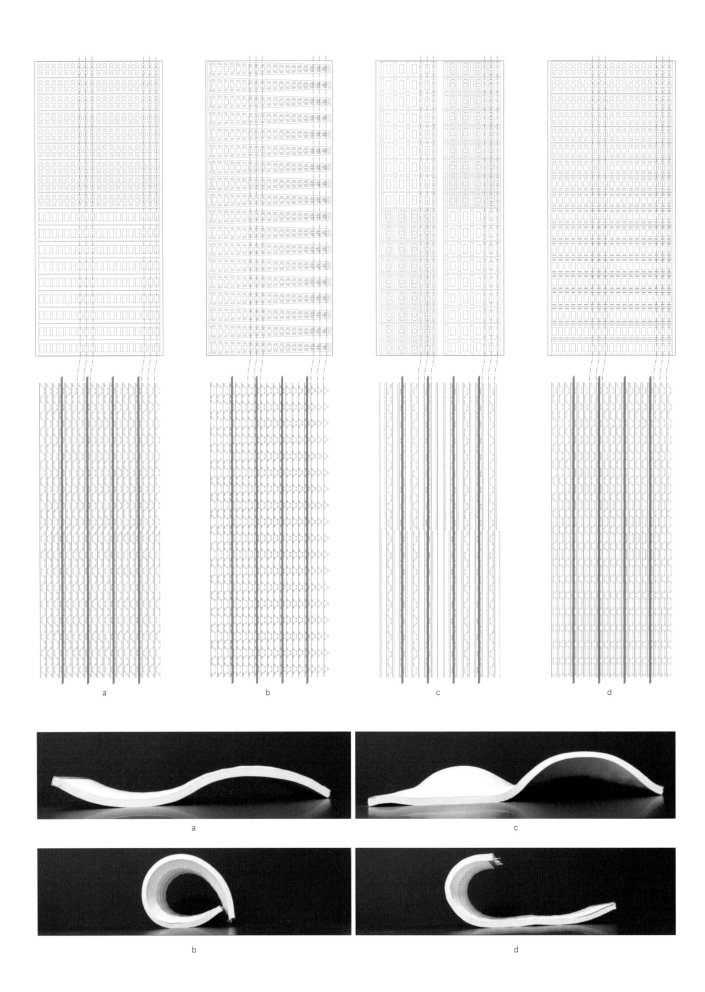

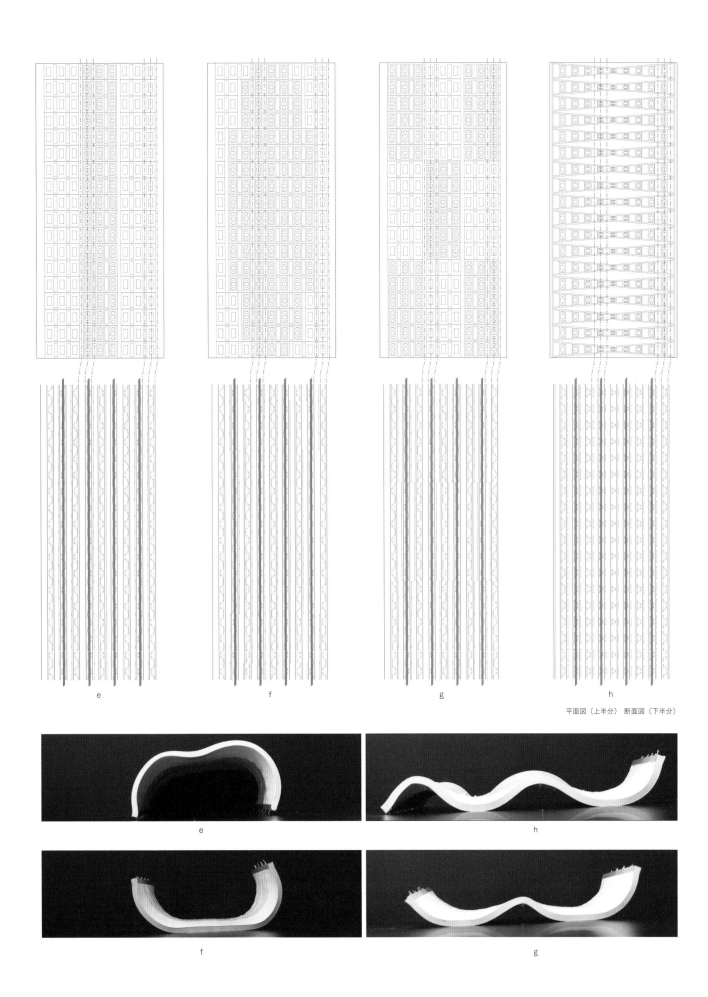

平面図（上半分） 断面図（下半分）

# Design Prototype for Rebuilding Riverside Community in Bangkok, Thailand

Tienchinvara, Kotchanot

東京工業大学大学院
理工学研究科
建築学専攻
安田幸一研究室

Thailand government has a plan to demolish all communities of about 70,000 people along 9 important rivers in Bangkok, Thailand immediately and build new housing developments for them. The plan sounds good and promising. However, such sudden changes will rather cause great negative effects in many aspects, for instance, local life, relationships and culture will be disappeared, and local economy will be suffered from the plan because many businesses rely on those people. Therefore, this project proposes a reconcilable plan that gradually change communities bit by bit to avoid such problems, also, it is expected that the new design proposal could maintain local life, relationship and culture and also achieve the government's goal to redevelop spaces along the rivers at the same time.

**Design Concept and the Study of Spatial Utilization in the current village**
The aim of the proposal is to maintain the original sense and feeling of the current village as much as possible. In order to do so, an investigation on the current village and study of spatial utilization was conducted. The result of the study is illustrated as simple diagrams for better understanding. 14 types of space utilization were found and then, applied into design for each prototype's layout.apartment and houses.

**Design Prototype for 3 types of Context**
Prototype1:General Riverside Residentiral Area
This core prototype is comprised of 2 types of residence;apartment and single house. The apartment building has 21 living units, located at the center of each phase, surrounded by 12 single houses. There is a vast public multi-purpose space and commercial space on the ground floor so this apartment building can behave as a central node of the phase.
Instead of designing a general apartment plan;row of rooms, all living units are separated to create small gaps in the building. These gaps provide the building with better ventilation and also small gathering spaces. To keep some original sceneryl, the idea of reusing wood planks from destroyed old houses is adopted and another reason is that, wood is becoming more expensive and rare in Thailand and it is worth to keep.
The idea of detached houses is, to create a house that villagers can modify and extend freely to suit their needs. Thus, a house occupying half of the plot is proposed so owners can expand their houses later on the other half of the plot as they prefer. The house elements are derived from vernacular style found in the current village.
This prototype is a core prototype that can be adapted to suit different contexts.In the this proposal, 2 more prototypes with different contexts are proposed.

**Prototypes:Mixed-use Area near Transport Node**
The cost of the areas surrounding skytrain stations and boat station are usually high. Thus, commercial and community areas are incuded for this prototype.
For the commercial area, the idea of bringing back 'Floating Market and Walking Street' to the village is adopted and it suits behaviors of Thai People well. It will also motivate villagers to run their own small shops or food stalls and will improve local economy in return.
The uppers floors are designated for residential areas and also some community areas, such as, a library, a small health center, and a community administrative office.
Since this areas serves as mixed-use area, surrounding houses are not provided but the size of the apartment building is increased instead.

**Prototype 3:Residential and Community Area near Temple**
Throughout the year, many activities are held by the 138-year-old temple next to the site. For example, temple fair 'Loy Kratong' festival (a festival where pepole gather along the river to pay gratitude towards the god of rivers). Whenever these activities occur, the riverside near the temple always has insufficient space. Thus, the design of this prototype includes a big open space that can serve these activeties and crowded well. However, to compensate fewer houses, extra floors and rooms are added to the apartment building. The library and passenger boat substation are also included to this phase since the traffic of people in this area is always high.

## Study of Spatial Utilization in the Riverside

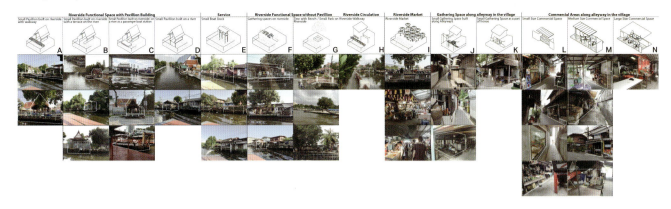

## Prototype 1 (Core Type): General Riverside Residentia

## Key Layout Plan

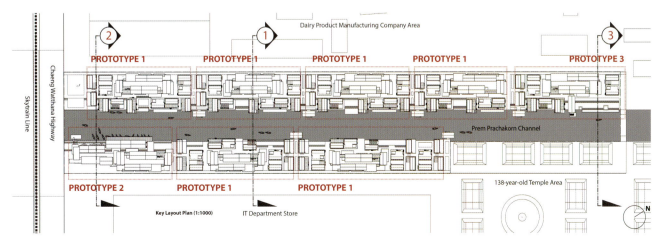

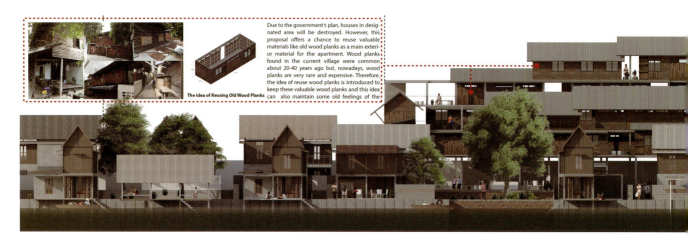

Due to the government's plan, houses in designated area will be destroyed. However, this proposal offers a chance to reuse valuable materials like old wood planks as a main exterior material for the apartment. Wood planks found in the current village were common about 20-40 years ago but, nowadays, wood planks are very rare and expensive. Therefore, the idea of reuse wood planks is introduced to keep these valuable wood planks and this idea can also maintain some old feelings of the

**The idea of Reusing Old Wood Planks**

## Elevation

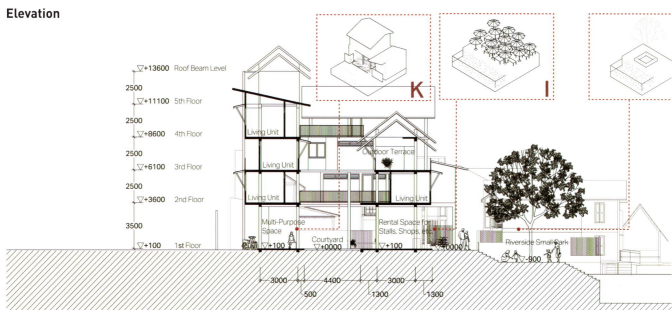

## Prototype2: Mixed-Use Area near Transport Node

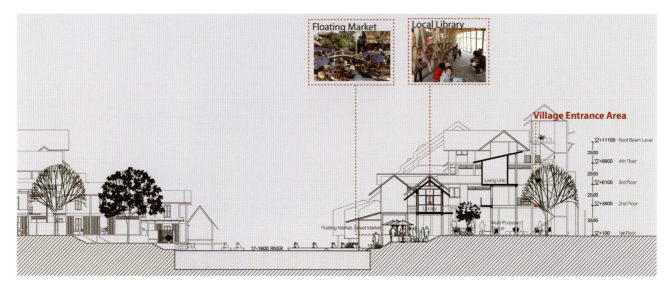

# Village Layout
(Ground Floor)

**House Modification Possilities**

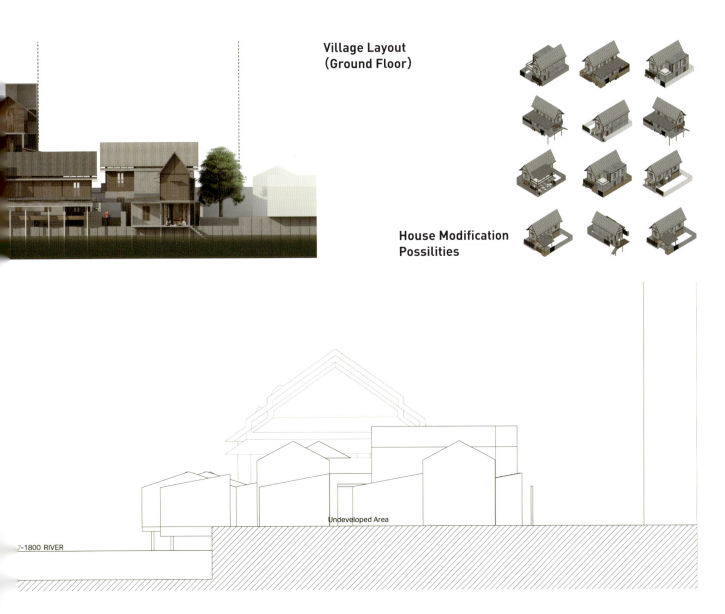

## Prototype3: Residential and Community Area near the Old Temple

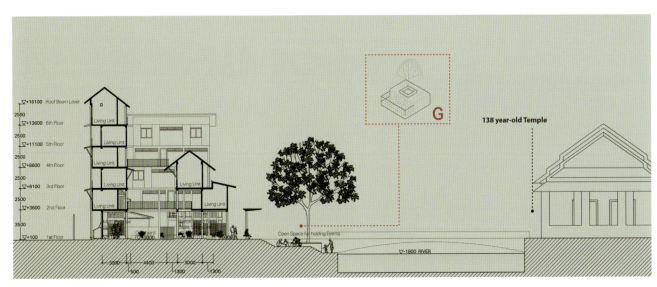

# 風のマンダラ都市
## ジャイプルの伝統的建築を参照した立体マンダラ建築の考案

**新居 壮真**
Souma Ni

東京工業大学大学院
理工学研究科
建築学専攻
奥山信一研究室

　北インドに位置するジャイプルは、18世紀初頭にヒンドゥー的都市理念に基づいて計画された、現存する数少ない都市である。この都市は、マンダラ図に基づいた同心方格囲帯状の街区構成をとり、それぞれの街区は伝統的な中庭型建築が密集している。近年では、都市人口の増加に伴う街区の高密化や建物の高層化が進み、更に都市の近代化を背景とした中庭のない無性格な建物への建替が進行している。今後、都市の文化的価値を生かした観光都市としての開発が予想されるジャイプルでは、伝統的な建築形式を継承するための建築的戦略が求められている。本計画では、まずジャイプルの伝統的建築から新たな建築を構想する知見を得るために、その特徴がボイドにあると考えた上で、多数のボイドの複合表現とボイドが面する壁面・床面の表現という観点から代表的な伝統的建築を整理した。次に、街路の過密化に伴う人々の活動を受け入れる新たな公共空間の需要に対して、屋上空間が隣家と連続している既存建築の屋上を一体的な公共空間として開放することを考え、地下鉄新駅に接続する敷地を対象に、地上から屋上へ人々を導くネットワークの拠点として、ボイドが三次元的に構造化された建築である立体マンダラ建築を考案した。このことによって建物の境界を超えて街路から屋上まで人や風が行き来し、ボイドを中心とした屋上空間に風に包まれ、多様な人々の生活風景が広がる風のマンダラ都市を提示する。

## マンダラ図に基づく伝統的建築の表現

　マンダラ図において最も重要である中心は「空」とされる。ジャイプルには、マンダラ図に基づいて都市全体、街区、建物といった様々なスケールで、「空」を表す大小の中庭がボイドとして設えられている。このように、ジャイプルの都市空間と伝統的建築はマンダラ図に基づいた入れ子構造的な関係を成している。ジャイプルに残る伝統的建築の中でも宮殿や邸宅などには、多数のボイドが複合された多様な建築表現がみられる。そこで、これらのうち15軒を資料にボイドの複合のあり方を検討した。まず、ボイドの配列の規則とサイズの違いから平面構成を整理した。その結果、2種のサイズのボイドが求心的に配列されているもの、多種のサイズのボイドが不規則に配列されているものなどがみられた。次に、ボイドの断面構成を検討したところ、ボイドの底面が地面に位置するものと上階に位置するものとの組み合わせで捉えられた。伝統的建築には前節で検討したボイドの複合表現以外にも、ボイドの面する壁面や床面の表現に特徴がみられたため、19軒の現地調査を行い、これらの表現について整理した。壁面には回廊などにより奥行きを感じさせる空間的な表現が多くみられ、床面では噴水などにより中心性を強調する表現や無地の仕上げにより空白の状態を強調する表現がみられた。また、住宅のような生活が息づいた建築では、部分的な増改築によって、ボイドのまわりに様々なレベル差をもつ一連の屋上空間が発生し、夕涼みや談笑などの豊かな活動がみられた。

図1. ジャイプルの街区構成とマンダラ図

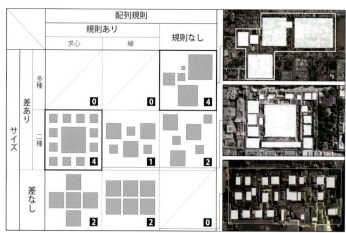

ボイドの平面構成

ボイドの断面構成

## 計画

現在のジャイプルでは、開発の一環としてチョウパル（大街路の交差点広場）に地下鉄駅を新設し、それに合わせて自動車交通を大街路に限定することが計画されている。このことから、チョウパルは人の流れが集中し、都市における歩行者ネットワークをつくる上で重要な拠点になると考えられる。本計画では、都市全体におけるチョウパルを中心とした開発を想定し、その一例としてガート・ダルワージャ北西地区のバディ・チョウパルに接続する敷地に、屋上へ人々を導く拠点として「空」内包建築を、この近傍にある小街路の交差点に、屋上の公共空間をつなぐための屋上ネットワークの拠点として「空」円環建築を計画することで、歩行者のための屋上空間の構築を試みる。ボイドを複層的に内包する「空」内包建築では、建築の中心から、日時計の機能をもつボイド、チョウパルや地下鉄駅と屋上とをつなぐボイド、居住・商業・業務機能が複合する。この建築の内部では、日時計の機能をもつボイドのまわりで人々が都市活動を営む。日時計のボイドには大小様々な開口が設けられ、地下鉄駅から屋上までをつなぐボイドに、時間や季節の変化に応じて異なる光を投射する。階段市場にいる人々、ボイドの中を螺旋状に回り屋上へ導かれる人々は、様々な方向からの日時計の光を感じる。ループ状のボイドで計画される「空」円環建築では、教育・居住・業務・商業機能が入るボリュームに囲まれた上方に広がる、もしくは下方に広がる異なる形状をもつ4つのボイドが相互に連結し円環状の構造を成す。様々な機能に囲まれたボイドが屋上階と地上階の間をスケールを変化させながら連続し、人々はボイドの中に設けられた螺旋状の階段によって建築内を立体的に回遊する。屋上階においてはオフィスや店舗、住居などといった異なる活動が表出するコンコースが展開される。以上のように、ネットワークの拠点となる「空」内包建築と「空」円環建築によって地上と屋上が連続し、屋上の公共空間のネットワークにおいて人々の様々な活動が連続する。こうしてジャイプルはボイドを中心とした屋上空間に風に包まれ、多様な人々の生活風景が広がる風のマンダラ都市となる。

チョウパルを中心とした屋上ネットワーク

地下鉄駅と屋上拠点の接続と計画敷地

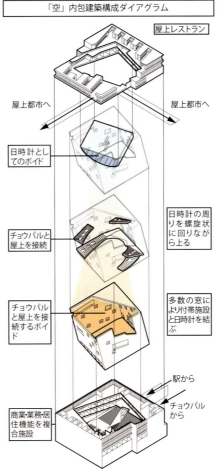

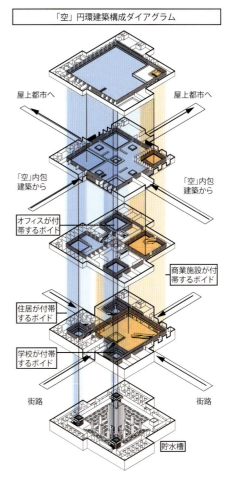

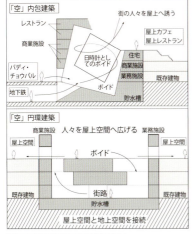

立体マンダラ建築の断面計画ダイアグラム

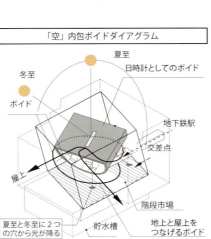

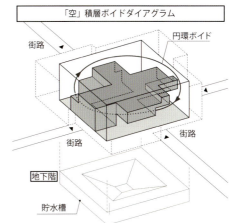

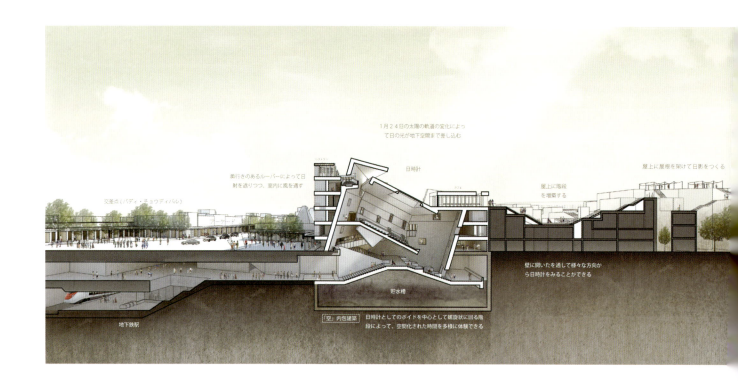

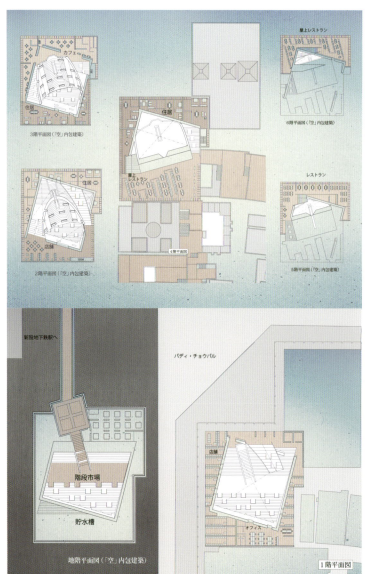

日時計のボイドと階段市場のボイド（空内包建築）

チョウパルから透けて見える階段市場のボイドと日時計のボイド（空内包建築）

「空」内包建築　西側立面図

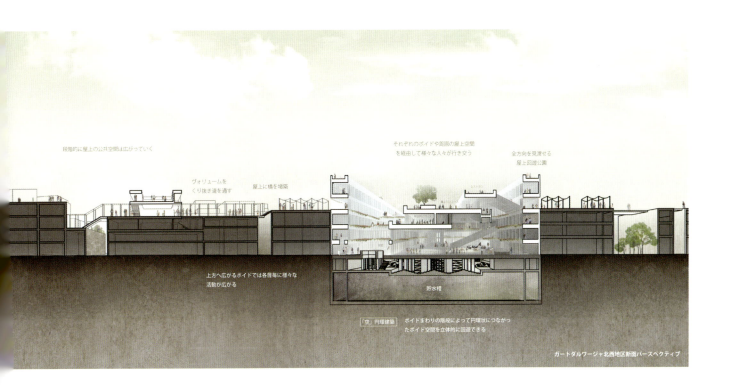

ガートダルワージャ北西地区断面パースペクティブ

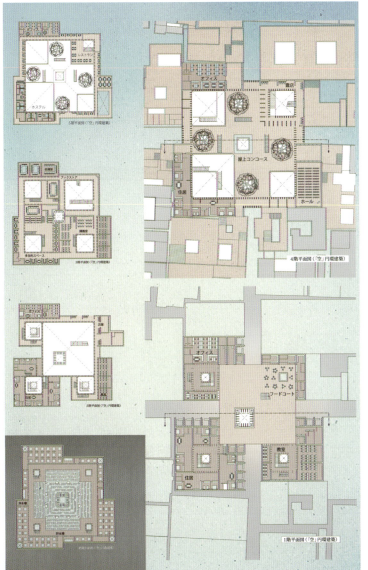

ボイド内の螺旋階段によって屋上へ接続する／下からフードコート、本屋、露店、レストラン（空円環建築）

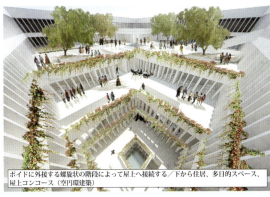

ボイドに外接する螺旋状の階段によって屋上へ接続する／下から住居、多目的スペース、屋上コンコース（空円環建築）

「空」円環建築　断面図

# 懐古的未来建築
## ― 多層的な時間を内包する空間手法の提案 ―

### 田端 将人
Masato Tabata

東京電機大学大学院
未来科学研究科
建築学専攻
建築デザイン研究室(松下希和研究室)

建築の蓄積してきた魅力、歴史性を活かすための新しい建築手法の提案である。

新橋駅と有楽町駅の間、賑やかな飲み屋街の合間に印象的な「インターナショナルアーケード」という看板を掲げた人通りの少なく暗い通りがある。1964年の東京オリンピック時にできたものであり、当初オリンピックの為にデットスペースを解消しようという事で作られた場所であり、その他にも日本最古といわれる煉瓦アーチ高架橋、東京高速道路など4つの高架橋が併存する。

周辺は活発に成長し開発が進んでいる場所に一点、さまざまな時間を内包し続けてきた場所がある。そのような事例の再構築手法を模索した。

そのきっかけとしてレトロフューチャー（懐古的未来）という分類のイラストを分析し、空間それぞれの持つ速度性と、その空間が重なり風景を作る事によりそれを見た人に多様な体験を与える事に着目した。計画地の多層的な高架の関係性を活かしながら、この建築の見え方を変えるように建築を部分的に撤去、新たに異なる速度感を持つ建築装置を付加していく事で、新たな視点を持つ風景へと変化させる。

意識されてこなかった建築の魅力、その見え方を変える事で新たな風景として残していく為の可能性を示せたらと思いこの修士設計に取り組んだ。

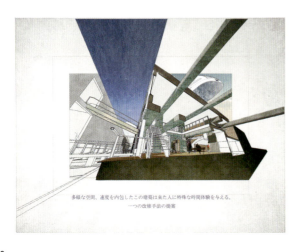

多様な空間、速度を内包したこの建築は来た人に特殊な時間体験を与える。
一つの改修手法の提案

### ■敷地風景

### ■敷地断面構成

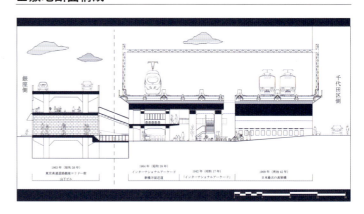

### ■敷地既存建築と成り立ち

異なる歴史を持つ四つの高架が併存する。時代によってこの場所の価値は変わり、最初は濠。その後は人やものを運ぶ重要な手段だった水上交通。明治になって鉄道へ、そして戦後は自動車へと取って代わられ、今の姿となった。今も江戸の町のバスは東京に息づき残り続けている。

| 外濠 | 日本最古の高架 1909年 | オリンピック時「インターナショナルアーケード」1942年 | インターナショナルアーケード 1964年 | 東京高速道路 銀座コリドー街 山下ビル 1963年 |

レンガアーチ橋が作られた当初までは上の写真のように外濠が存在していた。その後増設が進む事で外濠を埋め立てられ、今ではその面影は直線的な敷地の形状程だけとなっている。

レンガ造の高架橋としては最長の299m。地盤沈下が激しい区域なので、昭和時代に2回の補強がなされているが、阪神や東北の震災を受けて、再度の耐震補強工事が進められた。

東京オリンピックが開催された際、アジアで初めて開催されるオリンピックに合わせて海外からたくさんの観光客がやってくるとの判断から建設された。

その多くが事務所や倉庫として使われており、7割程がJRの持ち物であり、そのほかには穴場的な飲み屋が複数件立地している。

高架道路の下を貸し出し、テナントからの賃貸料によって道路を維持管理している。飲食店が多く入っており、人通りも非常に多い賑やかな場所となっている。

## ■レトロフューチャー（懐古的未来）イラスト分析

「懐古的未来」に描かれているイラストの空間を「イラスト編集分析」「立面分析」「平面分析」「模型分析」を行い、それを分析したところ、その空間が多様な空間の重なりとさまざまな移動速度を示唆する建築的装置の重なりによって構成されている事がわかった。本計画はそのような移動速度を示唆する空間を「速度空間」と呼ぶ。

※例えば階段では平坦な廊下よりも体感速度は低下する。スロープでは階段ほどではないにしろ速度は少し低下する。また、その空間を囲むその他の空間、建築的要素によってもそれらは変化していく。そういった空間の持つ速度的な特性、感じ方について、「移動速度」、「速度感」という言葉で表しており、そのような移動速度を示唆する空間を「速度空間」と呼んでいる。

イラスト分析

左4枚イラスト：帝国少年：帝国少年HPより

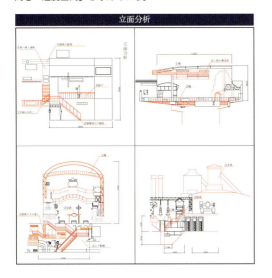

立面分析

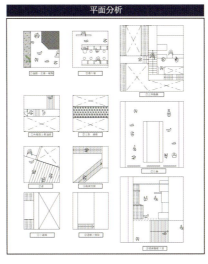

平面分析

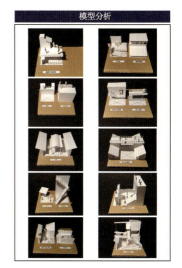

模型分析

## ■速度感に注目した分析

「空間性」と「速度性を持つ場の重なり」について分析していくと、そこに描かれた空間には多様な空間性が見て取れた。「階段空間」「広場」「通路」「辻」「商店街」など、そしてそのそれぞれに異なる速度を持つ領域が存在し、多様な場、速度が折り重なって風景を作り出している。

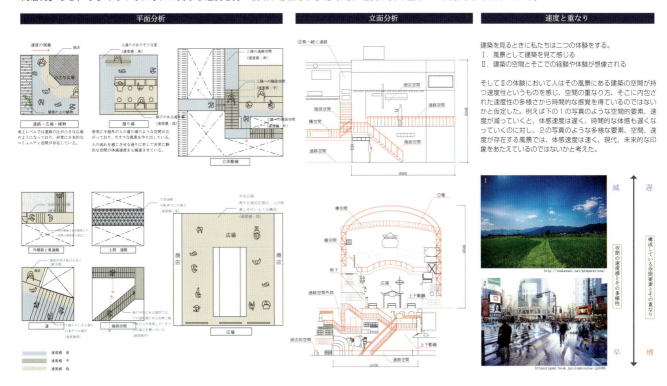

建築を見るときに私たちは二つの体験をする。
Ⅰ．風景として建築を見て感じる
Ⅱ．建築の空間とそこでの経験や体験が想像される

そしてⅡの体験において人はその風景にある建築の空間が持つ速度性というものを感じ、空間の重なり方、そこに内包された速度性の多様さから時間的な感覚を得ているのではないかと仮定した。例えば下の1の写真のような空間的要素、速度が減っていくと、体感速度は遅く、時間的な体感も遅くなっていくのに対し、2の写真のような多様な要素、空間、速度が存在する風景では、体感速度は速く、現代、未来的な印象をあたえているのではないかと考えた。

## ■既存建築分析とイラストの持つ速度空間の抽出

　敷地、既存建築を分析し、既存では分断されていた空間と特徴的な要素を抽出した。また、イラストの持つ多様な速度性を持つ空間とその重なりを抽出し、計画の中で既存建築の特徴的な空間性、要素を強調するために活かす事とした。

### Ⅰ：敷地の持つ空間要素の分析と抽出
敷地から空間要素を抽出、それらは現状でばらばらに点在しており、風景として関係を持っていなかった。

### Ⅱ：懐古的未来から空間要素を抽出
懐古的未来を構成する空間要素を実験的に抽出する。

### Ⅲ：速度空間，建築装置の配置
Ⅰで抽出した空間を意識し、壁、床を撤去、「周辺との繋がり」「改修の加減」「速度空間同士の関係」に注意し、速度空間、建築装置を配置していく。

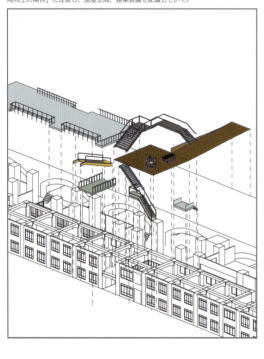

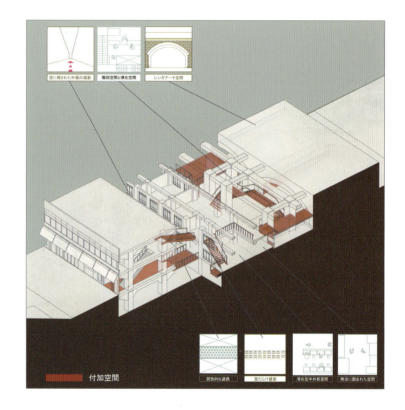

## ■速度空間配置と空間構成ダイアグラム

　敷地、既存建築を分析し、既存では分断されていた空間性と特徴的な要素に対して、イラストから抽出した速度空間を参考に既存建築内に配置していく事で、新たな風景を創出し、これまで注目されていなかったこの建築の魅力を引き出すものとした。

### □周辺からのアクセス
周辺の道、横断歩道、通路など、きっかけを元に建築へのアクセスを決定

### □改修プロセスダイアグラム：
本計画は部分的に撤去、部分的に新たな区間を付加し多様な速度性を内包した場を新たに計画していく、比較的空間的な操作を中心に空間のつながりを意識して計画を行った。

### □空間の配置
空間の持つ速度性を考慮し、「場所性」「周辺環境からのアクセス」などを考えながら既存建築の持つ魅力的な特徴を際立たせるよう空間配置した事でそれぞれ分断されていた既存建築から魅力的な空間、要素を強調し新しい風景を作り出そうと考えた。

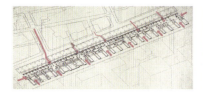
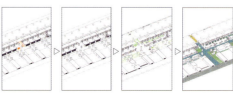

## 配置図兼一階平面図

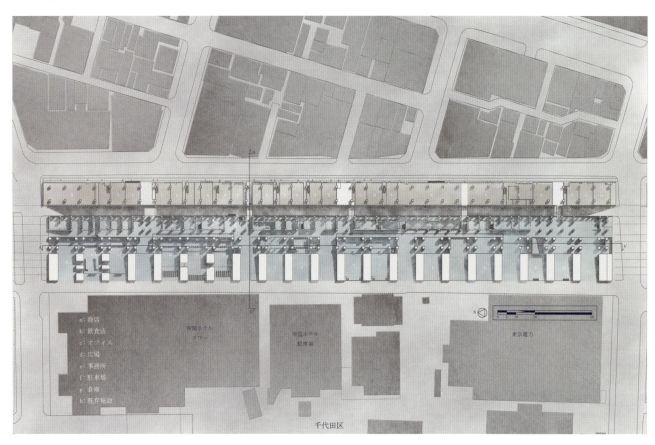

a: 商店
b: 飲食店
c: オフィス
d: 広場
e: 事務所
f: 駐車場
g: 倉庫
h: 既存施設

## 二階平面図

## 計画後風景

アーチ空間と広場　　レンガアーチ橋とその先に見える風景　　三つの高架下の重なる風景

絵画のある風景　　新橋駅側入り口　　有楽町駅側入り口

# 途の礎

伊藤 健吾
Kengo Ito

東京都市大学大学院
工学研究科
建築学専攻
堀場弘研究室

斜面密集地域に、一つの防災拠点と三つの賃貸住宅を提案する。

対象とした地区は、住宅密集地域であることに加え、急な斜面地形であるため、地区内には狭隘道路・階段・急坂・擁壁・段差が多く存在している。これらは都市計画上改善点とされ、整備されていく方針にあるが、こういった斜面密集地ならではの課題は、同時に独自の魅力的な風景を構成していると考える。そこで、地形が起因となっている風景に着目して、まちを歩き、スケッチを書き溜めた。収集した風景を類型化し、そこから計画のキーワードとして静的な視点から、斜面地形による多様な「グラウンドレベル」と、動的な視点から、坂道・階段による豊かな「シークエンス」といった二つの言葉を抽出する。

まちのシークエンスの中で印象点となっている四カ所の敷地を選定し、全体計画を踏まえた最小限の局所的な建築の更新を提案する。建築に地区の高低差を解消する通り抜け動線を持たせ、連続するシークエンスの中に人の住まう空間を考えた。四つの建築が一本の軸線で繋がることで、まちに避難経路にも成り得る新たな日常動線を生み出す。建築がまちの生活を支える途（みち）となり、風景を継承していく礎となる。

## 1. 横浜市西区西戸部町

横浜市は全国で最も人口が多く、最も斜面住宅地の多い市である。対象とした地区は、臨海丘の手エリアと呼ばれ、都心部に近い高台の住宅地に位置し、野毛山と尾根続きの傾斜地にある。市街地改善事業にも指定されており、起伏ある地形が障害となって、防災面や住環境に多くの課題を抱えたまちである。

## 2. 斜面密集地の課題

対象地区内は、道の全てが幅員4m未満の狭隘道路私道が多い上、木造住宅が密集して立ち並んでいる。老朽化しているものも多く見られ、震災時の倒壊や火災の拡大による被害が懸念される。また、階段が多くあることから、緊急車両の立入りが困難なばかりか、災害時の避難経路も安全な状況とは言えない。地区内の防災的に有効な広場は二ヶ所あり、一つは小学校の校庭、もう一つは現在空き地となっている場所である。しかし、この二つの広場は現在地区内からはアクセスが悪く、外周の道路に一度出るか、整備のされていない狭い階段の道を通るしかない。

研究対象地区：幅員6mの道路に囲われたエリア

密集 / 地形

## 3. 風景の収集

狭隘道路、階段、急坂、擁壁、段差といった斜面密集地ならではの課題は、地区の都市計画上の改善点として整備されていく方針にあるが、これらは同時に西戸部町の風景の要素であり、斜面密集地の魅力を構成していると考える。単に改善点として捉えるのではなく、それらが生み出す魅力的要素を探ることで西戸部町独自の地域改善の手がかりになるのではないか。主に地形が起因の風景に着目し、まちを歩きスケッチを描き溜めていく。スケッチでは、地面レベル、起伏ある地形が生み出した擁壁、塀や階段、そして地面から生えた木々を着彩した。書き溜めた18枚から、地区の改善点と魅力の関係性を分析していく。

| | a | b | c | d | e | f |
|---|---|---|---|---|---|---|
| 視点（中央） | 狭隘階段（下り） | 急階段（下り） | 狭隘階段（上り） | 狭隘道路 | 狭隘道路 | 狭隘道路 |
| 道の先 | 視線が抜ける | 視界が開ける | 緩く曲がる | - | 上り階段に続く | 緩く曲がる |
| 左側 | 住宅 | 住宅（階段の棚） | 擁壁 | - | 住宅 | 擁壁 |
| 道に対して | 同じ高さ | 低い | 高い | - | 少し高い | 高い |
| 右側 | 住宅 | 住宅（階段の棚） | 擁壁 | 住宅群 | 住宅、奥に木々 | 住宅 |
| 道に対して | 同じ高さ | 低い | 高い | 低い（下り階段） | 奥につれて高い | 低い（下り階段） |

| | g | h | i | j | k | l |
|---|---|---|---|---|---|---|
| 視点（中央） | 緩い坂道（下り） | 狭隘道路 | 狭隘階段（下り） | 狭隘道路 | 広場 | 狭隘道路 |
| 道の先 | 視線が抜ける | 擁壁 | 視線が抜ける | 上り階段 | 視界が開ける | 緩く曲がる |
| 左側 | 住宅 | 住宅 | 擁壁 | 住宅 | - | 住宅 |
| 道に対して | 同じ高さ | 同じ高さ | 高い | 同じ高さ | - | 同じ高さ |
| 右側 | 住宅の庭 | 住宅 | 擁壁 | 住宅 | - | 擁壁（車庫） |
| 道に対して | 同じ高さ | 同じ高さ | 高い | 同じ高さ | - | 高い |

| | m | n | o | p | q | r |
|---|---|---|---|---|---|---|
| 視点（中央） | 急坂（上り） | 狭隘道路 | 狭隘階段（下り） | 狭隘道路 | 狭隘階段（下り） | 道路 |
| 道の先 | 曲がる（擁壁） | 視線が抜ける | 視線が抜ける | 擁壁 | 緩く曲がる | - |
| 左側 | 住宅 | 擁壁 | 住宅（庭） | 住宅 | 住宅 | 住宅群 |
| 道に対して | 同じ高さ | 高い | 低い | 同じ高さ | 同じ高さ | 低い（下り階段） |
| 右側 | 住宅 | 住宅（道の棚） | 狭隘階段 | 住宅 | 住宅 | 住宅 |
| 道に対して | 同じ高さ | 低い | 上り | 同じ高さ | 同じ高さ | 同じ高さ |

## 4. 分析と類型化

「奥への誘導」、「段差の境界」、「町への進入」、「広がる視野」として類型化した4つは、狭隘道路、階段、急坂、擁壁、段差といったネガティブなものによって生み出された魅力的な風景である。「視線の衝突」として類型化した風景は、斜面密集地区独自の風景と言えるが、まちの視野を狭め、交通を妨げる要因であり、防災的な観点から見ると改善箇所といえる。

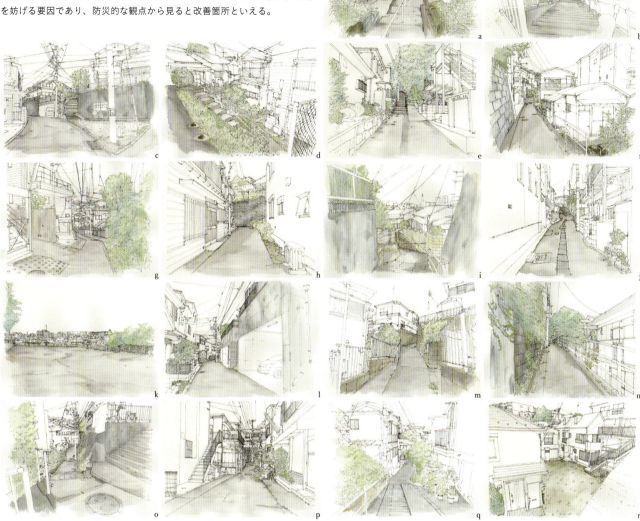

## 5. キーワードの抽出

類型化された5つの風景から、2つの言葉を抽出した。静的な視点では「グラウンドレベルの多様さ」がつくる領域性や眺望。動的な視点では誘導性のある坂道や、狭い道から開けた風景への切替など、「魅力的なシークエンス」である。

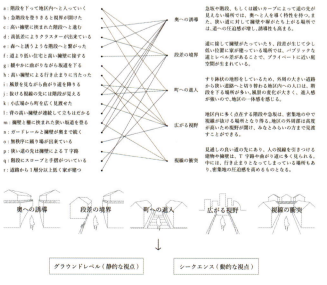

## 6. 敷地の選定

スケッチによって類型化された、「視線の衝突する場所にたつ建物」の位置をプロットする。さらに、地区内の道を示した地図と、防災的に有効な広場の位置を示した地図を重ね合わせると、2つの広場を結ぶようにして、一つの新たなまちの生活動線・避難経路となり得る軸線が見えてくる。

3つの地図を重ねると一本の軸が浮かび上がる

## 7.局所的な建築の更新

この地区では貴重である広い空地は、防災拠点となる広場として計画する。その他3か所の敷地では、高低差を解消する通り抜け動線を兼ねた賃貸住宅へと更新することを提案する。この軸線は、まちに避難経路としても利用できる新たな日常動線となる。建築は、スケッチによる分析から導き出された要素を用いることで、まちの風景の連続となることを考える。全体計画を踏まえた最小限の局所的更新により、西戸部地区の風景の継承と防災面の向上を計る。

敷地は、地区内で貴重なフラットで広い空き地である。広場、集会所、備蓄倉庫、トイレ、駐車場といった機能を設け、防災拠点として計画する。高低差を解消するスロープが軸線状に伸び、その上に長い屋根を架ける。地区の中央に向かって屋根が高くなり、低い位置では縁側のような場所が生まれ、高い位置に集会所が入る。先端に設けたテラスからは、まち全体を見渡すことのでき、高い拠点性を持った防災広場となる。

敷地は、前面に接する道から高い擁壁によって4m以上持ち上げられ、道に沿って連続しているため、建築のレベルとまちのレベルが分断されている。T字路となるこの場所に、象徴的な3.6m×3.6m×3.6mのRCフレームを土木構築物である擁壁と、建築の中間的なものとして作り、計画1の広場へと繋がる通り抜け動線と4戸の賃貸住宅を計画する。フレームの全てに居住空間を挿入せず、余剰空間をつくることで、建築の一部分がまちに還元されるような関係性を考えた。

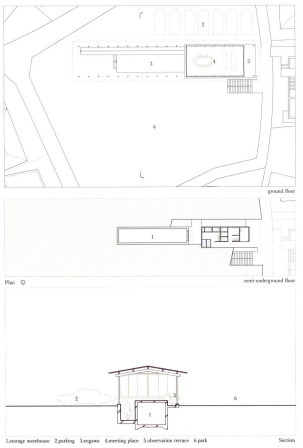

1.storage warehouse 2.parking 3.engawa 4.meeting place 5.observation terrace 6.park

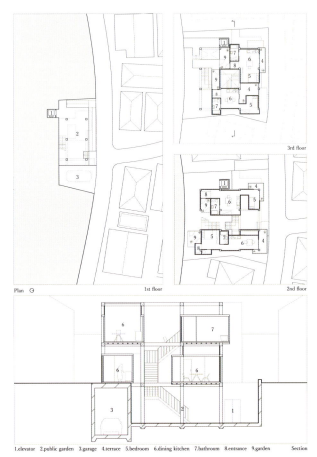

1.elevator 2.public garden 3.garage 4.terrace 5.bedroom 6.dining kitchen 7.bathroom 8.entrance 9.garden

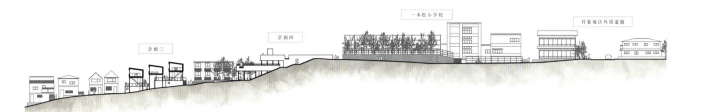

　敷地は、間口が狭く細長い形状をしており、反対側へと繋がる通り抜け動線と3戸の賃貸住宅を計画する。それぞれ地面の部屋と上空の部屋といった質の異なる2つの空間を持ち、中層に入り口を設けた。地面の部屋には風呂とトイレが入り、地区内の擁壁の連続として、奥へと導く緩やかな坂道を作っている。上空の部屋には寝室とキッチンがあり、傾斜地を生かして開放的な空間とする。上下にプライベートな部屋を持つことで、中層の庭はまちに近い場所として計画した。

　敷地は、2つの住宅が建っていた場所で約8mの高低差を持つ。上下をつなぐ道と6戸の賃貸住宅、また小学校に近く登下校の利用が想定されることや、眺望のいい立地を考えて食堂と展望デッキを計画し、まちに溜まれる居場所をつくる。一本の階段の道を計画することで必要となる擁壁を上まで伸ばし、裏側に住宅が張り付く構成とした。パブリックな道とプライベートな住宅の境界線としての壁に玄関、窓、庭へ繋がる穴を開け、生活が現れることで、道と建築の接点を考えた。

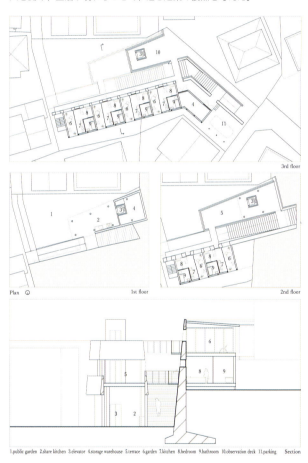

1.living room 2.washroom 3.bathroom 4.garden 5.entrance 6.bedroom 7.dining room 8.kitchen　　Section

1.public garden 2.share kitchen 3.elevator 4.storage warehouse 5.terrace 6.garden 7.kitchen 8.bedroom 9.bathroom 10.observation deck 11.parking　　Section

# 都市体験から建築へ
− 渋谷における継起的視覚体験の記述に基づく設計手法 −

**五十嵐 大輝**
Taiki Igarashi

東京理科大学大学院
工学研究科
建築学専攻
郷田桃代研究室

本計画は、都市の記憶を未来へ残す手法の試案である。
私たちは常に動きを伴いながら都市空間を体験している。歩行や首振り、微小な眼球運動などスケールは様々であるが、その動きに応じて視野内の構造が変化することで視覚的に空間を体験している。例えば歩行中に、ある建物の背後から別の建物が現れる、背後の建物を隠し始める、といった視覚体験は身体と視対象との位置関係によって多様に存在している。

街を行き交う人々が無意識に享受し続けているこの視覚体験を、都市空間に内在する体験の質、つまり都市の記憶と定義し、渋谷において18の類型を抽出した。そして、観察者の視点で都市空間における視覚体験を書き下し、空間へと変換することで、都市の記憶としての視覚体験を形態により記述する手法を試みた。

Project _ 01『並走』
　都市の記憶が立体的に並走する渋谷の肖像としてのギャラリー

Project _ 02『横断』
　記憶の断片が縦横無尽に浮遊する渋谷の残像としてのコンプレックス

記述から空間へ、異なる視点から2つの実験的試行へ展開することで本手法の射程を探った。動的な空間記述を設計図として建ち上がるオブジェクトは、都市空間における視覚体験を 存続 / 変異 させながら現象する。それは都市の記憶を 連続的 / 断片的 に想起する空間であり、観察者にとっての無意識を可視化する都市の舞台装置でもある。

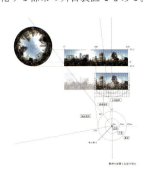

## 継起的視覚体験

（ⅰ）視覚構造

視界に入る建造物・鉄道の高架・橋・樹木・看板など都市空間を構成する人工物（＝構成要素）の構成を視野上の面の構成（＝視覚構造）として捉える。

視覚構造は主構造と副構造によって構成されている。主構造は建築物・高架・鉄道など都市の大きな構造を占めかつ視野を大きく占める構造物が成す視覚構造を、副構造は植栽・地下鉄の出入り口・看板など主構造の中に組み込まれた要素による視覚構造を示す。

（ⅱ）視覚的流動パタンの抽出・分類

視対象との距離によって、視野上での面の流動速度は異なる。この、速度の差によって生じる視覚的な面の干渉を、本研究では視覚的流動と呼び、全18種類の視覚的流動のパタンを抽出した。

この、視覚的流動が幾重にも発現しながら継起的に視覚構造が変化していくことにより、私たちは都市空間を視覚的に体験しているのである。

抽出した視覚的流動パタンを、視覚的流動を引き起こす視対象が主構造か副構造かで分類した。また、主構造による視覚的流動において歩行に伴い視覚構造が維持されるタイプ（＝同一構造の維持）と視覚構造が変化するタイプ（＝視覚構造の変化）に分類した。更に、視覚構造が変化するタイプを、起因していると思われる渋谷の特徴的な都市構造別に分類した。

## 対象地域

（ⅰ）渋谷駅周辺の概要

対象エリアは、延床面積の最大化を原理として生成される建築群、合理的に交差するインフラ群、渋谷駅を谷底とする微地形、微地形に従い放射状に広がる街路、といった都市的かつ渋谷特有の要素を併せ持つ、視覚体験に富むエリアである。

（ⅱ）分析対象

渋谷駅を中心とした半径500mの円の内部に存在するセンター街・道玄坂・宮益坂・明治通り・国道246号線などの主要な街路と、半径250mの円内に存在する全ての街路、計51本の街路を分析対象とする。

## 視覚体験の記述

（ⅰ）記述方法

都市空間での視覚体験を把握するため、全天球カメラで撮影した動画を基に視覚的流動パタンの構成の推移を連続的に記述する。各時点で発現する視覚的流動のパタンを、視点場からの距離と視界上の領域の2つの視点を併せて記述する。

（ⅱ）視覚体験の分析

例としてセンター街での視覚体験を記述し、分析を行う。全37時点での視覚的流動パタンの構成の推移の記述を行った。

視覚的流動の発生は往路で37シーン、復路で32シーンであり、往路の方が視覚構造の変化が豊かである。これは駅前のスクランブル交差点で視界が開け、様々な視覚的流動が知覚されるためだと考えられる。発現している視覚的流動に着目すると、「連続」が多く発現しており、これは駅前から隙間なく建物が建っているためである。また、有効視野内で「沈込」が発現するのは、街路形態がグリッド状ではなく駅を中心とした放射状になっていることが影響していると考えられる。

渋谷駅周辺で発現する視覚的流動の類型

## 記述から空間へ

（ⅰ）空隙形態の抽出

　都市で体験される視覚的流動の各パタンにおいて、遮蔽縁の構成および視線の抜けの状態を空隙として抽出する。都市空間の構成要素は私たちの視線を遮る量塊である。それに対して空隙は、構成要素により削り取られ形作られた空間であり、知覚者の視線を通す抜けのボリュームと言い換えられる。

（ⅱ）再構築手法

　視覚体験の記述方法を建築設計に援用する際、各時点での視覚体験の構成を把握しやすくするために、視点場の連続として捉え直し表記する。この記述を用いて建築的な再構築を行う。歩行経路を決定し、再構築する視覚体験の時点数で経路を分割し、各視点において記述上で発現している視覚的流動パタンとその相対的な位置関係を保存しながら空隙形態をサーフェスで生成する。サーフェスに厚みを与える事で建築的な再構築を行う。

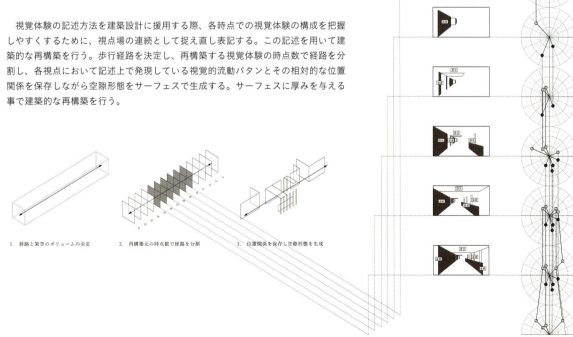

視覚体験の記述に基づく建築的再構築

# Project_01 『並走』

都市の記憶が立体的に並走する渋谷の肖像としてのギャラリー

(ⅰ) 設計図の取得

渋谷駅を取り囲む4本の街路空間での視覚体験を記述した。対象とした街路空間は、「通過」や「切断」、「潜伏」など、巨大な都市の構成要素によって引き起こされる視覚的流動のパタンが多く発現し、都市的・渋谷的な視覚体験を形成している。

(ⅱ) 建築計画

渋谷駅を取り囲む4つの視覚体験の記述を基に生成された視覚体験モデルを立体的に並走するように配置する。並置された視覚体験は互いに干渉せず、都市における視覚体験のみが転写された状態を目指した。

ペンシルビルの量塊が林立する大通りにギャラリーを計画する。地上部分では明治通りから渋谷川への抜けを想定し、ギャラリーの受付とパブリックスペースを設けた。テンポラリーな展示空間としての要求に応えるため、1-4階部分をギャラリーとし、5, 6, 7階は倉庫・テナントスペースとした。建物高さは周囲のペンシルビル群と揃えた。

(ⅲ) 視覚体験

それぞれの経路に展示空間としてのボリュームを与え、視覚体験モデルを生成し配置することで、知覚者は渋谷駅周辺の交通インフラが引き起こす「切断」や「潜伏」の視覚体験とともに展示空間を回遊する。「切断」や「潜伏」によって生じたサーフェスをブリッジや展示棚として、空間的・建築的に再解釈しながら設計を行った。

都市の記憶が立体的に並走する

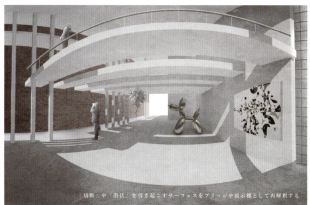

「切断」や「潜伏」を引き起こすサーフェスをブリッジや展示棚として再解釈する

# Project_02 　『横断』

記憶の断片が縦横無尽に浮遊する渋谷の残像としてのコンプレックス

（ⅰ）　設計図の取得

対象街路51本における視覚体験とその繋がりを記述した。この51の記述を設計図として、現在SHIBUYA109が建つ街区に商業コンプレックスを計画する。

（ⅱ）　平面計画

中心の十字型のコアが水平力を受け、搬入などの裏動線と利用者の上下動線を納める。そのコアを視覚体験モデルが貫くように配置し、そこからそれぞれの視覚体験モデルへ転移することで、知覚者は複数の都市体験を横断していく。

（ⅲ）　断面・立面計画

高さの異なる視覚体験モデルが交差することで、内部空間と外部空間が入り乱れながら立体的に空間が連鎖する。サンプリングした街路に存在する特徴的な外装材を、生成した視覚体験モデルの内装材に転用することで内と外が常に反転し続けるような状態を目指した。

（ⅳ）　視覚体験

どのように視覚体験が変容し展開されるかを把握するため、センター街の視覚体験モデル部分の視覚体験を記述する。経路序盤では様々な視覚体験モデルが交差することでお互いが干渉しあい多くの視覚的流動パタンが発現していることがわかる。また、経路終盤ではセンター街での視覚体験と類似した視覚的流動が発現していることがわかる。

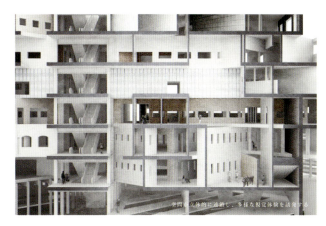

# 商店街から住宅街への移行における連鎖的な住宅設計手法の提案
― 店舗併用住宅の特徴から導くパタン・ランゲージ ―

## 仲尾 梓
Azusa Nakao

東京理科大学大学院
工学研究科
建築学専攻
郷田桃代研究室

近年、商店街の店舗併用住宅が歯抜け状に専用住宅に建て替わり、商店街は住宅街に変わりつつある。商店街は、どのようにして住宅街になるべきか。一軒の住宅を設計することで、今後の住宅"街"としての環境形成につなげたい。店舗併用住宅の相補的な建ち方からパタン・ランゲージを考案し、それを用いて住宅設計を試みる。

第一部では、店舗併用住宅を観察して54のパタンを抽出・創作し、第二部では各パタンについて1.隣の建物との調和の方法 と2.パタンのコーディネート方法 を考え、54のパタンをひとつながりの構造に組み込んだ。こうして敷地のコンテクストに合わせてパタンを選びとり、一つのパタンを手掛かりに一軒の住宅設計を展開させることを可能にした。

第三部では、制作したパタン・カードを用いて隣り合う2つの敷地で条件を変えながら3軒の住宅をケース・スタディし、住人設定の違いと、設計者(パタン選択者)の違いによる2つの多様性を示した。

互いに示し合わせる建築協定ではなく、パタン・ランゲージによって、時差を含んで環境をつくる。これが、「個」の住宅としての多様性をもちながら、「街」としてのまとまりを担保する新たな住宅設計手法である。

## 店舗併用住宅の観察

商店街を構成する店舗併用住宅は独特な建ち方をしている。以下にその特徴を3つ挙げる。これらはいずれも商店街の間口の狭さや道路との距離の近さ、隣棟間隔の狭さに由来し、商店街の敷地に特化した建ち方だと考えられる。

**外溝の空間化**
空地や軒下等の屋外空間が、塀や庇等の簡素な構造物を手がかりに覆われ、屋内空間と同等に重要な場所として機能している。

**ファサードのカモフラージュ性**
店舗特有の存在感の強いファサードによって、奥に控える居住空間を目くらましている。

**建物側面でのせめぎ合い**
隣接する建物間の隙間が両者によって活発に利用され、視覚上の敷地境界があいまいになっている。

店舗併用住宅の隙間に着目すると、隣り合う2軒が補い合って、ひとつの良好な環境を形成しているように見える。この相補な関係を専用住宅に適用し、2軒で互いの環境を担保しあえる調和した状態の構築を目指す。

**増幅** 隣同士の隙間をつなげる
**補完** 隣の一部分を借りて場をつくる
**攻防** 空地では迫り、密集部分では後退して空地を立体的に活用する
**回避** 隣接を避けて日照・通風を得る

## パタンの抽出

店舗併用住宅を観察し、商店街に「住む」ために必要な6つの要求に適う建ち方を「パタン」として抽出した。また、採光・通風等の居住環境の向上のために新たに6つのパタンを創作した。これにより得られた合計54個のパタンを用いて、商店街に専用住宅を設計する。

### 【6つの要求】

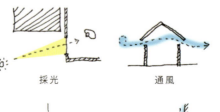

採光　通風　視線

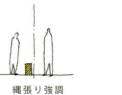

縄張り強調　雨よけ　個性

## 2つの関係

54個のパタンをランゲージ化するため、2つの関係を考える。

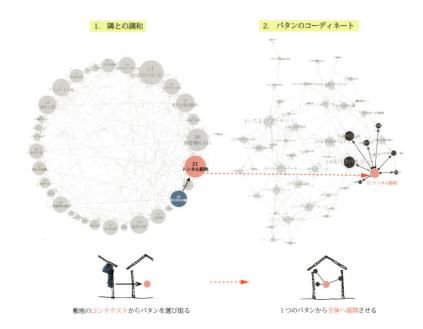

## パタン・カードの制作

パタンの関係を記述したハガキ大のパタン・カードを制作した。この中にパタン・ランゲージが組み込まれている。1つのパタンは、最大で3種類のカードによって説明される。これをツールとして、商店街に専用住宅を設計していく。

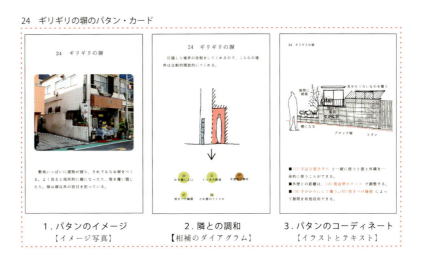

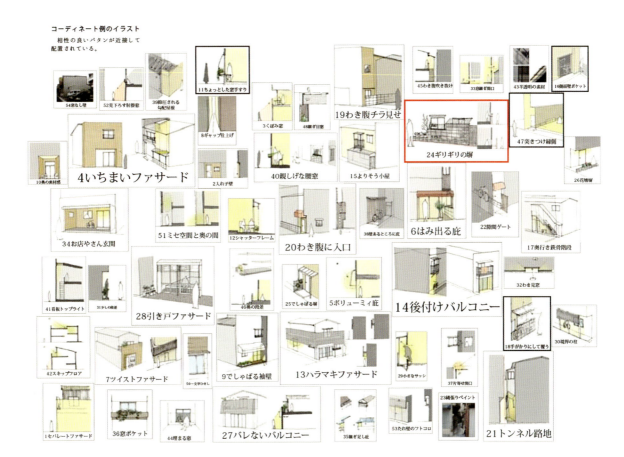

## 対象商店街

墨田区向島五丁目の鳩の街通り商店街を対象商店街とする。この商店街は昭和3年に設立された寺島商栄会から約90年の歴史を持つ商店街である。東京大空襲をまぬがれたため、通りの道幅は戦前のままであり、歩行者と店舗の距離が近い。商店は金物屋やおでん種屋などの昔ながらのものに加え、空き店舗活性化のためのチャレンジショップに取り組んでいる。

## ケーススタディの概要

【住人設定】と【設計者（パタン選択者）】を変化させる

### 住宅n-3

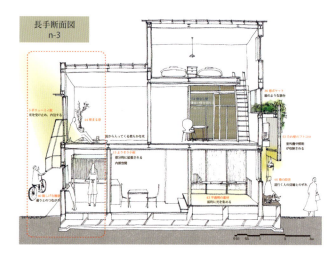

長手断面図 n-3

住人は新たに越してきた家族。商店街のにぎわいもいいが、住まいには落ち着きがほしい。そこで玄関には「20わき腹に入口」を選択して道路との距離を調整し、通りの様子をうかがうのぞき窓として「40親しげな窓」を合わせる。「26花壇塀」と「24ギリギリの塀」を敷地境界に沿って設け、私道の通行者に対してナワバリとプライバシーを守る。N-2の「54窓なし壁」に面して窓を開けても採光は望めないため、「32わき見窓」を採用する。

### 住宅n-2a

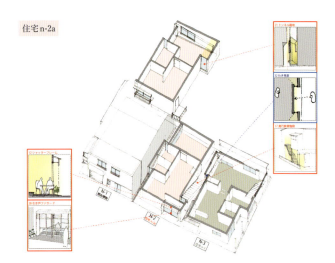

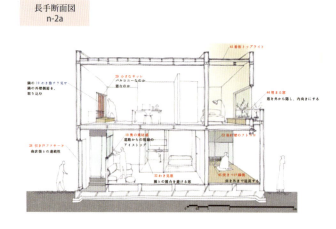

長手断面図 n-2a

住人はこの地で商売をしていた老夫婦と息子。今後も周りの商店とのつながりを続けていきたい。通路から少し後退して「28引き戸ファサード」にし、「12シャッターフレーム」を取り付けて玄関を拡張する。N-3の「32わき見窓」に隣接して「17奥行鉄骨階段」を挿入し、2軒の間の隙間を広げる。「21トンネル路地」の張り出しによって階段登り口のプライバシーを高める。

住宅 n-2b                                                     長手断面図 n-2b

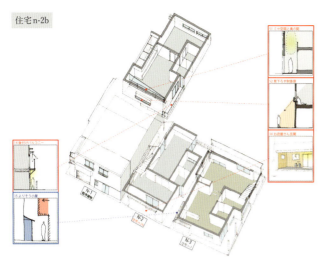
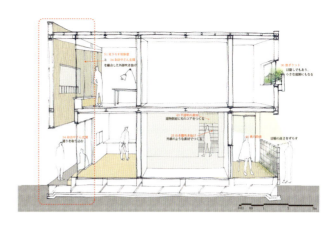

パタン選択者は20歳男性。彼は引き戸ファサードよりも穏やかに通りと繋がれる「34お店屋さん玄関」を選択。それと類似した「51ミセ空間と奥の間」を参照すると、前面道路に面して緩衝空間を設けるよう指示があり、ミセ空間上部を野外吹抜けにする。「52見下ろす肘掛窓」で光を採りこみ、ファサードにアクセントを与える。N-3の「15よりそう小屋」の2階部分の空隙を生かすため、「14後付けバルコニー」を挿入する。

## 2軒での相補な関係

17 奥行鉄骨階段 の上部や下部の抜けを活用する

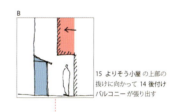
15 よりそう小屋 の上部の抜けに向かって 14 後付けバルコニー が張り出す

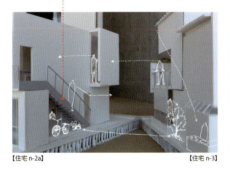
【住宅 n-2a】　【住宅 n-3】

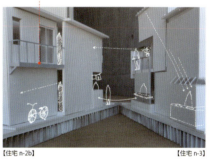
【住宅 n-2b】　【住宅 n-3】

## 設計者（パタン選択者）の違いによる多様性

各住宅の採用パタンのネットワーク図を見ると、同じ敷地・同じ条件下でもパタン選択者が異なると選ぶパタンも異なり、多様な構えの住宅が生まれる。

敷地のコンテクストによって、カードに示されている以外のパタンの組み合わせにすることも可能である。

凡例:
● 採用したパタン
● 隣から参照したパタン
●—● カードに示された組み合わせ
●—● カードに示されないオリジナルの組み合わせ

### 筆者設計

### 第三者設計

125

# 湯河原の家

**堀越 一希**
Kazuki Horikoshi

東京理科大学大学院
理工学研究科
建築学専攻
岩岡竜夫研究室

　私は住宅を設計した。わりと普通の背格好だが、なんだか少し気持ち悪い。「あの部分は一体何だ？」と疑問符がつくような、それでいて地域の愛着を一身に受けている奇妙な住宅である。

　私が行ったのは、《建築の「構成材」を別々のしかたで設計し、一つ一つに固有名詞を与える》というものだ。すなわち、ここで設計され名付けられる「構成材」たちは"壁"や"梁"といった単純なものではなく、新しく個性（キャラクター）の与えられた、ある特定の機能を有する意味深なオブジェクトなのである。

　固有名詞を与えるという行為の価値は、単に意思表現のツールである。しかし、重要なのは全体ではなくあきらかに部分＝建築される前「構成材」の段階からバラバラの作家性を与え、他者に解釈されることを前提に設計をするという行為にこそある。

　本設計は建築を構成するエレメントを一品生産のプレファブ化とも言えるしかたで作り、組み上げ、地域という具体的な敷地に着地させ、全体性を獲得するまでを描いた試論である。

＊〈構成材を名指す〉ための習作

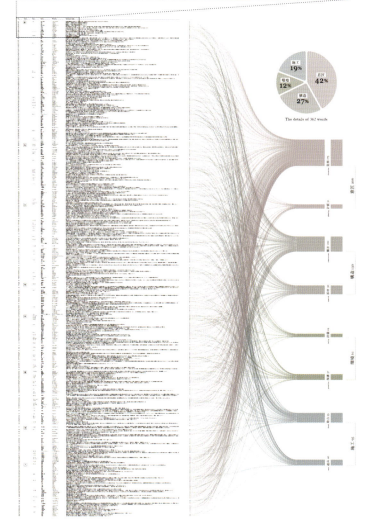

＊建設業界における「生態系を交えた固有名詞」

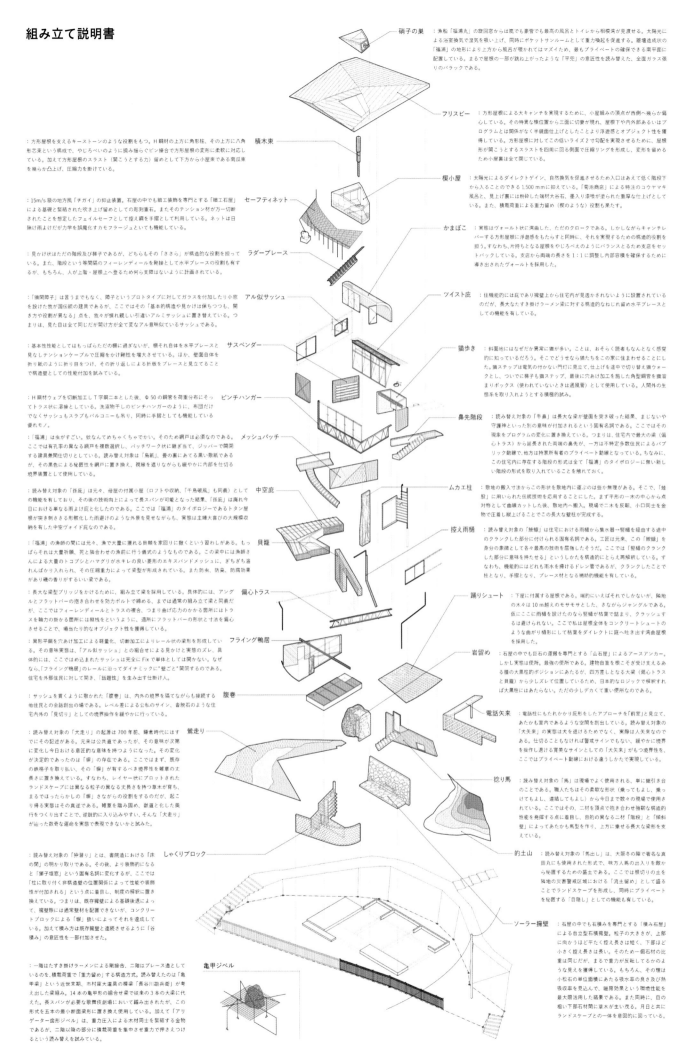

## 再解釈：生態系を交えた固有名詞

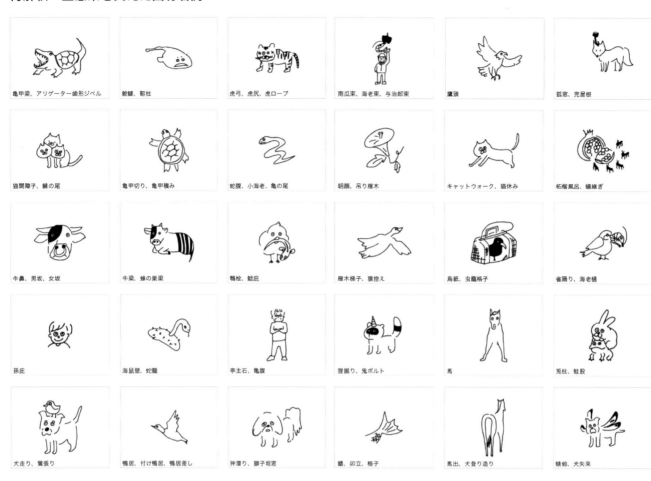

▼

## 構成材一覧／湯河原でつくる場合

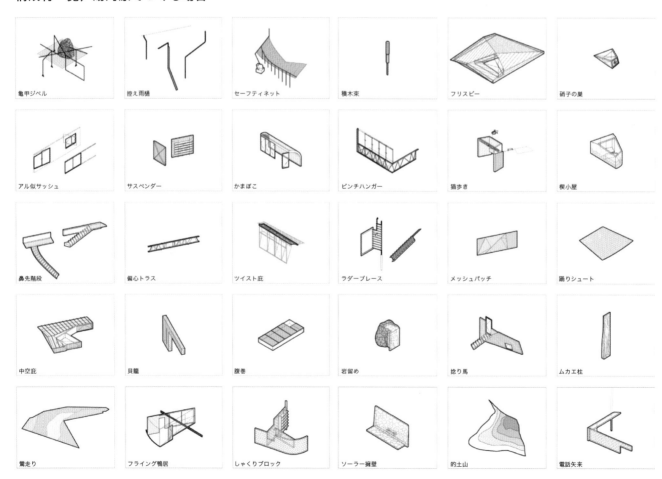

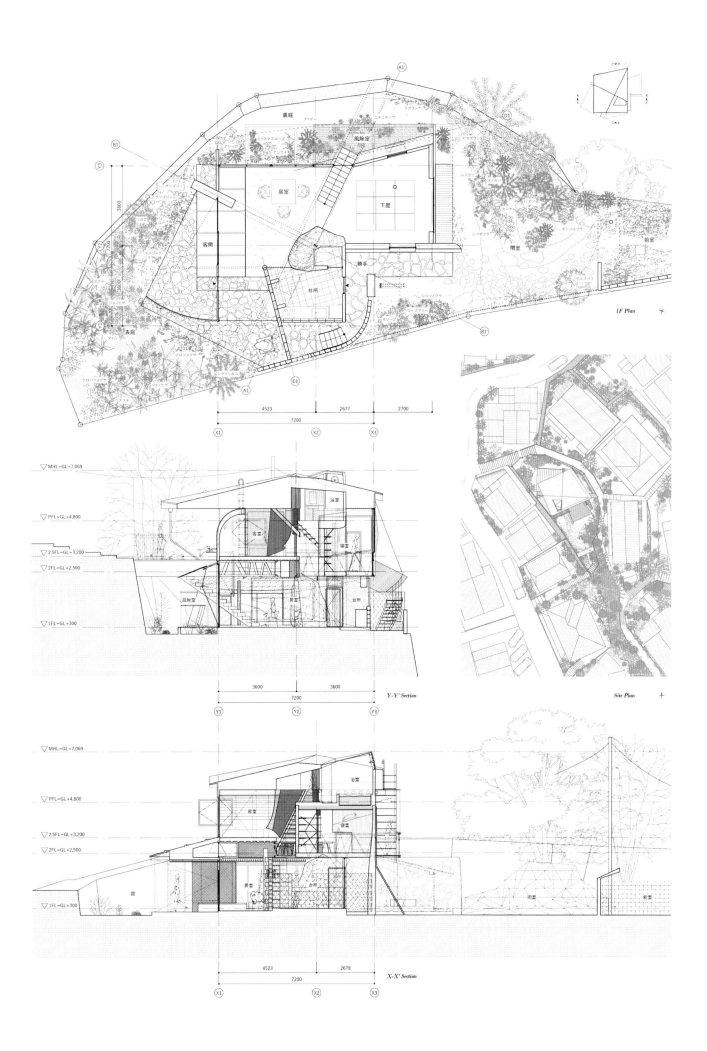

1F Plan

Y-Y' Section

Site Plan

X-X' Section

129

# 新宿メガストラクチャー計画
## ～「メガストラクチャー」による、アップデートを前提とした都市計画～

**宮坂 岳見**
Takemi Miyasaka

東京理科大学大学院
理工学研究科
建築学専攻
安原幹研究室

　豊かな建築・都市を作ろうとする建築家の思想とは全く別の論理で成り立つ、スクラップ&ビルドによって垂直方向に成長する現在の都市計画のオルタナティブとして、1960年代に流行した設計手法である「メガストラクチャー」を再考する。

　世界中のメガストラクチャーを調査し、形態の特性を数タイプに分類することで「メガストラクチャー」の定義を明確化すると同時に、現代に有用な特性／衰退した要因となる特性を抽出した。

　JR新宿駅北側線路上一帯を計画地とし、フィーレンディールトラスからなる2枚の巨大な人工土地で構成された200年の寿命を持つメガストラクチャーを、駅利用に関わる交通機能を基盤として設えた。トラス内部や人工土地上には短工期で建設・解体が可能で、時の経過による都市の需要の変化に対応しうるようなサブストラクチャーが挿入される。サブストラクチャーは、内蔵された建設システムによって持続性・可変性を担保する。交通機能に流動性を与え、自らをアップデートしていく自律性を持ち、水平方向に広がりを持つ大架構空間が都市や人々に開かれるメガストラクチャーは、これからの都市空間のあるべき姿を示す。

### メガストラクチャーの定義

　レイナー・バンハムの著書「Megastructure」(1976)によるとメガストラクチャーの定義は以下のようにされている。『単に大きな構造体というだけではなく、……しばしば、①モジュラー・ユニットによって建設され、②大きな、あるいは「無限の」拡張が可能で、③その中により小さな構造ユニットの挿入が可能で、④それが支える小ユニットよりずっと長い寿命を持つ構造のフレーム』。

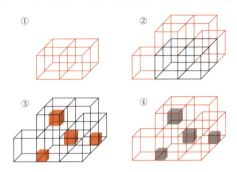

### メガストラクチャーの形態特性

　メタボリズムやアーキグラムの運動に代表されるように、メガストラクチャーは恒久的である「メジャーストラクチャー」／インストール・アンインストール可能な「マイナーストラクチャー」によって構成されているケースが多い。

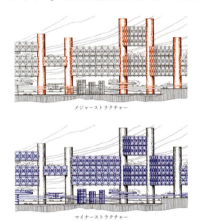

### メガストラクチャーの思想

　以上から、メガストラクチャーは①可変性や拡張性を担保すること、②人間スケールと都市スケールを結ぶ装置になっていることが重要とされていたと言える。そしてこの思想は現代の都市にも利用できるのではないか。

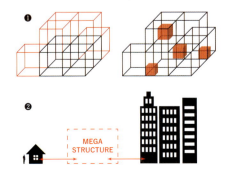

## メガストラクチャーの分類と選定

これまでに計画された世界中のメガストラクチャーをリストアップし形態の特性を6種類・16タイプに分類した。分類の結果から、現代の都市に有用である特性（①②）、有用でない特性（③④）を整理する。

## 計画地と断面構成

計画地はJR新宿駅北側の線路上周辺エリアを選定した。設計に当って次の4点を重視する。①文化が多様かつその変化がめまぐるしい新宿に対してフレキシビリティの高い空間構造を作ること。②地下道や人口地盤によって立体的に形成されている街と連続するメガストラクチャーを作ること。③街並みのコントラストが強い東西につながりをもたらすような大架構のストラクチャーを構えること。④東西にある大きな緑地との関係性を作ること。

断面構成は、駅前百貨店によって断絶されている駅空間に対して平面に大きく抜ける2枚の人口土地を設ける。これを組柱で支えられたスペースフレームで作ることでこの中にマイナーストラクチャーの挿入が可能となる。

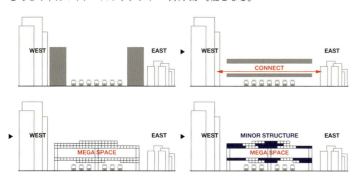

## 全体構成

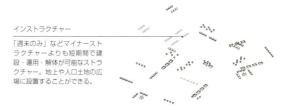

**インストラクチャー**
「週末のみ」などマイナーストラクチャーよりも短期間で建設・運用・解体が可能なストラクチャー。地上や人口土地の広場に設置することができる。

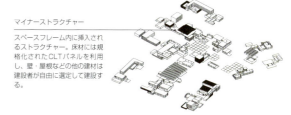

**マイナーストラクチャー**
スペースフレーム内に挿入されるストラクチャー。床材には規格化されたCLTパネルを利用し、壁・屋根などの他の建材は建設者が自由に選定して建設する。

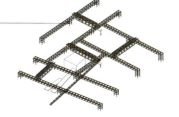

**ランニングストラクチャー（物）**
貨物列車→資材製作工場→ゴライアスクレーン／フォークリフトといった一連の機械が、建材や商品など「物」を運ぶ。これにより建築の新陳代謝が加速される。

**ランニングストラクチャー（人）**
列車、エレベーター、エスカレーター、大階段など、「人」を運ぶためのストラクチャー。

### 平面構成

周辺街区や既存の広場計画が持つ軸性に従って2枚の人口土地の形状を決定する。

柱を受ける位置からの距離に応じてトラスのピッチを7.2mと14.4mの2種類に分けることによって、構造強度の均整を取ると同時にマイナーストラクチャーの建設可能範囲が制御される。

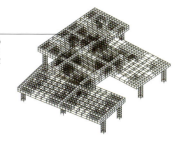

**上層人口土地**
駅利用者や都市生活者が地上の喧騒から距離をとってゆったりと時を過ごすための「滞在空間」となる。

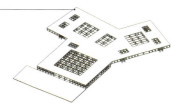

**下層人口土地**
駅利用や駅横断のための動線をメインとして、回転率の高いコンテンツがマイナーストラクチャーとして挿入されやすい、「動的空間」となる。

## マイナーストラクチャー／インスタントストラクチャー

マイナーストラクチャーは、規格化されたCLTパネルの床材を土地代として購入し、フレーム内に建設する。壁や屋根には自由な建材を使用できる。これにより増築や建て替えが比較的短期間で行えるようにする。

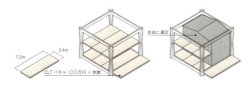

さらに短期間で利用する屋台やブースなどのインスタントストラクチャーは、地上や人口土地の広場の一角を時間単位でレンタルし、短時間で設営・解体できる。

南口：駅利用のメイン動線となり、大勢の人々と情報が行き交う。

西口：交通機能が立体的に交差する広場に大きな屋根が覆いかぶさり街が活気づく。

東口：巨大な構造体の足元が大きな広場となり、毎日のように催し物が行われる。

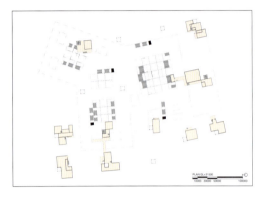

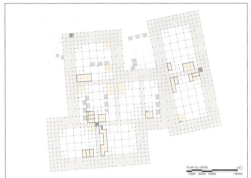

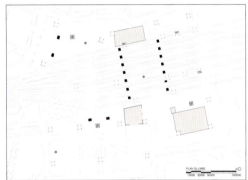

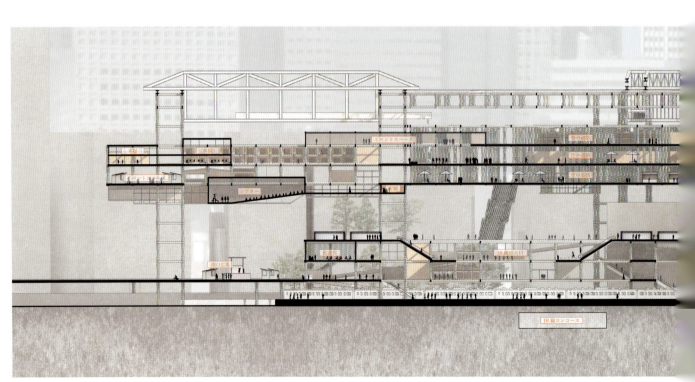

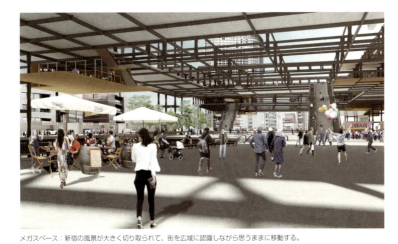

下層フレーム内部：マイナーストラクチャーが連なり、商店街のような雰囲気が広がる。

JR線ホーム：縦方向に大きく空気と光が差し込む

上層フレーム内：ミーティングスペースでビジネスマンが待ち合わせ、ここで商談などをする。

メガスペース：新宿の風景が大きく切り取られて、街を広域に認識しながら思うままに移動する。

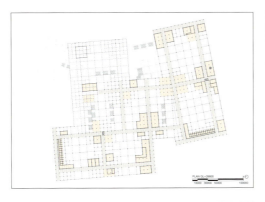

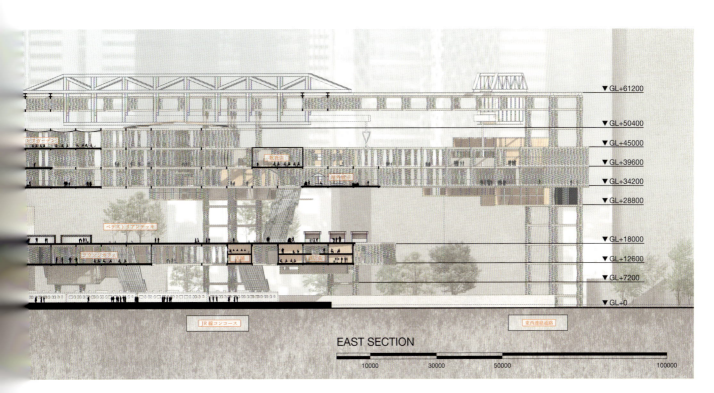

EAST SECTION

# 佇む光が躍るとき
## ル・コルビュジェの建築作品の開口部における光の研究
## ― ロマネスク教会の光との関係性について ―

**石塚 亮佑**
Ryosuke Ishizuka

東洋大学大学院
福祉社会デザイン研究科
人間環境デザイン専攻
櫻井義夫研究室

　本設計はル・コルビュジェによって設計された宗教建築における造形的な開口部と、その設計・建設時期に密接な影響があったとされるル・トロネ修道院をはじめとするロマネスク教会の開口部との比較・分析を行うことにより、コルビュジェの建築における光の操作が建築内部に与える影響・効果、またそれを果たす造形を再構築するものである。

　コルビュジェの建築作品における光の表現は空間全体に光を行き届けさせるものから、濃淡や色彩を展開させ観るものにも影響を与えるものとして変容していくことが窺え、これまで彼に影響を与えたであろうとされるル・トロネ修道院との関連性を図る。ル・トロネ修道院とロンシャン礼拝堂の壁面開口部は共に厚い壁に傾斜のついた開口部を設けている。先のコルビュジェの作品の設計期間とル・トロネ修道院への訪問の時期からその関係性は密接なものであると仮定し、ル・トロネ修道院を含めたロマネスク教会とコルビュジェの後期作品、両者の開口部の分析を行い、そこから導き出した開口部の形態による光の効果・内部空間への影響を元に光を主軸とした建築の設計を試みる。

## 仮説

　コルビュジェは建築の開口部が光を形成することを重要な要素としており、より表現を深めるために開口部の操作を行ったと考えられる。コルビュジェは開口部を光を単なる環境としてでなく、特殊な開口部によって空間を強調し印象づける存在として捉えていると考えられる。

　石造であるル・トロネ修道院とRC造のロンシャン礼拝堂の壁面開口部は共に厚い壁に傾斜のついた開口部を設けられ、印象的な光を作り出している。先のコルビュジェの作品の設計期間とル・トロネ修道院への訪問の時期からその関係性は密接なものと仮定するならば、ル・トロネ修道院を含めたロマネスク教会とコルビュジェの後期作品、両者の開口部の分析を行うことによってロマネスク教会の開口部がコルビュジェに与えた影響が明らかにできるのではないだろうか。

L'abbaye Du Thoronet Plan　Aperture:L'abbaye Du Thoronet　Chapelle Notre-Dame du Haut　Aperture:Chapelle Notre-Dame du Haut

## ロマネスク教会建築の開口モデル

　プロヴァンス地方のロマネスク教会の開口部の平面・立面形態を『PROVANCE ROMANE』（著:ZODIAQ）から探る（全141件）。平面は8種、立面は4種の開口パターンが見られた。

## コルビュジェ後期作品との比較

　コルビュジェのル・トロネ修道院訪問において関連性があるとみられるロンシャン礼拝堂、ラ・トゥーレット修道院、また彼の没後の作品であるが図面が残されているフィルミニの教会の実現した3つの作品と、先の分析で得たロマネスク教会の開口部の形態を図面資料と写真を用いて比較分析を行う。

ロンシャン礼拝堂の開口部における比較

コルビュジェの建築とロマネスク教会の開口部における近似性

## ロマネスク教会建築の開口モデル分析

ロマネスク教会から導き出した開口部のパターンをCG及び模型でモデル化を図る。時間の変化による光の変化と内部への効果の分析を行った。分析から開口部における傾斜やズレによって光の表情が変化していることが窺え、また大きく①光増幅タイプと②光減衰タイプに分類することができる。光増幅タイプは陰となる面に対して光が当たる場合、反射光によってグラデーション状に陰影が現れる。光減衰タイプは光が反射した面からの距離によって明るさが変化してゆく。

①光増幅モデル

②光減衰モデル

## 光モデルの制作と光の現れの検証

先の検証から更に多様な開口部を持つモデルを作り、同様の検証を行った。以下がその検証の内容を示したものとなる。

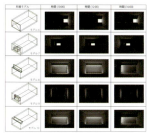

ロマネスク教会の開口部から発展させて、制作した新たな開口部のモデルから多様な光の現れ方を確認することができた。開口部がよりグラデーション状に見える、光の線が空間を分ける、光によってより奥行をもたらすなど空間に作用する効果から空間に対して開口部、またそれによってもたらされる光が『領域を作り出す光』『象徴としての光』『領域を分ける光』『方向を示す光』『リズムを生み出す光』と大きく5つの空間への効果が抽出できた。これらの効果を基本として光によって空間を認識し、時間の経過によって展開される活動が変化してゆく建築の制作を行ってゆく。

領域を作り出す光　象徴としての光　領域を分ける光　方向を示す光　リズムを生み出す光

## 設計

開口部による光のモデルの制作を元にして建築の設計を試みる。本研究はコルビュジェの宗教建築とロマネスク教会建築と対象としており、教会から建築のプログラムを決定し制作を行う。教会は祈りを捧げる場としてだけでなく、人々の集いの場所となる街の中心と考えることができる。このことから、教会が持つプログラムを『講堂』『図書室』『食堂』『居住空間』から、『集まり話し合う場』『静かに考える場』『生活をする場』の3つに分けて場を構成する建築を設計する。

## 敷地

設計の対象敷地は東京都豊島区椎名町とする。椎名町は同区内の西池袋、千早町、長崎、南長崎、要町にいくつものアトリエ村（貸し住居付きアトリエ群）が存在し、大正末から第二次世界大戦の終戦頃にかけて、多くの芸術家が暮らし芸術活動の拠点「池袋モンパルナス」と称され、画家、音楽家、詩人など多様な芸術家が活動を展開していた。現在では「池袋モンパルナス」と呼ばれた地域に集まった芸術家たちの精神を受け継ぎ、池袋西口ほか各所で様々なアートイベントを開催する「新池袋モンパルナス西口まちかど回遊美術館」が展開されるなど地域に根差した活動が残っている。2020年の東京オリンピックを迎えるにあたって、再開発によって急速に変化する副都心・池袋のふもと独自の時間が流れ、固有の文化が形成されているこの場で芸術活動を行う人々の拠点を『集まり話し合う場』『静かに考える場』『生活をする場』として設計する。

## CASE1: 公園の中の集会所

**□光によって生まれ、変化する領域を作る場**

駅前の公園の中に半屋外の集会所を計画する。周辺は住宅街であり、親子連れから高齢者まで日中は多くの人々で賑わう。時間と行動の変化に伴い、光によって話し合う、休む、または遊ぶなど多様なシーンが展開される場となる。

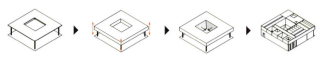

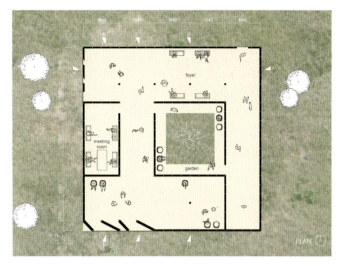

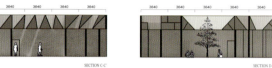

## CASE3: 住宅

**□居室が奥行のある開口となる住宅**

厚みのある壁の開口部から入る光は柔らかでグラデーション状の光を見せる。ただ壁を厚くするという非合理的な手法でなく居室と居室の間の空間が奥行を持った開口部のようになる設計を行った。開口部の光を眺めるだけでなく、開口部を通して周囲の人々との関わりを築く場ともなる。

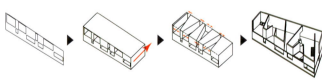

開口のある壁　　厚みを与える　　傾斜を加え、光の表情を与える　　壁となった部分を居室と捉える

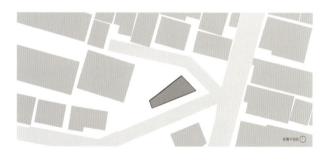

住宅を壁のように捉え、その厚みが生む開口の奥行を居室と居室の間の空間の奥行と変換する。居住者はその印象的な光の場の中で生活を送り、パブリックとプライベートなスペースはそれぞれ光が入る場所によって分けられる。

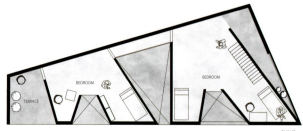

# CASE2: 垂直に伸びるギャラリー

## □ 奥行きを垂直方向へと向かわせた反射による光

垂直方向は奥行きを限りなく伸ばすことができるとも考えられる。光が届くまでの距離が長くなるほど反射による光の減衰によって印象的な光が落ちる。光を見る、作品を対面する、書籍を読む、たたずみ考える場として垂直に伸びるギャラリーは町の中心においてのシンボルともなる。

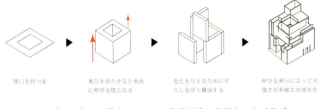

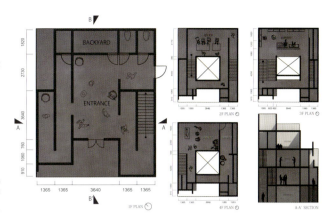

奥行きを垂直方向へと深くすることで奥行きが浅い状態よりもグラデーショナルな光が現れる。また幅が変わることにより光の反射による加算・減衰によって内部空間により多様な光が演出される。

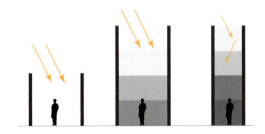

# 「線」を基本にした空間構成法に関する研究
― 建物を紡ぐ建築は都市を整える ―

## 村田 徹
Toru Murata

東洋大学大学院
福祉社会デザイン研究科
人間環境デザイン専攻
櫻井義夫研究室

本研究及び設計より得られた設計手法は、都市にある線を抽出することから設計を行う。

一本の線が実空間の中で意味を発生し、三次元に発展するという自らの体験から、空間を構成する意思は最小限の線から始まることに着目した。線による空間認識は、抽象的な空間構成法として利用され、また複雑な領域構成はパターン化することで、空間の性格付けとして位置づけられるというのが、分析の結論である。

私たちの空間認識は多様な要素、因子の刺激から総合的に把握された自分の居所として現前するものと理解できるが、空間を自ら構築しようとしたときの意思・意識は、空間を要素の集合体としてとらえ、少ない要素から徐々に多くの要素へと構築し、表現としての空間は完成するものと考えられよう。その最小単位は空間要素の最低限と評価できる一本の線である。

設計を行う上で「周辺環境を考える」というプロセスは必ず存在するだろう。建築を構成している「線」という最小単位を周辺環境から見出し、読み出された線の互いの関係性の中から生み出された空間領域に実態空間を与えてゆく手法を提案する。

敷地（空き地）にいて弱く感じる「線」による空間認識を、実際に形を持った建築へと置き換え実体化することで、その場所に馴染む自然な建築へと導く。隣接する建物はまちなみとして相互に関係し合い連続し新たなまちなみを創出することになる。

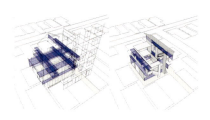

## 「線」に関する興味深い体験

美術館の内部に於いて、作品の前の床には一本の線が引いてあることが多くある。また、水平方向に棒が設置されている場合もある。それらの「線」があるだけで、人は目の前の作品に対してそれより近づくことがない。

この発見から、人はその線を「線」として認識した上で、さらに、その線を意識的には面や壁のように捉えているためにそのような現象が起きると考えることができるのではないだろうか。モノとして存在していないが線を境界や壁として認識しているのだろうと考え興味を持ったことが本研究の出発点である。一本の線のみでこの状況を作り出していることに関心を持ち、また、実際に存在する建築はいくつもの線で構成されていると捉えると、建築空間に於いて「線」の発揮する意味は幅広く多様であると言えるだろう。

「線」がない＿作品に触る、近づく　　「線」がある＿作品と一定の距離をとる

## 三軸方向で構成される日本の建築

基本的に建築は水平垂直方向の三軸によって構成されている。さらに日本の建築に於いては、民家でも公共建築に於いても水平垂直方向の線が強調される、または印象的に映ることが多々ある。

香川県庁舎　丹下健三_1958

帝国ホテル（玄関）F.L.ライト_1923　　青：垂直　赤：水平（横）　黄：水平（奥行）

## 調査方法

①.二次元的分析
「線」が空間に対してどのように影響し、筆者自身がどのような印象を受けるのかを把握する。ある一定の大きさの空間をスケッチし、そこに線を描いていくことによってどのように見えるのかを分析する。

②.三次元的分析
上記で行った作業を現実の空間（模型）によってあらゆるパターンの線の配置や構成を分析する

①、②のどちらも分析を行う際には、「線」の意味をより明快にするために、用意する空間の素材や塗装などの仕上げは考慮しないこととする

## 分析

私が本論文を記すために「線」という単語の定義を明確にしなければならないと考える。一般的な「線」という言葉の意味は認識した上で、美術館での体験をもとに、私なりの「線」という言葉を下記のように定義づけた。

> 『線』
> 1. その存在によって場所を分割し二つ以上の空間を作り出すもの
> 2. その存在によって方向性を生み出すもの
> 3. その存在によって領域や境界を意識するもの

## 検討モデル（一部抜粋_基本となる1本のモデル20パターン）

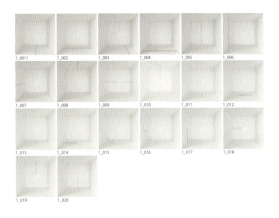

## 類型化00_線による分割（弱・強）と象徴、壁

空間を分割する線にはパターンA〜Eの種類が存在する。それらの線の種類が異なるように、それらの線によって生じる分割の度合いにも差異が生まれるのではないかと考えた。DEのパターンは単独では分割を生じるという認識は薄く、その空間を象徴するものになる。

空間に配置された線の関係が平行であった場合、正対する二辺の間には意識的に面が生じる。

## 類型化01_分割・領域

一つの空間の内部に線が配置されると空間が分割されたような印象を受ける。それは後述する壁の認識より弱い領域の認識である。

分割する（divide） d_01〜d_04

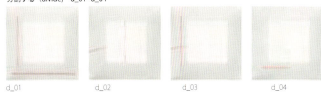

## 類型化02_面・壁

壁は2本の線が空間内に生じた際につくり出される。3本、または4本と数を増やすと空間の内部には多数の分割が生じたり、象徴的な線が生まれたりするが、その中で面を構成するのは基本的に2本の線の間で起きる。

壁・面（wall）を認識する w_01〜w_04

## 類型化03_組み合わせ

線の数が3本4本と増えると領域が重なる場合や、生じた面を分割するなどの現象が起きる。4本の組み合わせは5,000通り近く考えることが可能であるが、ここでは数を限定して分析を行った。その中で代表的なものを示す。

混合（mixture） m_01〜m_05

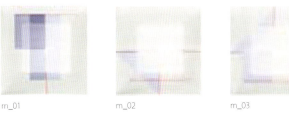

## 結論

「線」に焦点を当てた分析により、「線」の配置から受ける印象、またその意味、「線」の位置関係によって生じる領域、及び面の認識が確認できたと考える。

この考察から、「線」のみで建築空間を設計・表現する手法を提案し、実験的な思考と設計も以て考察を行い、本研究の結論とする。

## 設計手法

01. 敷地周辺の立面から線を抽出し、立ち上げる。

02. 敷地周辺の向かい合った建物の立面から同位置（高さまたは奥行方向）にある線を見つける。(red)

03. 同位置にある線は面として発生する。(blue)

04. 生じた面は向かい合う線との差分に従い立体化する。

05. 面の発生と立体化を繰り返す。敷地には建築の基本となる立体化した面が交錯する。

06. 発生した面を基に、周囲の立面から建築の内部外部の境界のラインの調整や、建築として成立するための構造部材の調整などを行い全体を構成することで建築の設計手法として確立させる

## 敷地・機能

　東京の下町、谷根千地区のなかに異なる敷地条件、旗竿敷地、三面道路敷地、交錯型敷地（複雑な形態の敷地）において、既存周辺建物から線を読み出すことで、空地に建築空間を生み出す。それぞれの敷地の中での建築の形態の構築を優先し、機能はそこにある空間配置に従いながら落とし込まれていく。具体的な機能の決定は敷地周辺の機能に作用され、戸建て住宅、集合住宅、賃貸住宅、展示ギャラリー、工房などが設定される。

TYPE_A　旗竿敷地

周辺の建物が均質である可能性が高く、その枠の中にすっぽりと収まる建築になるだろうと考える。

TYPE_B　三面道路

周辺建築との距離があり高低差もあるため、敷地内に高さのズレが多数出てくると考える。

TYPE_C　交錯型敷地

敷地が複数の矩形で構成され、変化に富んだ建築の設計を期待する。

## TYPE_A　旗竿敷地（戸建住宅）

周辺立面から線を抽出する（non scale）

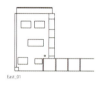

- 対象地　東京都台東区池之端の空き地
- 敷地面積　159.1 ㎡
　　　　　142.8 ㎡（導入部含まず）
- 各階面積　1F　68 ㎡
　　　　　　2F　55 ㎡
　　　　　　3F　25 ㎡
- 延べ床面積　148 ㎡
- 周辺プログラム　戸建住宅・賃貸住宅

設計プロセス

 →  → 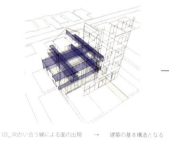 →

01_敷地の設定　　02_周辺立面の立ち上げ　　03_向かい合う線による面の出現 → 建築の基本構造となる　　04_周辺立面の線に従い全体の調整を行う

## TYPE_B　三面道路（賃貸住宅4戸・ギャラリー・アトリエ）

周辺立面から線を抽出する（non scale）

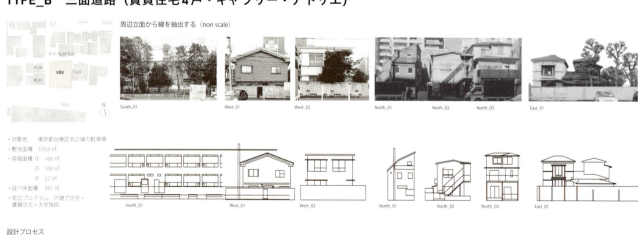

- 対象地　東京都台東区池之端の駐車場
- 敷地面積　376.8 ㎡
- 各階面積　1F　166 ㎡
　　　　　　2F　148 ㎡
　　　　　　3F　27 ㎡
- 延べ床面積　341 ㎡
- 周辺プログラム　戸建て住宅・賃貸住宅・大学施設

設計プロセス

 →  → 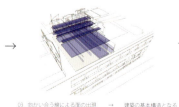 →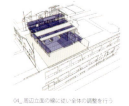

01_敷地の設定　　02_周辺立面の立ち上げ　　03_向かい合う線による面の出現 → 建築の基本構造となる　　04_周辺立面の線に従い全体の調整を行う

# TYPE_C 交錯型（ギャラリー・制作アトリエ・カフェ・図書室・音楽室・貸し住戸）

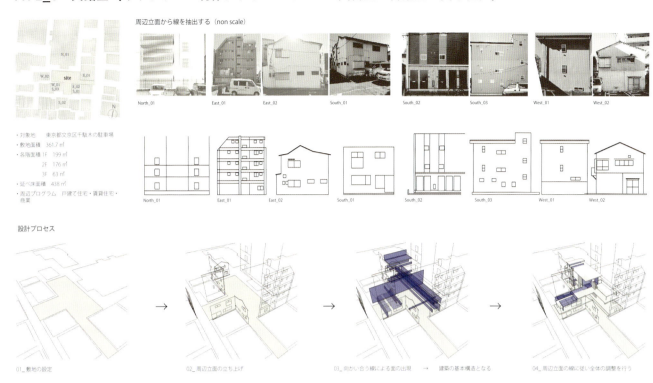

- 対象地　東京都文京区千駄木の駐車場
- 敷地面積　361.7 ㎡
- 各階面積　1F　199 ㎡
  　　　　　2F　176 ㎡
  　　　　　3F　63 ㎡
- 延べ床面積　438 ㎡
- 周辺プログラム　戸建て住宅・賃貸住宅・商業

設計プロセス

01_敷地の設定　→　02_周辺立面の立ち上げ　→　03_向かい合う線による面の出現　→　建築の基本構造となる　→　04_周辺立面の線に従い全体の調整を行う

# Re:Born
## 自然界で生まれた機能の生成変化

神戸 晃輝
Koki Kanbe

東洋大学大学院
理工学研究科
建築学専攻
工藤和美研究室

### リサーチ

劣悪な環境に生きる

山地　ツンドラ　亜寒帯林　温帯林　温帯草原　熱帯林
サバンナ　低木林　砂漠　海洋　地中　高層密集地

　近年、空気が汚染され温暖化が進み、砂漠化や氷河が溶け海面上昇が起きている。悪化する環境の中で人間が生き続けるための建築を考える。

　建築は自然環境から身を守るためのツールである。生物の変化もまた自然界から身を守るためであり、この変化は人間が様々な環境で生きるための手がかりになり得るものである。そこで、建築の成り立ちを自然界から考える。

　自然界から機能を抽出し、スケールを与える。建築化された機能はその環境で最も適した状態にあり、人々の暮らしをより豊かにする。

　また、多様なスケールを与えることで、建築にとどまらず家具から都市まで設計でき、環境とともに生きることができる。

　さらに、多機能と複合することで多様な環境に適応する。1つの機能ではできないことを複数の機能で補い、建築をつくる。

　機能を抽出し、スケールを与え、スケールの変化や多機能の複合を行うことで新しい建築の在り方を探る。

### コンセプト

自然界の機能を用いて設計する。

環境悪化　現在　Mix　自然の機能　Re:Born

### 機能の抽出

生物　から　抽出　した　機能

### チャツボボヤ　No.1

Concept　大小の開口が多く存在する。いろいろなものが抜ける。風、光、人、視線が通り抜ける住宅をつくる。

機能
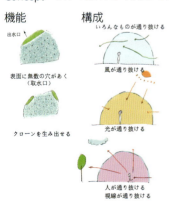

構成
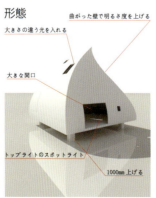

形態 / パース

## じゃがいも　No.1

Concept　太陽の光を効率よく受けるためにユニットを2/5ずつ回転しながら配置する。
太陽がより多く当たる超高層をつくる。

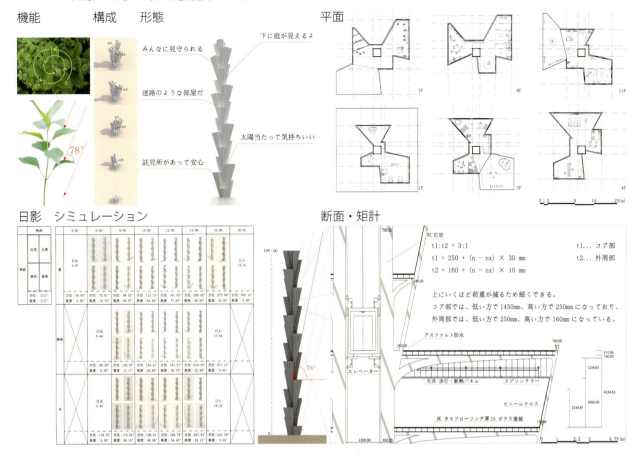

## クモの巣　No.1

Concept　クモの巣を引っ張り、縦糸と横糸によって柱にする。柱から連続した屋根はうねり、下に影を落とす。
編みこんだ影が落ちる休憩所をつくる。

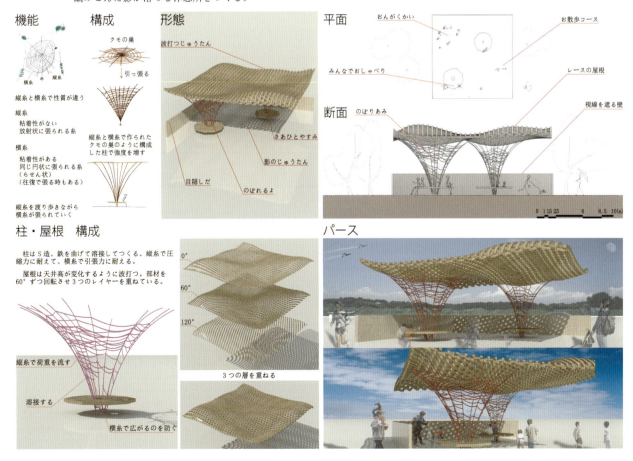

## サボテン No.1

### Concept
巨大な棘を屋根につけることにより、空気中の水分を結露させ、水分を得る。屋根の下には水分が滴り、植物が育つ。砂漠にオアシスをつくる。

機能　構成　形態　パース

### 平面　断面

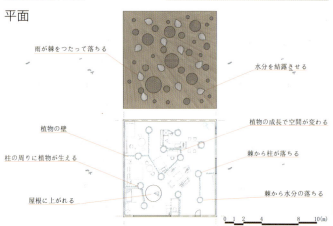
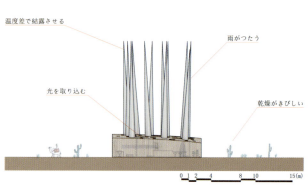

### スケールの変化

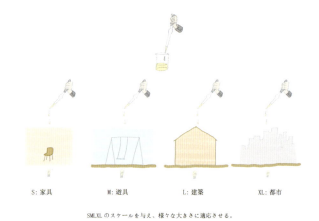

S: 家具　M: 遊具　L: 建築　XL: 都市

SMLXLのスケールを与え、様々な大きさに適応させる。

### クモの巣 SMLXL

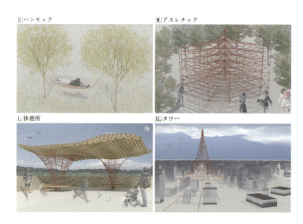

S|ハンモック　M|アスレチック　L|休憩所　XL|タワー

### 複数機能との合成

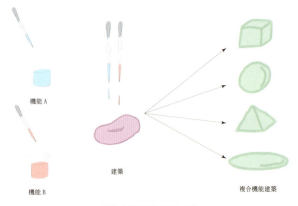

機能A　機能B　建築　抽出した複数の機能を建築に合成　複合機能建築

### クモの巣No.1 × エメラルドゴキブリバチNo.1 × タコNo.1

## 機能の建築化

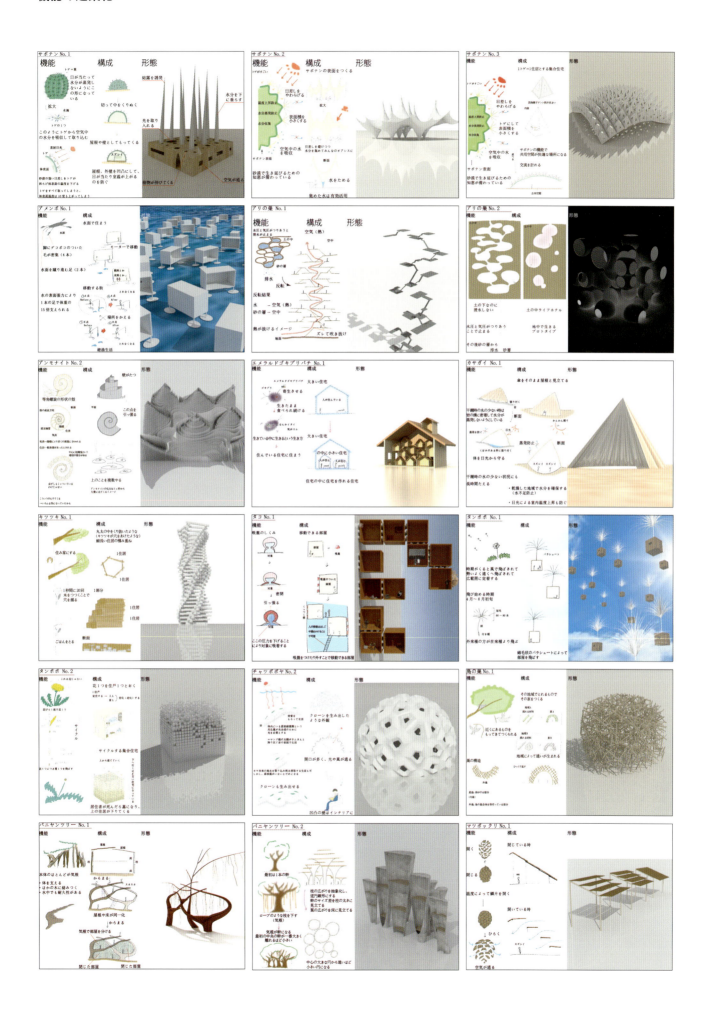

# 分離と接続の住宅
## 公室の二極分離によって多様化する空間接続

### 安田 陽
Akira Yasuda

東洋大学大学院
理工学研究科
建築学専攻
篠崎正彦研究室（住環境研究室）

　日本の住宅は、可変的で自由度の高い空間から、「食寝分離」「寝室分離」「公私室分離」と居室の分離によって生活の質を向上してきた。

　しかし現代では、都市機能の充実によって資金さえあれば最早都市で生活できる環境が広がっている。このような社会背景の中でも戸建住宅は建てられ続けているが、周辺との関係を過剰に分離し、自己完結的な生活を送る住宅が多い。

　吉岡賞受賞作品の分析から得た多様な空間接続形式と、家族を守る「家族圏公室」都市を引き込む「都市圏公室」という2つの傾向を踏まえ、住宅が持つ豊かさを思考する。

　敷地は吉祥寺のサンロード商店街を抜けた住宅地。吉祥寺は駅周辺から都市計画道路沿いに伸びる商業地域と、一本入ると閑静な住宅地が広がる住居専用地域に明快に分離して計画することで、互いに住み分けながら発展した街である。

　私が設計するのは、生活機能が店舗機能と共有される3つの住宅。都市領域が住宅の玄関口から内部まで入り込み、周辺住民を招き入れる空間的奥行が生まれる。この小さな共有空間が住宅地に参加することで、住人同士の生活が接続される。これは都市から住宅への一方的な介入ではなく、住宅を主体とした都市との相互的な接続である。多種多様な住人の生活領域を周辺との分離によって守りながら、空間と機能の接続によって形を変えて現れる接客空間が、現代における住宅での生活を彩る場所となる。

### 公的配置類型

　吉岡賞第1～30回の全57作品の中から、専用住宅31作品を対象とし、公室配置の類型を起点に、面積、内部開口、外部開口分析する。

　一般的に住宅を設計する際に、開口よりも先に室配置が優先されると考えられる。また、公室がGLで都市と接続するのと、GLから離れて都市と接続するのとでは目的も連続性も異なる。そこで、公室配置を起点に他の項目に対して分析する。公室形状を立方体として捉え、最大で6面の外部境界面を仮定する。公室がGL階にある場合は下方向の外部境界面を除いた5面とする。マトリクスから得たA～Dの公室配置類型を元に開口分析する。

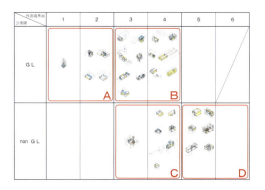

### 接続形式

　形式1は、田の字プランの縁側から庭を経た都市との接続を応用し、庭と一体となる公室が都市と接続していると捉えることが出来る。形式2は、公室を私室群から切り離すことで、都市と連続的に接続している。形式3は、住宅における公室の中心性が高く、公室を核として住宅と都市が接続している。形式4,5,6は、公室がGLから離れることで、動線の接続が無くなり、風景や光、風などの環境として都市と接続している。そのため、形式6のような眺望や、形式4,5のように多方向に複雑に展開する接続形式になっていると考えられる。

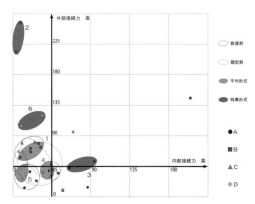

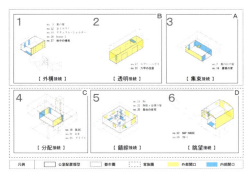

## 外構接続

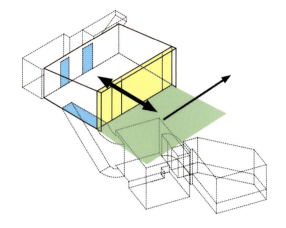

## 透明接続

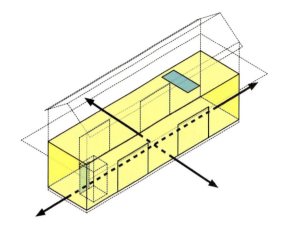

## 集束接続

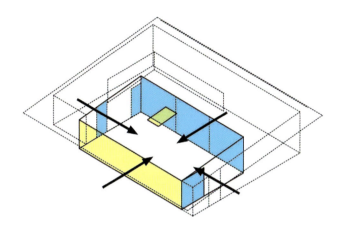

## 分配接続

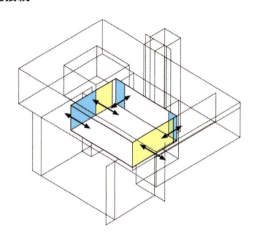

## 錯綜接続

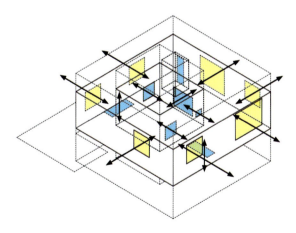

## 眺望接続

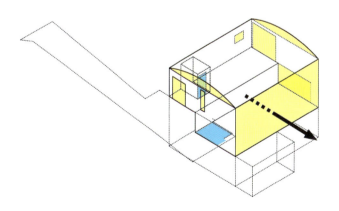

## 敷地　商住分離された吉祥寺

　敷地は吉祥寺のサンロード商店街を抜けた住宅地。吉祥寺は駅を中心に4つの大型商業施設を配置することで「回遊性の高い街づくり」を実現している。用途地域を見ても、駅を中心とした都市計画道路上に伸びていく商業地域と、周辺に広がる住居地域とが明快に分離されていることが分かる。それぞれの領域を分離することで、商業地域には大規模から小規模に至るまで店舗同士の相互作用を与え、住居区域には人ごみから外れた静かな居住環境を生み出している。互いに干渉しすぎないための区域の分離が、異なる環境として特化するために有効な手段として機能している。

無色の住宅地の中に小さな都市機能を挿入する

## 空間分離のコンセプト表現

「距離」による空間の分離 　　　　「層」による空間の分離 　　　　「室」による空間の分離

螺旋展開 ↓ 　　　　上下分離 ↓ 　　　　居室解体 ↓

螺旋状に回る家族圏

宿泊客を招き入れる都市圏の奥行

視線を遮り上から光が差し込む

外周が連続的に抜ける

商品の搬入

展示品が並ぶ内部が道と連続する

## SITE a　宿泊機能

**長い奥行に並んだ様々な開口が内部空間に緩やかな変化を与える**

　30m以上の距離を持った奥行きのある公室が、敷地境界に寄り添いながら折れ曲がって巻いていく。宿泊客と住人との共同生活をするこの住宅は、距離を持った公室によってそれぞれの生活空間が緩やかに変化する。外から人を招き入れる際にも、この折れ曲がった奥行は、生活において隠れた寛ぎの場所を維持することができる。1階と中庭をつなげて使うことで、住人と周辺住民、宿泊客が集まってホームパーティをすることもできる。曲がる度に空間性が切り替わり、都市圏から家族圏へと徐々に変化していく。

1-2階平面図

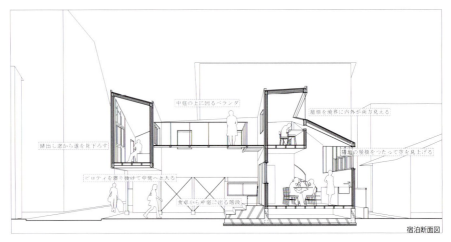

宿泊断面図

## SITE b　飲食機能

**外壁を持たずに外部と連続する1階/上に浮かんで周辺から守られる2階**

周辺に対して外壁をつくらずに受け入れるCafe&Barとしての1階と、屋根に覆われて上から光が差し込む2階に明確に分離することでそれぞれの空間性の違いを生み出している。都市圏公室は住人の団らんの場所でありながら、周辺住民とも食事を介して交流する場所になる。対して家族圏公室は周辺の視線から守られた内向きの室であり、家族という集団が都市から分離することによって安心できる生活環境となる。

1階平面図

2階平面図

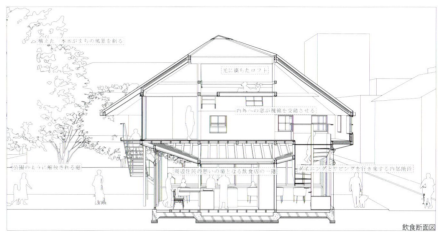
飲食断面図

## SITE c　物販機能

**居室群を渡り歩く度に光環境や見える風景が切り替わる**

公室が複数に分離することによって、各公室を自由に行き来しながら、集まったり離れたりすることができる。3つの都市圏公室は物販店としての機能を持ち、新しい器や調理器具などの生活用品が展示される場所から、実際に使って調理する場所、食事する場所へと段階を追って体験する。買い物客や周辺住民と、日々使っている物を介して交流が生まれる。2つの家族圏公室は、それぞれ仕事や勉強をしに集まる空間と、降り注ぐ光に満ちた水回り空間。空間性の異なる小さな公室群を中心の吹き抜け空間が接続する錯綜的な住宅。

1階平面図

2階平面図

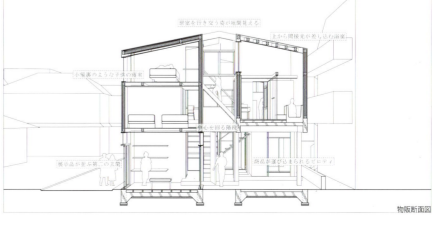
物販断面図

# 次世代型浮体式海洋ガス生産施設の提案
## 愛知県渥美半島沖における複合型研究開発施設の設計

**出山 亮**
Ryo Deyama

日本大学大学院
理工学研究科
海洋建築工学専攻
佐藤信治研究室

### 浮体式海洋ガス生産施設の提案

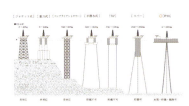 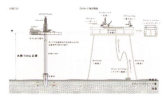

メタンハイドレートを新たな国産エネルギー資源とすべく開発を行うには、海上での生産開発が可能な設備「浮体式海洋ガス生産施設」が必要。

高度経済成長期以降、豊かな国へと変遷を遂げた日本。それと同時に、電力の消費量は大幅に伸び、現在では世界第4位のエネルギー消費大国となった。しかしながら、エネルギー自給率は5%であり、エネルギー資源の約80%以上を輸入に頼っているのが現状である。今後も、情報化社会の進展などを踏まえると、電力需要は増加が予想される。

そんな中、福島第一原発事故を契機に、時代はエネルギー転換期を迎えており、環境負荷の小さい新たなエネルギー利用が求められている。そこで今、注目されているのが海底資源の可能性である。その代表格であるメタンハイドレートは、天然ガス資源のひとつであり、従来の化石燃料に比べ燃焼時の$CO_2$排出量が半分である等、クリーンなエネルギーとして期待されている。また、日本の周辺海域に多く存在しており、2006年に実施された経済産業省の調査によれば、我が国の天然ガス消費量の約100年分に相当する量が埋蔵されている事が判明した。

そこで計画では、新たな国産エネルギー資源として普及拡大が期待されるメタンハイドレートを主な供給源とする浮体式海洋ガス生産施設を提案する。生産した海洋ガスは陸上へと供給すると共に、施設内で発電を行うことで、海上での長期的な活動に対応する。また、施設内での余剰電力は、他の浮体式構造物と海上で連携して電力供給を行うことや、二次エネルギー媒体に変換して消費地へ輸送するなどの複合利用化計画を行う。

### 浮体式構造物

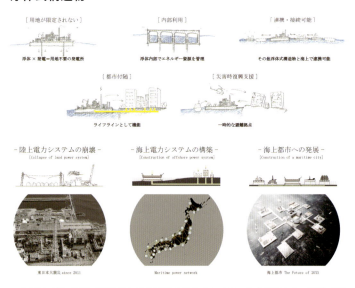

本計画では、浮体式構造物に発電機能を組み合わせることを提案する。浮体式構造物と発電。それぞれの長所をかけあわせることで様々な利点が見込まれる。このように電力事業を海上へ持ち出すことによって、津波の影響を受けない電力供給が可能となると共に、他の浮体式構造物と連携することで将来的に海上都市を形成することも可能である。

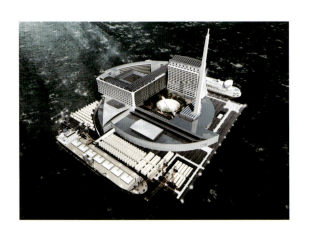

### 計画敷地選定

計画対象敷地として、中京工業地帯からほど近い愛知県渥美半島沖30キロメートルに位置する「東海南海トラフ沖」を計画対象地とする。生産した資源は、シャトルタンカーへ積み出し沿岸部に位置する中部電力の9カ所の火力発電所へ輸送する計画である。また、南海トラフ地震発生時には、支援物資として燃料電池を被災地へ輸送することで、電力不足を少しでも補うライフラインとしての役割を果たす。

# 海上での生活を可能にする基盤整備計画

高度経済成長期以降に提唱された海上都市をモデルにインフラ整備を行う

住居棟は、生産部門従業員数176人、発電部門従業員数44人、その他各部門従業員数50人の計270人の就業者が住まうものとして計画をはかる。

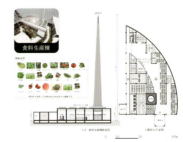

発電時、ボイラーから排出される$CO_2$を植物栽培へ有効利用することで、食料を生産するとともに、環境負荷の低減をはかる。

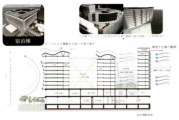

客室数は全210室を検討し、研究者や事業者、その他、事業関連者等が一時的に滞在し活動が行える規模に対応している。また、災害時には避難ホールや食料物資の保管庫を収容していることから、被災者の受け入れ等にも対応可能である。

全12種の屋内競技が可能で、浴場やスパなども完備しており、過酷な海上での労働から解放され心身ともに健康の増進に繋がる施設を目指す。

300席規模の劇場や、イベントスペースを併せ持つ計画である。休暇中の従業者の利用を想定しており、エンターテインメントとして、施設全体に賑わいをもたらす計画を図る。

潮風に強い植栽を選定し、24種の植栽から施設全体のランドスケープ計画を行う。海上にいながらも、緑溢れる自然豊かな空間となり、人々の憩いの場を構成する。

次世代型浮体式海洋ガス生産施設

シャトルタンカーへの積み出し

住居テラスからの見晴らし

緑豊かな中庭空間

施設内での排熱$CO_2$を有効活用した植物工場

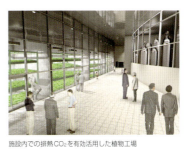

12種の屋内競技が可能なスポーツ棟

劇場を有することでエンターテイメントとしての役割を果たす

海上で連結することで海上都市を構成する

### 甲板上1階部分平面図

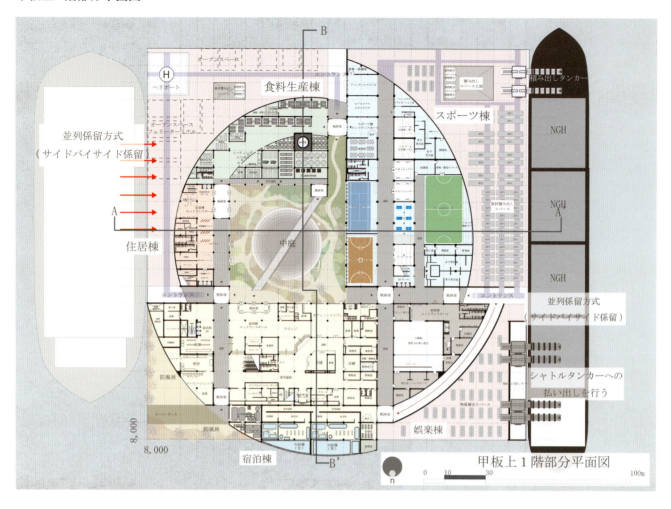

### 断面図

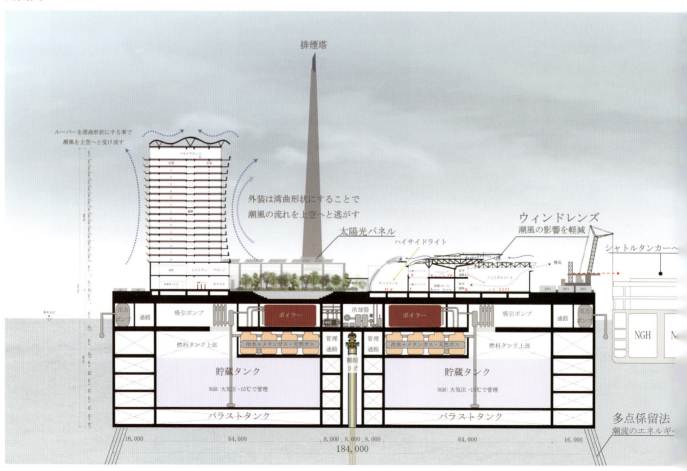

## 貯蔵タンク部分（B3F）平面図

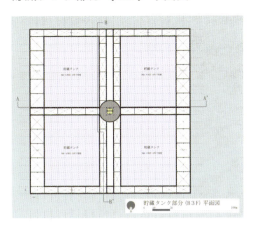

## 海底資源生産部分（B2F）平面図

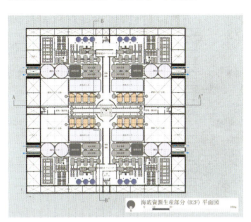

## 発電・開発研究部分（B1F）平面図

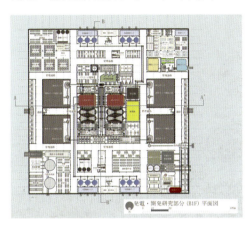

## 甲板上2階部分平面図

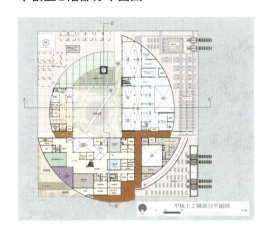

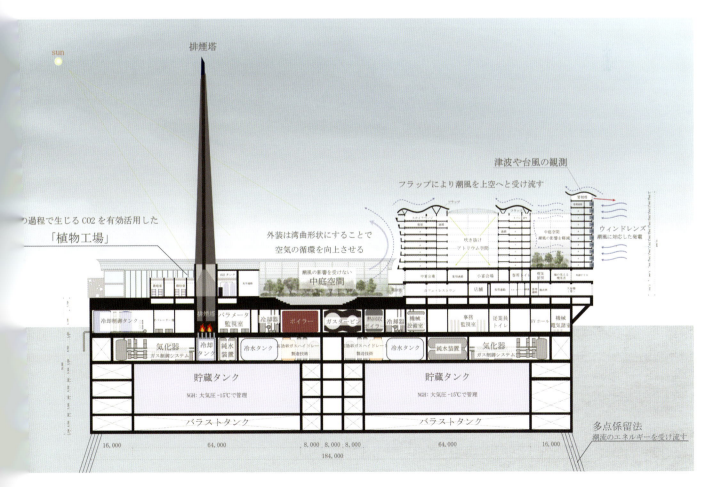

# インフラストラクチャの再生による
# 銀座空中芸術都市構想
―東京高速道路のペデストリアン化及び美術館・集合住宅の複合による都市横断型建築の設計―

### 清水 亮輔
Ryosuke Shimizu

日本大学大学院
理工学研究科
建築学専攻
今村雅樹研究室

## 計画概要

これまで、交通のための通過装置と化していた高速道路において、首都高速道路の主たる機能は担保しつつ、東京高速道路のみを切断する。敷地をA区画、B区画、C区画の3つのエリアに分け、それぞれにおいてシークエンスの異なる歩行空間を演出する。

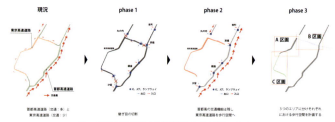

fig. 高速道路の切断と歩行空間としての再生へのフロー

感覚としては見えてこない都市の複雑な都市構造を定性的に走査し、銀座の隠れた都市構造を活かした構想を提案する。敷地周辺における都市構造を、定性的に読み取ったときの4つの座標（新たな都市像へのポテンシャル）から、敷地における都市の特殊性を読み解く。

高度経済成長以降、鉄道や高速道路が急激に増成され、日本の都市における公共空間はこれら人工的に造られた「インフラストラクチャ」によって、そのカタチを変容してきた。

本計画は、時代の変遷とともに無用の長物と化してしまう可能性のある土木的建築物を、高度経済成長を体現する東京の歴史の一部であるとして再評価し、歩行者空間として再編することでこれからの新たな都市的公共空間への視座を提示するものである。交通緩和のためのバイパスとして造られた東京高速道路のコンバージョン計画とし、車を流すためだけに作られた「通過装置」である高速道路を、人々のための「ペデストリアン空間」へと再編する。銀座を走る東京高速道路全長約2kmをペデストリアン空間にし、3つのエリアに分解。核となる部分における開発を行う。

従来の、スケルトンインフィルとしてのコンバージョンでなく、土木構築物としてのスケルトンに、建築としてのスケルトンが差し込まれ、スケルトンスケルトンともとれる図式の中で、その重なる部分にアトリウム空間を形成し、接続関係を計画。アトリウムを中心として足元の平面が計画され、アトリウム上は住空間を計画する。美術館、集合住宅を設け、隣接する施設との接続関係を提案するとともに、中央区における新たな都市像を提示する。

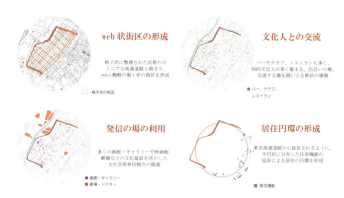

fig. 銀座の都市構造から導きだされる新たな展開

## 全体計画

今ある約2kmの巨大な構築物を活用し、エリアごとに適正な計画を行う。プログラムとして、主に居住や芸術文化機能を挿入することで、銀座における新たな都市のイメージを構想する。指定管理者制度によって東京高速道路株式会社が美術館、劇場の運営を行うなどすることで、民間ならではの自由な公共空間の設計を目指す。

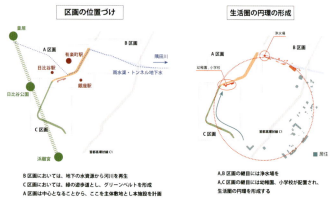

fig. 全体の位置づけと生活圏

## B区間計画概要

　B区間においては、かつて外濠から隅田川に向けて流れていた京橋川を再生させる。河川を中心とした、水辺の散策路や緑地、カフェなどの商業帯を計画し、親水性のあるペデストリアン空間を演出する。東京高速道路内にあったテナントを川縁に計画した高層建築へと移転する。

　雨水やトンネル湧水による、周辺環境から得られる水資源を活用し、高速道路の解体によって、かつての河川を再生する。

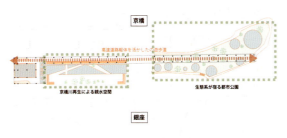

fig. 周辺における水資源の確保

## C区間計画概要

　高架上をペデストリアン化する上で、銀座の象徴でもある「柳の木」による並木路を計画する。事例調査から、高速道路上におけるランドスケープを断面的に計画し、銀ぶらの新たな価値観を創出させる。

　敷地の南北には、皇居、日比谷公園、浜離宮といった緑地を結ぶ、みどりの軸が存在する。この軸を繋ぐグリーンベルトとしてのみどりの遊歩道を計画する。

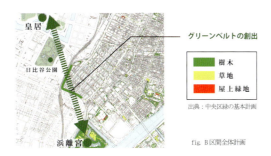

fig. B区間全体計画

## ペデストリアン空間における断面計画

　床のテクスチャーからそのまま立ち上がり、組み合わせによって多様な使われ方を生むストリートファニチャーと植栽計画によって、豊かな公共空間を計画する。植栽は、土を埋めるための厚さを確保するため、梁を避けるようにして計画される。

1. 素焼き煉瓦
2. プレキャストコンクリート板
3. 防水マット
4. コンクリート
5. 既存コンクリート床
6. 既存コンクリート梁
7. H形鋼材・梁
8. H形鋼材・基礎
9. 配管
10. 土
11. 化学物質吸着シート
12. 砂利
13. エアレーション/排水マット
14. 保護マット/ルートバリア
15. ステンレス鋼材
16. 強化ガラス

fig. ペデストリアン空間における詳細計画

# Plan for GINZA Aero Police of Art from restructuring of infrastructure
—Design of urban cross-architecture from converted the Tokyo Expressway to pedestrian space and complexed with art museum and condominium—

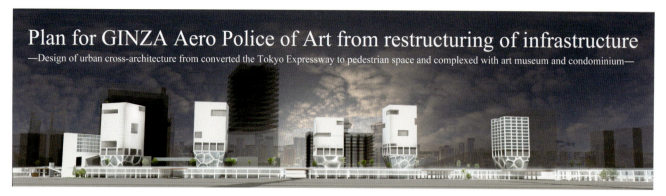

## 挿入する建築の構築ダイアグラム

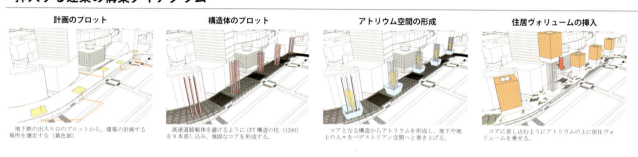

## アトリウム空間

# A区画（主体敷地）における計画概要

# 伝統的な建築空間の分節・接続方法を用いた設計手法の提案
― 与野本町小学校を事例として ―

**敦賀谷 俊**
Syun Tsurugaya

日本大学大学院
理工学研究科
建築学専攻
佐藤光彦研究室

## 伝統建築の分析

　本殿、拝殿、楼門等のいくつかの建築物から構成される神社建築や寝殿、北対、細殿、渡殿等の建築物から構成される寝殿造等の伝統建築は複数の建築物から構成されていることが特徴である。複数の建築物からなる伝統建築の構成を捉えるために、平面図、断面図、文献を分析資料として下図で示すような方法で伝統建築に対して分析を行なう。分析資料としては、現存する伝統建築のうちとくに価値の高い国宝、重要文化財及び建築設計資料として利用度が高い建築を採録している「日本建築史基礎資料集成」[8]に掲載されている建築から抜粋した。

　日本には古くから独自の構法や手法によって造られた伝統的な建築形式がある。伝統建築は複数の建築や機能が統合したものが多く、それらを統合するために廊、建具、庇、馬道等の方法が用いられてきた。

　本計画では、伝統建築のもつ空間の分節・接続方法を明らかにすることで伝統建築の空間性を示し、分節・接続方法の体系化を行なうこととする。さらに現代の複合化した学校施設の設計に用いることで、複数機能の統合方法や関係性を創り出し、日本的空間の分節・接続手法の建築的可能性を示す。

　分析方法として、国宝及び重要文化財に指定されている伝統建築から16建築を抜粋し平面図、断面図及び文献から伝統建築の持つ空間を分節・接続している方法を抽出する。平面図より、本殿、拝殿等の機能を有する中心空間とそれらの周辺部に配されている廊、縁等の周辺空間に分け、中心空間の平面構成から6個の連結形式を抽出した。断面図から建築空間を限定する要素である床、天井、柱、小壁等の3つの空間構成部材に着目しモデルの作成を行うとともに文献からその当時の使われ方などを抜き出し、16個の分節・接続方法を抽出した。連結形式と分節・接続方法を用いて日本的空間の分節・接続手法とし現代建築の設計に用いることで新たな空間の接続方法や複合方法を示した。

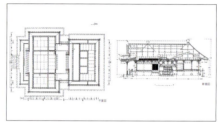

平面構成の分析

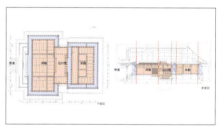

空間構成部材の抽出

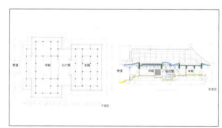

分析範囲の選定・要素の抽出

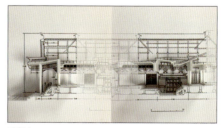

モデル化

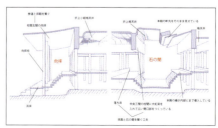

部材の関係性

## 分析結果

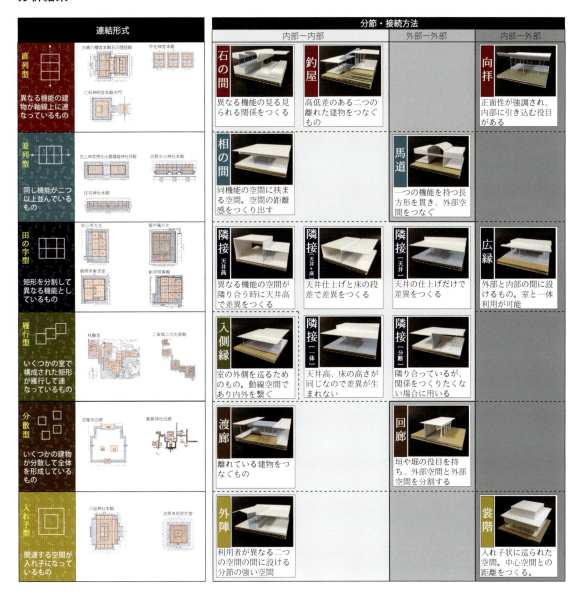

## 日本的空間の分節・接続手法の構築

**伝統建築と現在建築の構成の類似性**

伝統建築には神の領域と人の領域などの2項対立的構成が見受けられる。現代建築にも集合住宅の住戸と共用部、美術館の展示空間とホワイエなどの2項対立的な構成があり、それらの関係性に対して伝統建築の分節・接続方法を用いる事で多様な空間同士の関係をつくり出す。

**日本的空間の分節・接続手法の構築**

設計対象のビルディングタイプや規模等の諸条件から得られた配置計画や動線計画に対して、従属関係をもつ連結形式と分節・接続方法を転用していく。部分的な操作である連結形式の転用と分節・接続方法の転用が全体を構成する配置計画や動線計画等の操作と組合わさる事で建築の設計手法として用いる。

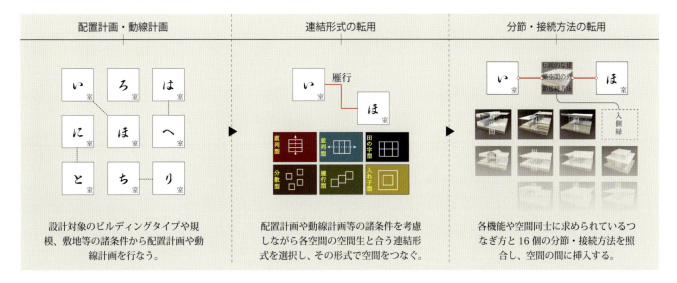

## 計画敷地

埼玉県さいたま市中央区本町東3丁目5番地23号、現在与野本町小学校及び与野本町コミュニティセンターが建っている場所を計画敷地とする。与野本町駅からも近い閑静な住宅地に囲まれ東西に4mの高低差をもつ敷地である。与野本町小学校複合施設整備基本計画が進行中であり、複数の公共施設と複合することが決定している。

## 設計手法の適用

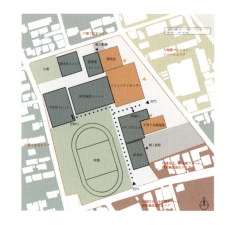

### 配置計画

体育館中心に連結形式を用いて各ユニットの配置を行なう。東側道路に3つの公共施設を配置し、それらに関連する小学校の諸室を配置する。小学校のエントランスは南側と東側にとり、低学年、中学年用の昇降口と高学年、職員用の昇降口の二つを配する

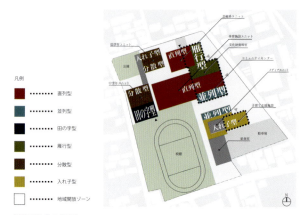

### 連結形式の転用

プログラムでまとめた各ユニットをそれぞれの関係を考慮し、6つの連結形式を用いてユニット間を連結していく

## プログラム

小学校は関連する諸室を複数のユニットに分ける事で各教室ごとのまとまりをつくる。また地域施設と地域解放するユニットを関連させる事で地域住民の生涯学習の核施設とするとともに児童の学習にも影響を与え、共に学習する環境をつくる。

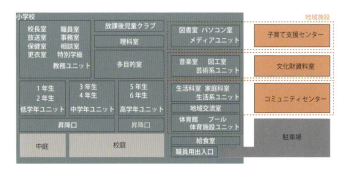

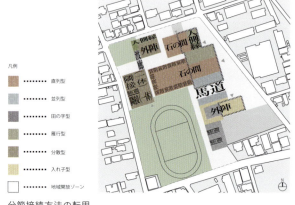

### 分節接続方法の転用

連結形式によって連結されたユニット間や室同士の間に各連結形式に属する分節・接続方法を転用していく

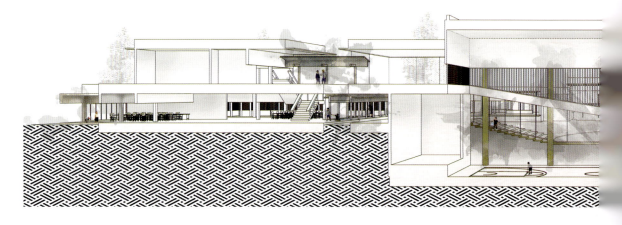

## 一階平面図

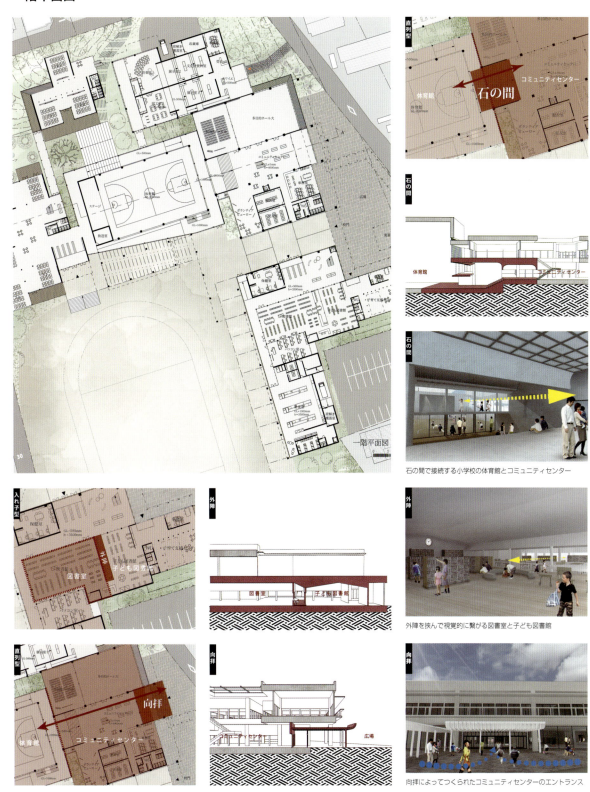

石の間で接続する小学校の体育館とコミュニティセンター

外陣を挟んで視覚的に繋がる図書室と子ども図書館

向拝によってつくられたコミュニティセンターのエントランス

# 知覚される快適さ
― 適応が開くオフィス空間 ―

石塚 真菜
Mana Ishizuka

日本女子大学大学院
家政学研究科
住居学専攻
宮晶子研究室

東京都多摩市における、適応が開くオフィス空間の提案である。

快適さの定義は多種多様で、私はときに疑問を感じている。そこで、「快適さ」に関して行われている様々な研究を設計に結びつけ、そのなかでも特に人の知覚に重点を置き、快適さに関する設計コンテンツの収集を行うことを考えた。

現在、建築空間の快適性において重視されている項目は、主に温熱感である。しかし、人が感じる快適性には、温熱感以外にも様々な要素が関係していることが、近年の研究によって明らかになっている。その背景をもとに、その他の様々な要素に注目して―知覚と快適さ―設計コンテンツ・パタン集を制作。そこから読み取った、従来の快適さの概念を超えた、人のもつ適応力や、自然を取り入れることの有用性などを根拠に、オフィスの提案を行った。

設計コンテンツ・パタン集の内容に応じて設計を進めると、内部と外部、そして内部のような外部や、外部のような内部といった多様な空間が層のように重なりあう建築が浮かび上がった。中庭の配置や、開口部のスタディを繰り返しながら、時間や季節に伴う変化や、移動に伴う変化など、身の回りの変化に対する知覚を促し、人の適応力を引き出すよう考えたオフィスは、外部に開かれた空間となった。

## コンテンツの収集

快適さについて4つの異なる視点から分析を行い、分析を通じて、設計に応用可能なコンテンツを抽出した。

■呼吸する建築
技術の進歩などを背景に、建築様式が刻々と変化する日本においては、「建築の呼吸」という感覚を再認識のうえ、意識的に取り入れていく必要があると考える。

■自然エネルギーと建築
パッシブ型の技術を、技術の後退としてではなく、取り入れていくべきものだということを論理的に示しているエクセルギーの理論は、建築を変える力があると考える。

■PMVとPPT
PMVは、1984年にISO-7730として国際規格化され、快適性の評価軸として一般的に用いられている。その一方で、仲裁点的な値を提唱しているとの指摘もある。

■アダプティブ理論
アダプティブ理論では嗜好を適切な指標として考えている。その為、従来の快適規格とは反対のことを述べている面を持ち、快適さに関して新しい言及を行っている。

## 敷地

敷地は、東京都多摩市山王下に位置する北緯35度37分36.6秒、東経139度25分20.5秒の場所とする。
【敷地情報】面積：6,575.20㎡、年間平均気温：15.2℃、最低値：4.5℃（1月）最高値：26.3℃（8月）、年間平均降雨量：1659.0mm、風向：年間通して北からの風が多い。

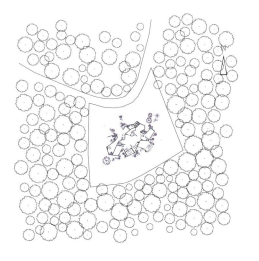

# - 知覚と快適さ - 設計コンテンツ・パタン集

## 1 快適とは
快適な建築空間をつくるために考えるべき要素を5つまとめた。これらを、互いに最も力を発揮出来る形で取り入れていく必要がある。

1_01 私たちが感じる快適さ

1_02 建築の呼吸を作り出す　　1_03 パッシブシステムとアクティブシステム

1_04 人の持つ適応力　　1_05 人の活動

## 2 人の熱的適応力
人にはそれぞれ熱に適応していくことのできる力が備わっている。その力に注目すると建築はもう少し幅をもって快適さにアプローチすることが出来そうである。

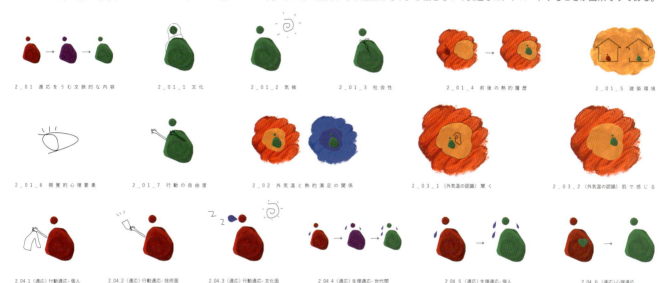

2_01 適応をうむ文脈的な内容　2_01_1 文化　2_01_2 気候　2_01_3 社会性　2_01_4 前後の熱的履歴　2_01_5 建築環境

2_01_6 視覚的心理要素　2_01_7 行動の自由度　2_02 外気温と熱的満足の関係　2_03_1（外気温の認識）聞く　2_03_2（外気温の認識）肌で感じる

2_04_1（適応）行動適応-個人　2_04_2（適応）行動適応-技術面　2_04_3（適応）行動適応-文化面　2_04_4（適応）生理適応-世代間　2_04_5（適応）生理適応-個人　2_04_6（適応）心理適応

## 3 個人による差
個人による差をいかに尊重していけるか。

3_01 行動的適応の差　　3_02 生理的適応の差

## 4 自然の力
自然エネルギーを活用するとなぜよいのか。エクセルギーの理論を深めるなかで、自然エネルギーを利用していくことの有効性を示す根拠が見えてきた。

4_01 エクセルギー　4_02_1（太陽の力）光　4_02_2（太陽の力）熱　4_03_1（風の力）涼しさ　4_03_2 風の流れを作る　4_04 放射

## 5 ムラを生む
均一さを求める中でムラは排除されることが多いが、ムラがあることは快適さには必要な要素であることが、快適さについて考えるなかで導きだされてきた。

5_01_1（熱のムラ）暖かい場所-夏　5_01_2（熱のムラ）暖かい場所-冬　5_01_3（熱のムラ）涼しい場所-夏　5_01_4（熱のムラ）涼しい場所-冬　5_02 光のムラ

5_03 活動量のムラ　5_04 ムラとプログラム

## 設計概要

「人の持つ適応力」から、外部 / 内部のような外部 / 外部のような内部 / 内部などの多様な空間が、層のように重なり合う形が理想的だと考えた。

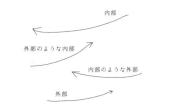

コンテンツパターン 2_01 にある、「適応をうむ文脈的な内容」を建築の中に生み出し、そこに敷地の風の流れを重ねた。さらに、視覚的満足度や採光・通風の面から、中庭空間を配置し設計提案を行った。

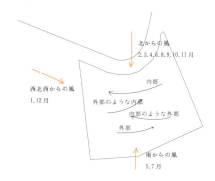

## 空調計画

常に作業を行う執務室には空調機器を設置し、たまに利用する資料室やキッチンには設置しない。内壁を天井高よりも低く設けることで、執務室との間に空気の流れを作り、資料室やキッチンもほんのり暖かい／涼しい、でも室温としては外気よりの、外部のような内部空間とする。

## 多くの開口部の理由

3_01　　3_02　　　4_02_1　4_02_2　4_03_1　4_03_2

■壁（☐）

視覚的満足度をみたす開放的な空間を作りながらも、仕事場として円滑に機能するように、このように壁を設け、空間を仕切る。

■段差

活動を知覚し、生理的適応をうむきっかけとして段差を設けた。トイレに行く、資料室に行くなどの行動が活動の機会になると同時に、前後の熱的変化を感じる機会を生む。

## 設計提案

■1階平面図

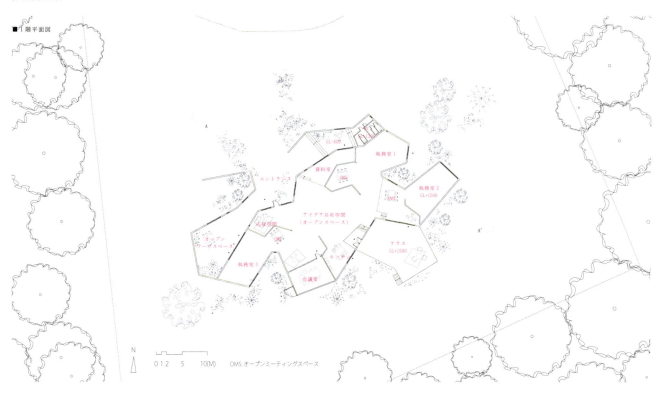

■半地下階平面図

■屋根伏図

■A-A' 断面図

■A-A' 断面図

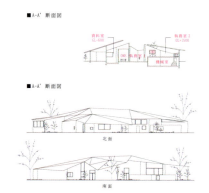

## コンテンツがつくる建築空間

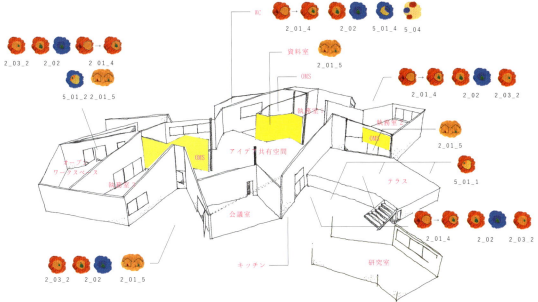

■屋根
　木構造で屋根をかける。光を中庭に取り入れるよう高さを調節しながら、南面には庇を設け夏の強い日差しが差し込まないよう工夫した。

## 多様な場

オープンワークスペース（内部のような外部）：外気が入る屋外空間でありながら、屋根や窓によって室内のように感じられる空間。気分を変えてミーティングを行いたい時や、外部での作業に活用出来る。

アイデア共有空間（外部のような内部）：穏やかな光が室内に入り込む共有空間。

執務室1（内部）：それぞれの窓には、中庭や他の部屋の景色など、風景が重なっていく。

執務室2（内部）：段差を登った場所に位置する執務室2。多方向に風が抜け、季節や時間によって自分たちの心地よさを見つけることが出来る。

会議室（内部）：プライベート性の高い仕切られた空間でありながら、光や風の抜け、そして中庭や執務室3の風景が重なる窓からの景色によって開放感があり、外部を感じることの出来る空間。

オープンミーティングスペース（内部）：各執務室に1つずつオープンミーティングスペースを設ける。共有部や他の執務室から多様に見え隠れし、オフィス内を歩くだけでひらめきのきっかけや、知識の共有を得ることが出来る。

資料室（外部のような内部）：資料室は屋外のような室内空間。資料探しが、運動とリフレッシュの機会になる。ドアを出て、半屋外部分で資料を閲覧することも出来る。アイデア共有空間と段差を介して仕切られている。

研究室（内部）：研究業務も行うオフィスを想定しているため、研究室を独立した空間として設けた。半地下にすることで、光や熱のコントロールがしやすい空間。

# 接地階のあり方からみる街に開かれた集合住宅の提案

## 塩澤 瑠璃子
Ruriko Shiozawa

日本女子大学大学院
家政学研究科
住居学専攻
篠原聡子研究室

近年、住環境において地縁に基づく人間関係の希薄化が問題視されており、コミュニティとプライバシーにおける時間的・空間的調和をどう建築的に捉えるのか、集合住宅の設計において昨今の課題の一つとなっている。このような課題を踏まえ、今後も増加傾向にある集合住宅において、建築的な試みにより、地域と繋がる提案が求められていると考えられる。そこで近年増加傾向にある接地階を街に開いた集合住宅を対象に、図面調査、大家と居住者へのヒアリング調査から、接地階を街に開くための条件と空間構成、空間要素を導き出し、集合住宅の提案に繋げる。敷地は所々に農地が残る東京都世田谷区北烏山9丁目とする。コンセプトは、コミュニケーションツールとしての農を介した、接地階を街に開く集合住宅である。調査で導いた空間要素を接地階に取り込み、屋上は世田谷で生産される野菜の栽培方法から6種類の屋根の架構を決定する。本計画では、運営体制と接地階の空間構成というソフト・ハード両面から接地階の開き方を提案する。接地階を街に開くことで、居住者同士の縦の繋がりと、大家、地域住民との横の繋がりが生まれる集合住宅となることを期待する。

## 分析_空間構成

図面調査から接地階の空間構成が3つの型に分類できる。

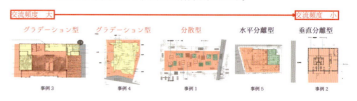

ヒアリング調査×図面調査より、交流の頻度をまとめる。

## 分析_接地階を街に開くための条件

大家と建築家の共同運営：建築家が大家・居住者・地域住民を繋げる仕組みを作る。物理的な維持にも柔軟に対応可能。
大家と居住者：居住者と大家が定期的に交流する機会を設けることで、情報を共有し助け合う関係を構築する。
大家と地域：定期的なイベントの開催。生業をする人が集住内にいることで、地域住民から働きかけが起こり、地域の寄合所となる。
接地階の空間構成：グラデーション型と分散型が交流を活発にする上で重要である。

## 分析_接地階における空間要素

調査事例より、接地階における空間要素を抽出する。開かれた空間と閉じた空間を混在させ設計提案に繋げる。

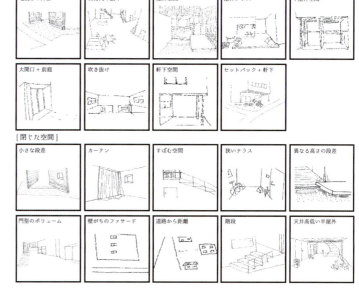

## 敷地概要

敷地は、東京都世田谷区北烏山9丁目とする。江戸時代〜：農村として発達。大正4年：京王線開通＋宅地開発による人口増加。現在：相続等の関係から農地売却→大規模集合住宅建設ラッシュ。

## コンセプト

接地階×コミュニケーションツールとしての農

## プログラム

居住者：夫婦、単身者
1. 設計事務所：大家と共同運営。プロパティマネジメント担当。
2. 大家宅：集住内の運営管理担当。
3. 食堂：世田谷そだちの野菜を使用。地元の農家が交代で店番。
4. イベントスペース：教室やWSとして地域住民も自由に利用可能。
5. 託児所：0-6歳児の受け入れ。
6. 屋上畑：居住者と大家がシェアして利用。自給率87％
7. 住戸：23戸（内メゾネット型SOHOが9戸）

## 屋根の架構

[屋根の架構の型] 栽培方法の特徴から6つの型に分類する。

 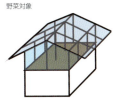 

01.通常型
一般的な野菜対象

02.囲い型（通気性あり）
寒冷紗、防虫ネットを必要とする野菜対象

03.支柱型
支柱を必要とする野菜対象

04.屋根型
雨除けを必要とする野菜対象

05.深層型
土の深さが60cm以上の野菜対象

06.小屋型
個室として使用

## 野菜の割り振り

連作障害、後作に考慮し配置する。季節によって現れる野菜が異なるため、ファサードも少しずつ変化する。

春　夏　秋　冬

## 配置計画

**現状**

農地面積：1422㎡
隣接する農家が農地を運営している。

敷地と団地で挟まれた道路は比較的車や人の往来が多く、南がパブリックで北に行くにつれてプライベート性が増す敷地である。

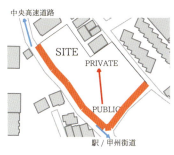

**南北方向に整列**

畑の畝が南北方向に伸ばす方が効果的であることと、住戸の日当たりを重視し、メインボリュームを南北方向に平行に配置する。東西方向の壁は壁がちとする。

**東西方向にボリュームを伸ばす**

南北方向だけでなく東西方向にもボリュームを伸ばす。東西南北に抜けができ、メインボリュームに変化が生まれる。

**機能ごとにボリューム＋ヴォイド**

配置する機能ごとにボリュームのサイズを検討し、大きさの異なるヴォイドを設ける。2階のボリュームもずらすことで、様々な居場所をつくる。

## 接地階の空間構成

グラデーション型と分散型を採用し、接地階を構成する。

## 接地階の要素配置

接地階における空間要素の配置位置を示す。

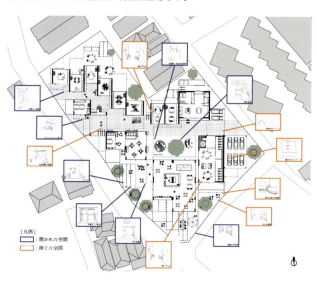

## 配置図兼1階平面図

## 2階平面図

23戸の住戸は、2つのエントランスからアプローチできる。
玄関までの動線は回遊性を持たせ、外廊下の幅を変化させることで、
あふれ出しを誘発する。
幅の広い廊下の下は庭となり接地階の空間構成にも影響を与える。

## 屋上階平面図

一般的に流通するビニールハウスの間口の規格を用いる。
[ 使用する間口の大きさ ]
3.0m（10尺）、4.5m（15尺）、5.4m（20尺）、6.0m（20尺）、7.2m（24尺）

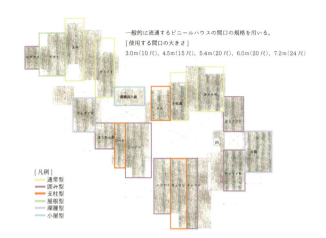

[凡例]
通常型
囲み型
支柱型
屋根型
深層型
小屋型

## A-A'断面図

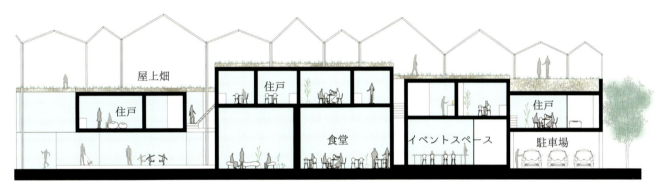

## B-B'断面図

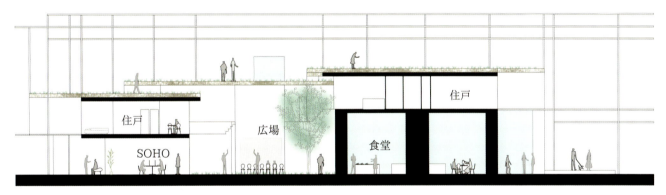

## 東側立面図

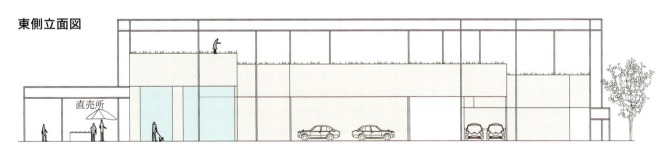

活気を生む生業

住民同士のコミュニケーションの場

風の通り道

# 災害後に避難所から仮設住宅に変化する公共施設
― 非日常時の機能を主体とした設計の提案 ―

## 梅原 睦実
Mutsumi Umehara

文化学園大学大学院
生活環境学研究科
生活環境学専攻
久木章江研究室

## コンセプト

　本提案は世田谷区代田にある梅丘図書館及び羽根木公園に、災害時の避難所と仮設住宅の機能をあらかじめ組み込んだものである。普段は区立図書館及び公園として地域住民に親しまれるが、災害が発生すると施設全体が収容避難所及び広域避難場所（一時集合所）として変化し、その後仮設住宅としての利用に移行する。

## 研究フロー・設計手法

1. 過去の震災で避難所として使用された施設の調査
  ①小中学校等の教育施設は避難所との共存が難しいため、長期の避難生活には適さない。
  ②公園や広場は日常業務の回復が問題とならないが、温熱環境が整っていないという点などの問題がある。

  A. 日常業務の停止が比較的問題とならない文化施設内に避難所の機能を組み込んではどうか？

2. 過去の震災で発生した避難所の問題と要求の調査
  ①発災直後はライフラインやスペース、食料や物資、体調面の問題など、様々な問題が発生する。
  ②発災から1週間ほど経つと、プライバシーに関する要求やセキュリティの問題などが目立つようになる。

  A. 日々変化する外的環境や避難所内における問題に対応するべく、可変的な施設を提案する。

3. 可変的施設の変化の段階の決定と設計・運営方針の検討
  ①環境の変化を考慮し、発災から3日間を「第1段階」、4日目〜1週間後を「第2段階」、1週間後〜1ヶ月後を「第3段階」、1ヶ月後〜2年後を「第4段階」と設定した。
  ②それぞれの段階ごとの設計条件と施設の運営方針を検討した。

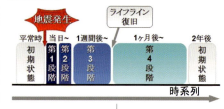

4. 提案敷地の決定、敷地条件・周辺環境調査
  ①対象敷地及び提案のベースを世田谷区代田にある「羽根木公園」及び「梅丘図書館」に決定した。
  ②避難者受入対象エリア内の被害想定を行った。
  ③周辺環境の調査を行った。

  A. 対象エリア内にある3カ所の指定避難所のうち、2カ所の避難所で想定避難所生活者数が収容能力を上回っていることが明らかになった。

5. 避難所と仮設住宅の機能をもつ公共施設の提案を行う

　避難所と仮設住宅の機能が組み込まれた公共施設を設計・提案した。災害が発生すると、避難所が開設され避難者が収容される。しかし避難生活の長期化に伴い、避難所や待機所を転々とさせられる場合が多くある。この問題の背景には、スペースの狭隘化による避難所の移動や、施設の日常業務回復に伴う解消と集約、仮設住宅の敷地確保の難航等がある。しかしこのような災害後の環境の変化は、時として被災者間に生まれた繋がりやコミュニティを破壊し、引きこもりや孤独死を引き起こす原因ともなる。

　これらの問題を解決するために、日常業務の停止が比較的問題とならない文化施設内に、あらかじめ避難所の機能を組み込むことで、長期の避難生活に対応できる施設を提案できないかと考えた。そこで既存の図書館及び公園をベースとし、避難所と仮設住宅の機能があらかじめ組み込まれた公共施設を設計した。この施設は災害が発生すると速やかに避難所に変化し、その後は仮設住宅としての利用へと転換、復興後に再び平常時の利用形態へと戻る。また災害発生後の環境の変化に対応するために、過去の震災で発生した避難所の問題を既往文献から抽出し、時系列ごとに整理・分析した。その後これらの問題や環境の変化に対応するべく、本提案施設を災害後に4段階に分けて変化する可変的施設とし、各段階における施設の運営方針や、優先して解決すべき問題等を検討した。

## 提案敷地

本提案の避難対象エリアは、羽根木公園の広域避難場所としての避難対象エリアを参酌し決定した。本提案施設の避難者受入人数を検討するにあたり、エリア内にある3つの既存避難所の避難者溢れ率を計算し、必要な収容能力を検討した。結果、本提案施設では発災直後に1,500人の避難者を収容することとした。

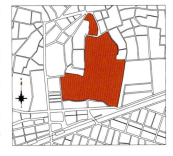

### 1.対象エリアの決定・条件の整理

①避難者受入対象エリア：代田3,4丁目、梅丘1丁目、松原5,6丁目
②対象エリア内の人口：22,223人
③既存指定避難所数：3カ所（代田小学校、松原小学校、梅丘中学校）

### 2.対象エリア内の想定避難者数の算定

①想定避難者数：6,000人
②想定避難所生活者数：4,000人
（世田谷区内において発生する避難者の割合を人口の18％、避難所生活者の割合を人口の27％として計算）

### 3.対象エリア内の既存指定避難所における避難者の溢れ率を計算

| ①代田小学校避難所 | ②松原小学校避難所 | ③梅丘中学校避難所 |
|---|---|---|
| 溢れ率：197％ ※ | 溢れ率：179％ | 溢れ率：120％ |
| （131％） | （119％） | （80％） |

※上段は避難者数、下段は避難所生活者数

### 4.本提案施設における避難者及び避難所生活者の収容人数を検討

①本提案施設の収容避難者数：1,500人（想定数の4分の1）
②本提案施設の収容避難所生活者数：1,000人（総定数の4分の1）
＝対象エリア内における避難所の狭隘化が軽減されると予想

## 可変性を実現する仕組み

本提案施設では可変性を実現する仕組みとして、仮設住宅建設用の建材（パーツ）を用いた空間の提案を行う。災害が発生した際、スムーズ且つ柔軟に空間を変化させる必要がある。そのため仮設空間建設に必要なパーツを規格化し、素人でも施工が可能となるよう設計した。また規格化されたパーツは様々な形に組み替える事が可能であり、平常時からベンチや装飾として図書館内で活用できる。

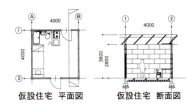

仮設住宅 平面図　　仮設住宅 断面図

1. マットを敷く

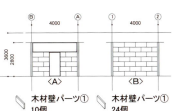

〈A〉　　〈B〉

木材壁パーツ① 10個　木材壁パーツ① 24個
木材壁パーツ② 10個　木材壁パーツ② 6個

2. 4m間隔で柱を設置

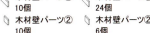

3. 壁を建設

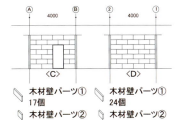

〈C〉　　〈D〉

木材壁パーツ① 17個　木材壁パーツ① 24個
木材壁パーツ② 12個　木材壁パーツ② 6個

4. 完成

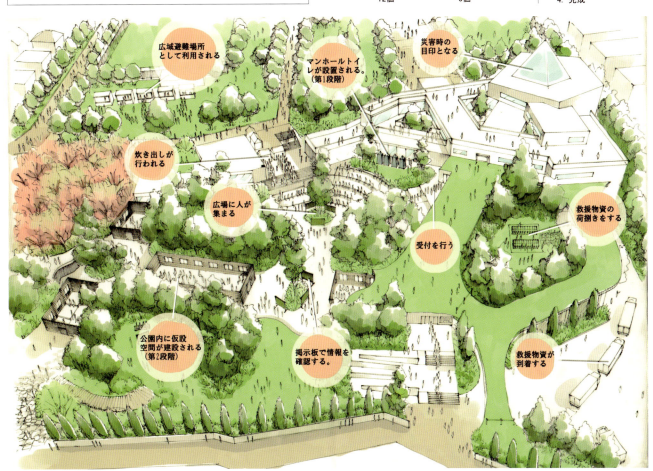

## 災害後の施設の変化

### 第1段階
（発災当日〜3日間）

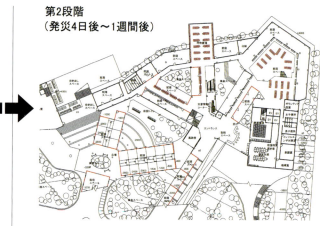

| 収容人数： | 1,500人 |
|---|---|
| 役割： | 収容避難所、広域避難場所、一時集合所 |
| 必要スペース： | 運営本部、受付、救護室、インフルエンザ対策室、炊き出しスペース、配給スペース、就寝スペース、集会スペース、荷捌きスペース、仮設トイレ |
| 解決する問題： | 物資の不足 |
| 保留とする問題： | スペースの不足、ライフラインの停止、体調の悪化、プライバシーの問題、セキュリティの低下 |

　第1段階では、図書館から避難所へと変化する。例えば図書館の事務室として使用されていたスペースは運営本部に、貸出・レファレンスカウンターとして使用されていたスペースは避難所の受付に変化するなど、各スペースが避難所としての仕様に転換する。書架は安全確認後、就寝スペースとして開放され、屋外広場は多くの避難者が身を寄せる空間となる。

第1段階　就寝スペース　平面図（一部）

### 第2段階
（発災4日後〜1週間後）

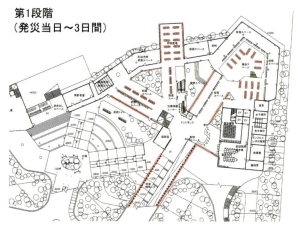

| 収容人数： | 1,000人 |
|---|---|
| 役割： | 収容避難所 |
| 必要スペース： | 運営本部、受付、救護室、インフルエンザ対策室、炊き出しスペース、配給スペース、就寝スペース、集会スペース、荷捌きスペース、仮設トイレ |
| 解決する問題： | 物資の不足、スペースの不足、体調の悪化 |
| 保留とする問題： | ライフラインの停止、プライバシーの問題、セキュリティの低下 |

　第2段階では、避難者に体を安らげる空間を提供することを目標としている。そのため公園内に仮設空間を建設し、就寝スペースを拡張する。また、仮設浴室を設置し、避難者が順番に入浴できるよう環境を整える。第1段階まではテントを被せるのみだった簡易的なマンホールトイレも、徐々に強固な仮設空間を建設し、プライバシーの守られた空間へと変化させる。

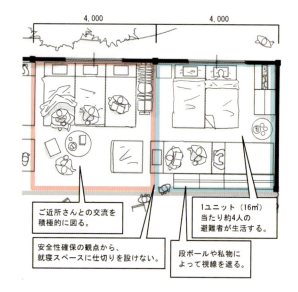

ご近所さんとの交流を積極的に図る。

安全性確保の観点から、就寝スペースに仕切りを設けない。

1ユニット（16㎡）当たり約4人の避難者が生活する。

段ボールや私物によって視線を遮る。

※仮設パーツ設置位置は赤色で示す

第3段階
（発災1週間後〜1ヶ月後）

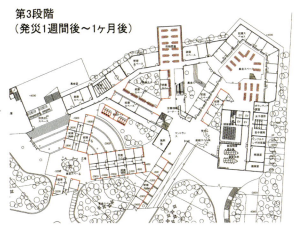

| 収容人数： | 670人 |
|---|---|
| 役割： | 収容避難所 |
| 必要スペース： | 運営本部、受付、救護室、インフルエンザ対策室、炊き出しスペース、配給スペース、就寝スペース、集会スペース、荷捌きスペース、仮設トイレ、ボランティア控室、浴室 |
| 解決する問題： | スペースの不足、体調の悪化、プライバシーの問題、セキュリティの低下、物資の不足、 |
| 保留とする問題： | ライフラインの停止 |

　第3段階には、余震が多少落ち着くと考えられる。そのため広域避難場所や一時集合所としての役割を解消し、避難所内で寝泊まりするメンバーを安定させる。避難者一人一人の占有空間を少し充実させ、プライバシーの確保された空間を提供する。

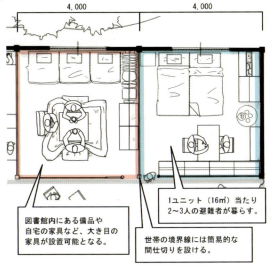

図書館内にある備品や自宅の家具など、大き目の家具が設置可能となる。

1ユニット（16㎡）当たり2〜3人の避難者が暮らす。

世帯の境界線には簡易的な間仕切りを設ける。

第4段階
（発災1ヶ月後〜2年後）

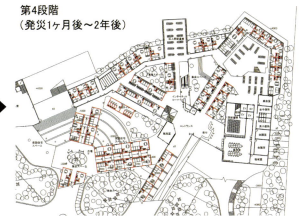

| 収容人数： | 500人 |
|---|---|
| 役割： | 仮設住宅 |
| 必要スペース： | 受付、住居スペース、集会室、集会スペース、インターネットコーナー、カフェコーナー、書架スペース |
| 解決する問題： | 物資の不足、スペースの不足、体調の悪化、ライフラインの停止、プライバシーの問題、セキュリティの低下 |
| 保留とする問題： | なし |

　第4段階では、これまで避難所として使用されていた施設が、仮設住宅としての利用へと転換する。第3段階までは簡易的な仕切りだった壁も、厚い壁へと変化し、プライバシーの守られた"個の空間"へと変化する。仮設住宅居住者の減少に伴い、徐々に共有スペースを充実させる。発災2年後には仮設住宅の利用を解消し、再び図書館及び公園としての利用に戻る。

1ユニット（16㎡）当たり2人の仮設住宅入居者が生活する。

プライバシーを守ることが可能な厚い壁が建設される。

ユニットバス、キッチン等の設備を設置する。

# 周縁のつむぎ
斜面林からはじめる郊外住宅地の再考

## 前波 可菜子
Kanako Maenami

法政大学大学院
デザイン工学研究科
建築学専攻
渡辺真理研究室

郊外住宅地の台地の周縁に残る斜面林沿いにつくる「高齢者のための家」の計画であり、「地域の人にとっての居場所」の計画である。そして同時に、機能によって明確にわかれてしまった家や道、農地等をつむいでゆく計画である。「高齢者のための家」の計画とは「高齢者のための居場所」の計画であり、ここでいう「家」は「生活する居場所」である。「地域の人にとっての居場所」も同様で、どちらも「家の拡張、もうひとつの家」といったイメージである。

敷地は千葉県市川市大野町。農村が宅地開発されベッドタウンとなった、ありふれた風景の広がる地域である。対象敷地は1kmほどの台地の周縁部に残る斜面林沿いで、台地の周縁部は農家や近年の新しい住宅地による、ミニ開発によって出来た細い道や、私有林によってその環境にむらがある。リサーチを重ねることで、地形や斜面林の性格を評価し、斜面林沿いの修復や環境保全と同時にプロジェクトを展開する。対象地域の接する畑や住宅は、今も増えている耕作放棄地や空き屋などによってストックで溢れてゆく。この斜面林沿いが新たなネットワークとして機能することで、接する場所を利用することが出来る上に、ここに残る生業や空き家を有効活用する手だてとなる。台地の周縁をつむぐという、郊外住宅地の更新のあり方の提案である。

## 谷津による町の構成要素

敷地は千葉県市川市大野町。東京都に隣接する市川市の北東部に位置する。大野町地区の人口は、12,486人で高齢化率は地区で22.2%。大野地区が30%以上と農地の割合と比例するように進んでいる。下総台地という、舌状の台地によって斜面林が帯状に街中に広がる。谷津は、都市計画にも反映しており、台地を農地、低地を住宅地という住み分けをしている。その中間の斜面に緑が残り、この地域の景観の一部となっている。かつて水田の広がっていた低地部分が現在は住宅地となっていて、西側台地（本設計対象地域）は、果樹園が残っている。

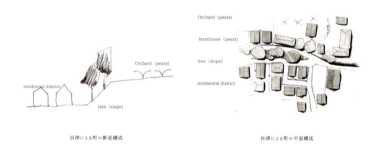

谷津による町の断面構成　　谷津による町の平面構成

## 「そと」に関するノート

大野町には町を構成する要素として傾斜地特有の町構造や、農村がベッドタウンとして開発されてきた歴史という2つが大きく挙げられる。この点を踏まえて、町から少しずつ取り出してきた構造を図示し、実際に街中を歩き観察を重ねることで、そこで起きている小さな出来事（家を拡張するように外部空間をとりいれている景色等）をスケッチや文章に書き留めた。

これらから、家の面する町の構造によって斜面林や造成によって出来た擁壁は所有がパブリックやプライベートといったスケールよりも大きく、それを見立てたり、そこにおこるサービスの交換によってテリトリーレスな場がうまれる可能性があることがわかった。

これは、その背後にある空間を「見立てる」ことで外部空間をうまくとりいれているといえるのではないだろうか。同時に、パブリックな空間を家具スケールで構成することによってそれらを誘発することが出来るのではないだろうか。

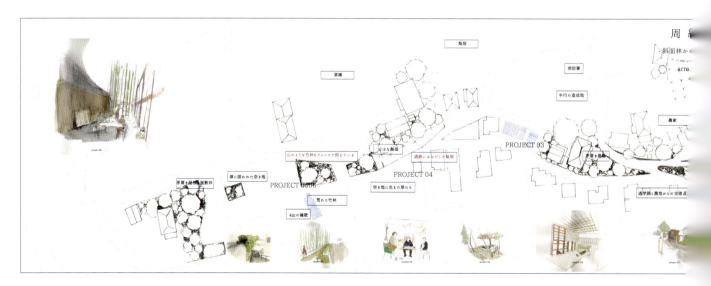

## MASTER PLAN

敷地は、台地を農地、低地を住宅地として利用されてきた町の構成から、その間にある斜面裏沿いとしている。対象とする斜面林は台地の周縁部は農家や近年の新しい住宅地による、ミニ開発によって出来た細い道や、私有林によってその環境にむらがある。

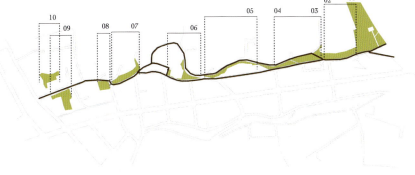

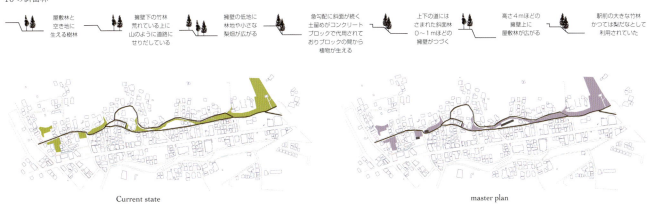

Current state　　　　　　　　　　　　　　　　　　　　master plan

対象地域に残る斜面林とミニ開発によって出来た小さな道を示した。緑地保全が行われている大野の他の斜面林と比べて途切れ途切れでありながら、屋敷林や残された竹林によって連続的な姿が見てとれる。

私有林が多く、手入れの行き届いていない林地の整備や、耕作放棄地や農地と接する対象地域の問題を解決しながら、斜面林沿いの小さな道に接する建築や土木的な擁壁や造成のあり方を少しずつ現在のあり方から変化させてゆくことで、斜面林の保全と同時にこの地域の人にとっての居場所となりうる道の提案をする。

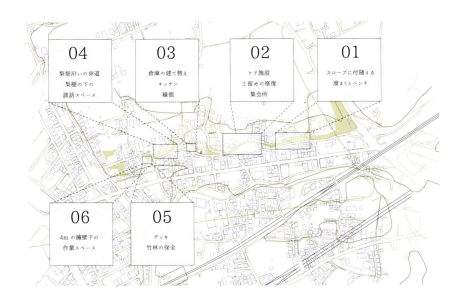

Relationship diagram

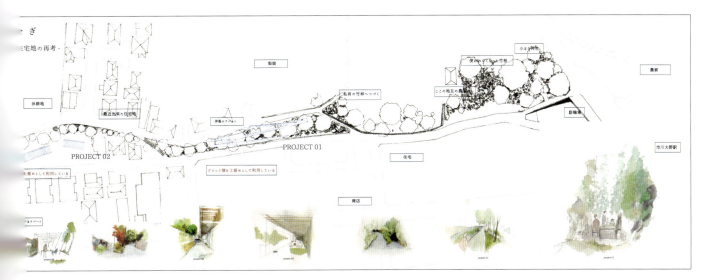

175

# PROJECT 01

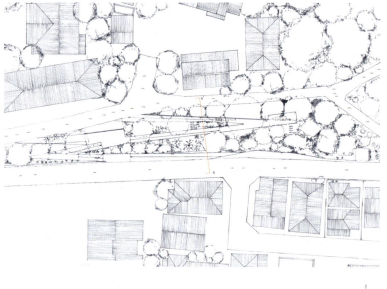

農家やミニ開発によってできた細い道と住宅地のある台地と住宅地、商店のある低地の間に残る斜面林沿いは急な坂や階段での昇降している。

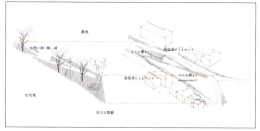

農家やミニ開発によってできた細い道と住宅地のある台地と住宅地、商店のある低地の間に残る斜面林沿いは急な坂や階段での昇降している。

# PROJECT 02

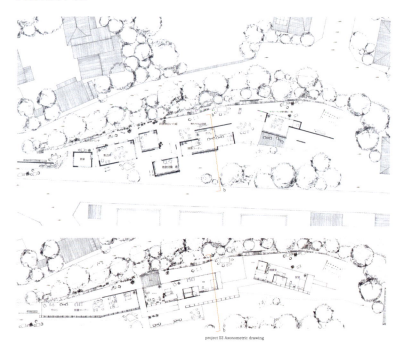

project 02 Axonometric drawing

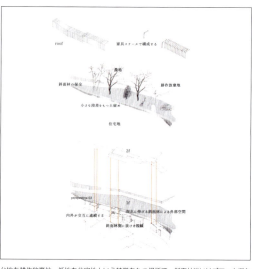

台地を耕作放棄地、低地を住宅地という特徴をもつ場所で、斜面林沿いはブロック塀を土留めにしている。
また、大柏小学校の通学路や迎米公民館につづく道との交差点に位置する。土留めとしていたブロック塀をつくりかえ、植木鉢などの溢れ出しを許容するような段差を設ける。斜面林沿いに南北に続く外部空間をつくるように建築を配置する。1fは斜面側に小さな抜けを多くもちつつ、室内外をゆるやかに連続するように計画し、2fは棚の連続する細長い空間に家具を配置することで、空間の大きさを操作を可能にした。

b-b' perspective

# PROJECT 03

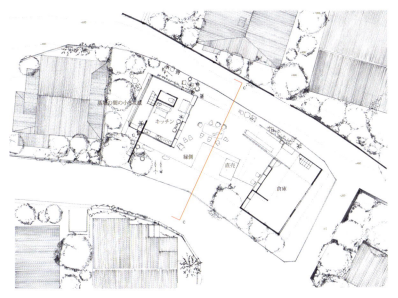
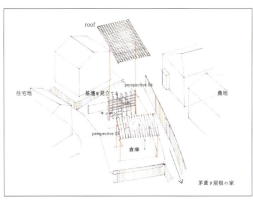

舗装のされていない細い道に接する取り残された街区にある倉庫は瓦礫で溢れている。また、隣接する住宅が造成や基壇によって敷地は取り囲まれている。背後にある基壇や塀を取り込むように見立て、家具スケールの躯体で構成したキッチンとおおらかな屋根、塀の配置によって庭や縁側、半屋外を計画する。農業ボランティアや緑地保全活動の集会所、サークル活動等で利用するキッチンとして活用する。

c-c' section

# PROJECT 04-06

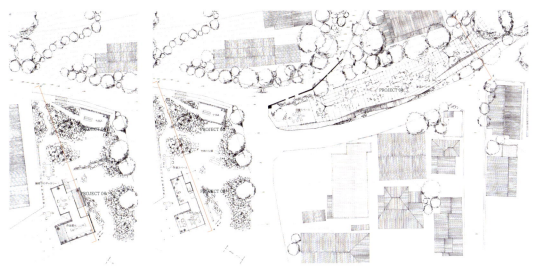

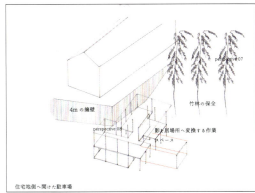
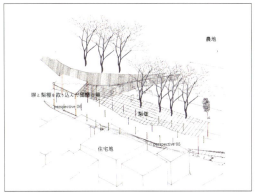

対象敷地の最南にある竹林は、かつて梨棚として利用されていたものの、現在その役目を終え荒れ、隣接する4mの擁壁が暗い影を落としている。道より盛り上がった土をフェンスで抑えており、人は立ち入ることが出来ない状態となっている。また、駐車場と隣あうこの竹林は、東西に抜けを持ち、住宅街からよく見える。フェンスを歩道とデッキに変え、4mの擁壁下にはケア施設のサテライトでもある作業スペースや展示の出来る場を設けた。影を居場所へと変換し、竹林を公園として利用出来るよう保全する。

台地と低地の間には小さな梨畑が連続している。また、端部に空き地があり、雑草が生い茂る。台地は農家及び梨畑が広がり、低地側は住宅や塾等が林立している。この道は細く歩道は無い。梨畑に沿うように歩道と小さなベンチを計画する。また空き地部分は背後にある塀に花壇等を飾れる穴を設けた。この塀を見立てるように、梨棚と連続した屋根をかける。農業ボランティアのレクチャー等を行う。また、塾帰りの子や散歩の休憩で少し話せるような談話スペースとした。

e-e' section

# 生きられる寺院空間の公共性に関する研究
― 無住寺の記憶を継承する祈りの寺宝美術館 ―

## 石原 智成
Tomonari Ishihara

前橋工科大学大学院
工学研究科
建築学専攻
石川恒夫研究室

　寺院は宗教施設であるが、それと同時に地域の拠点としてもかつては様々な人々に利用されてきた。しかし、近年では檀信徒が利用するに留まり、地域の拠点としての機能は失われつつある。現状、利用する人々がいなくなり、守り手である住職もいなくなった寺院はただ朽ちるのみである。本提案は、宗教施設としての役割しかもたなくなりつつある寺院の在り方に対して警鐘を鳴らすものである。設計にあたり、信仰はもちろん、寺院の歴史的価値にも目を向け、それらを守り、宗教に対する理解を深めることをテーマとした。それを踏まえ、境内の雰囲気は残しつつオープンな公園としての役割をもたせ、寺宝と歴史の展示により宗教に対する理解を促すことで、檀信徒以外でも利用できる施設とすることを考えた。境内では子供達が遊び、美術館では、寺院の歴史に関しての学びがあり、そして本堂や墓地では死者の供養が行われる。様々な人々がこの場で様々な活動を行い、お寺という場所が本来の役割を取り戻し、地域の人々の活動拠点として継承されていく。

　本提案を通して、衰退しつつある今後の寺院の施設機能の多目的化による再興の可能性を示すことができたと考える。

## 「利用実態」と「希望」の調査

　玉洞院（愛知県）の檀信徒に対し、現在の寺院の利用実態と今後の希望調査をアンケート形式で実施した。

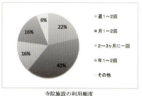

a. 利用実態の調査結果

b. 今後の利用希望の調査結果

## 「利用実態」と「希望」の分析

　利用実態と希望を整理し、利用方法の分類を行った。

利用方法の分類

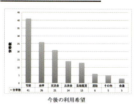

核としての宗教と付随する活動

　調査結果から、現在はお墓参りや法要などの宗教的な利用方法に偏っていることがわかった。また、今後の利用方法としては、坐禅や写経などの宗教に対する理解を深める活動とともに交流会や芸能鑑賞などマチの集会所的な利用方法に対する期待が高まっているようである。

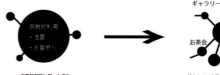

## 寺宝の調査

　寺宝保護の観点から敷地周辺寺院の寺宝調査を行った。敷地である玉洞院周辺の寺院12ヵ寺に仏像、仏画、工芸品、欄間など計33点があることがわかった。今後、これらの寺院が無住寺になったと仮定して各寺院の寺宝を展示物として集約する。

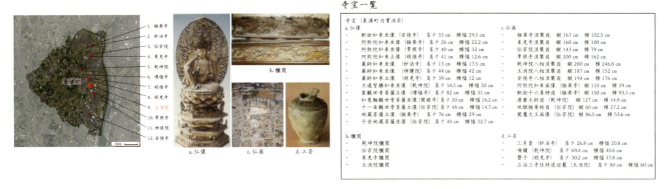

## 無住寺の記憶を継承する祈りの寺宝美術館

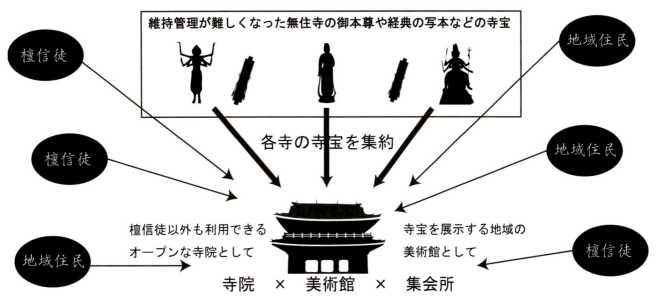

　今後の無住寺増加を見据え、数ヵ寺の統合と寺宝の保管を目的とした「寺宝美術館」の設計を行う。
　仏像や歴史資料などの管理及び展示を行い一般に広く開放するとともに、調査で得られたお寺に対する希望を基に、宗教活動を核として捉えつつも「マチ」の集会所や公園としての機能を付与した「マチ」に対してオープンな寺院のモデルを考える。
　提案にあたり、次に示す3つの考え方を軸に設計を行う。

### 1.宗教の「思想」と「境内の記憶」から構成要素を抽出すること
　宗教が伝えるべき「思想」と既存の境内から継承するべき要素を抽出し、設計提案として形にする。

### 2.宗教活動を核とした上で美術館や集会所、公園としての機能を付与すること
　宗教活動を守る本堂、庫裏を維持しつつ寺宝を守る美術館、地域の人々の集まる集会所と公園を併設し、それらを回廊で繋ぐことで、檀信徒の利用だけでなく地域住民に対してもオープンな寺院を目指す。

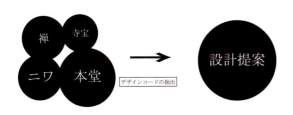

### 3.展示物からデザイン要素を抽出し展示空間及び展示方法を検討すること
　展示物は周辺の寺院から集めた寺宝であり、これらの展示物から展示空間を検討する。

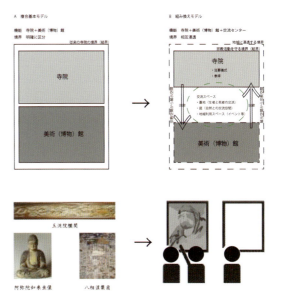

## 敷地

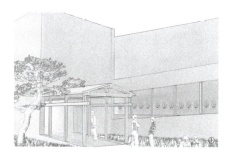

| 計画地：玉洞院敷地（曹洞宗寺院） |
| --- |
| 所在地：愛知県知多郡東浦町石浜 |
| |
| 敷地面積：4232.47 ㎡ |
| |
| 既存床面積 |
| 本堂：128.79 ㎡ |
| 開山堂：59.50 ㎡ |
| 庫裏：214.21 ㎡ |
| 書院：103.57 ㎡ |
| 土蔵：25.35 ㎡ |
| |
| 既存延床面積 |
| 531.42 ㎡ |

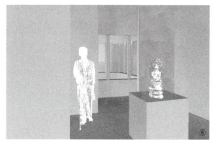

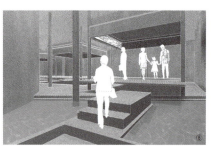

①美術館入口：敷地の南側道路に面した美術館入口の様子である。入口周りには前庭があり、奥に見えるスロープの開口から三十三観音がお出迎えをしてくれる　②地下回廊（ロビーから歴史展示）：ロビーと歴史展示室を繋ぐ回廊の様子である。美術館入口から見える三十三観音が安置されており、像の背と外の景色を見ながらスロープを進む　③歴史展示：展示物を集めた各寺院の歴史紹介パネルと工芸品の展示を行っている。南側の開口からの光が室内を照らす。木造の小屋組をあらわしにした空間になっている　④地下回廊（歴史展示～仏像展示）：歴史展示と仏像展示を繋ぐ地下回廊の様子。開口から地下庭園と休憩場を眺めることができる　⑤光受庭：光受庭から休憩所と地下回廊を見た様子である。光受庭から上を見ると境内の様子が窺える　⑥仏像展示：奥に採光のための仏光庭が見える仏像展示室の様子である。仏光庭から入る光が展示室内を柔らかく照らす　⑦仏像展示と仏光庭：仏像展示室内の回廊部分にある仏光庭の様子である。⑤の光庭とは異なり、こちらは眺めるための庭である　⑧欄間展示室：欄間展示室の水盤のある階段から展示室を見た様子である。欄間展示のための日本間があり、展示室でありながら休憩所としても機能する　⑨涅槃図展示室：最奥に集約した涅槃図の中で最も大きい乾坤院の八相涅槃図が配置され、入口から入ると正面にその姿を見ることができる　⑩慰霊の間：美術館内を巡り最後にたどり着く慰霊の間の様子である。正面には永代供養の慰霊院を据え、誰もが祈りを捧げる場となるように計画した　⑪山門から境内へ：美術館内を巡り、慰霊の間で祈りを捧げ、改めて境内へ入ると、正面には本堂が建っている。山門をくぐって最初に目にするこの景観は現況と変わらないように配置をした

## 平面計画

## 断面計画

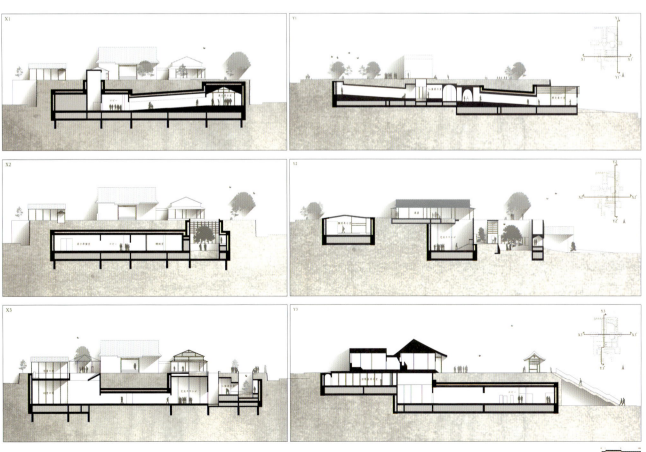

# 空間における闇の演出手法に関する提案
— ロラン・バルト『表徴の帝国』と谷崎潤一郎『陰翳礼讃』を通しての空間試行 —

佐藤 春花
Haruka Sato

前橋工科大学大学院
工学研究科
建築学専攻
松井淳研究室

日本の夜は明るすぎる、と文豪・谷崎潤一郎が『陰翳礼讃』で嘆いたのは1933年。彼は光と闇が綾なす陰翳の機微を無限の色彩と捉え、日本の文化は闇と光が作り出す陰翳のゆらめきにある、翳は単なる陰影ではなく、かげりうつろいであるとした。かげりうつろい、曖昧に変化し続ける、あるいは薄暗さに包まれた闇の空間は、照明技術の発展した明るすぎる現代では得られない、五感を使い空間の輪郭を手探りで獲得していくような身体感覚を私たちに与えてくれていたのではないかと考える。しかし、現代において闇というものは『陰翳礼讃』に描かれたものとは違ったかたちをとってあらわれ始めているという事が伺える。そのため、柱や梁、深い庇によって成立する、日本の伝統的な空間構成に固執せず、単なる暗闇ではない〈闇的体験〉を試行するアプローチとして、闇の空間を創り出す条件にあたる部分を、まずは言葉により規定することで、手法及びそれを用いた設計提案を行った。

本設計ではケーススタディーとして、こども園などの複合プログラムを選定し、闇体験を持つ空間が遊びを通して子供が得る感覚体験の背景として、それを支援するものとなるという考えのもと、建築的遊具という機能を持った、闇的体験の得られる空間の設計を行った。

[一] はじめに、磯崎氏が［空虚の空間］を論じるためのテキストとして用いたロラン・バルト［表徴の帝国］から空虚の定義となるものを言葉と図をつかったダイヤグラムのかたちで抽出する。

[二] 得られたダイヤグラムのそれぞれに対して、その状態をつくり出すような空間の再現を目標とした空間試行を行う。それによって［表徴の帝国］に見られる"空虚"の状態を、言葉と図、空間モデルの3つの形で取り出す。

[三] 得られたダイヤグラムと空間モデルに対して、『陰翳礼讃』に現れる闇との比較分析を行う。それにより空間試行で得られた闇の性質が今まであったものと同質のものかそうでないのかを明らかにする。

[四] さらにそれらが人の五感とどのように関わることができるかを検討した上でこれらの結果を具体的な敷地やプログラムに合わせて変形し、建築を設計する。

得られた二十のダイヤグラム［空虚の創出要因］と、それをもとに空間モデルを試行した結果を次に示す。陰翳礼讃に描かれる描写との比較を容易にするよう、視覚的、体験的という2つの視点からスタディを行った。また多角的な視点からの空間試行を行いたいと考えたため創出する空間モデルの数は限定しなかった。

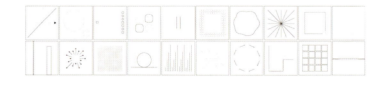

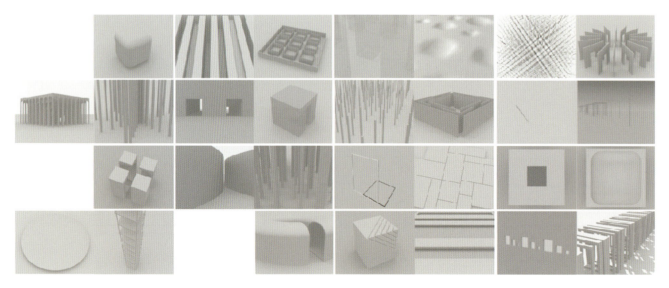

　本提案では先に得られた研究結果のケーススタディとして児童施設の提案を行う。

　敷地は群馬県前橋市。前橋こども公園の広瀬川を挟んだ南側を選定。前橋こども公園は、平日休日ともに、たくさんの利用者が訪れる公園。付属施設である児童文化センターは、例年約二十万人の利用がある。そこでは、近隣に住む小中高校生を集め、様々なクラブ活動が行われている。その中には自然遊びを通して子供たちに五感を使った体験を促すような活動もありますが、参加者は応募者の中から抽選で選ばれているため、機会を逃す子供たちも多くいる。
　そこでこの敷地に対して五感的、身体的体験を拡張する空間を持ったこどものための施設を提案する。

　平日はこども園として、また児童文化センターで行われるクラブ活動の幅を広げ、機会を増やすための施設として、周辺にある小中高校の児童館として機能する。
　それとともに公園の南側に利用者を引き込むよう、児童文化センターの減築を行う。休日にはこの施設を身体知を獲得するための建築的遊具として開放することで、前橋こども公園を一部拡張したような場所となる。

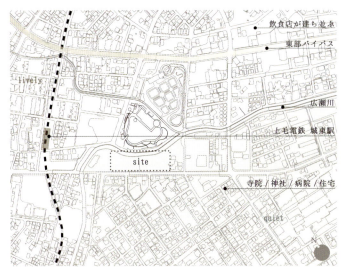

敷地の性質と建築の機能とを紐付け、両者が調和するようなゾーニングを行った後、そのそれぞれに対して必要なヴォリュームを与えた。さらに外部とヴォリュームの間で様々な関係の仕方をとることで、建築の全体を計画した。

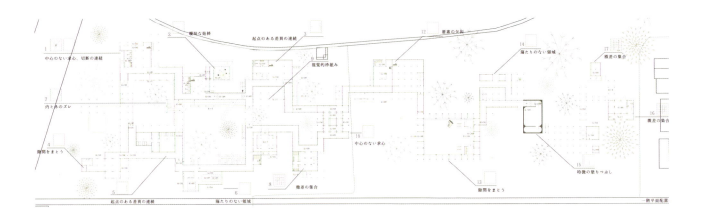

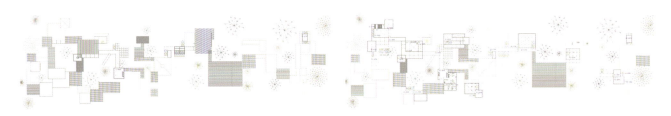

視覚的枠組み×広場

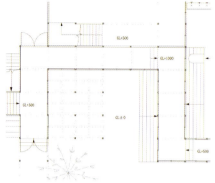

中心のない求心×教室

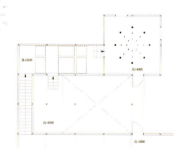

中心のない求心×昇降口

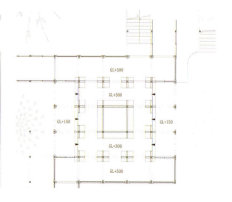

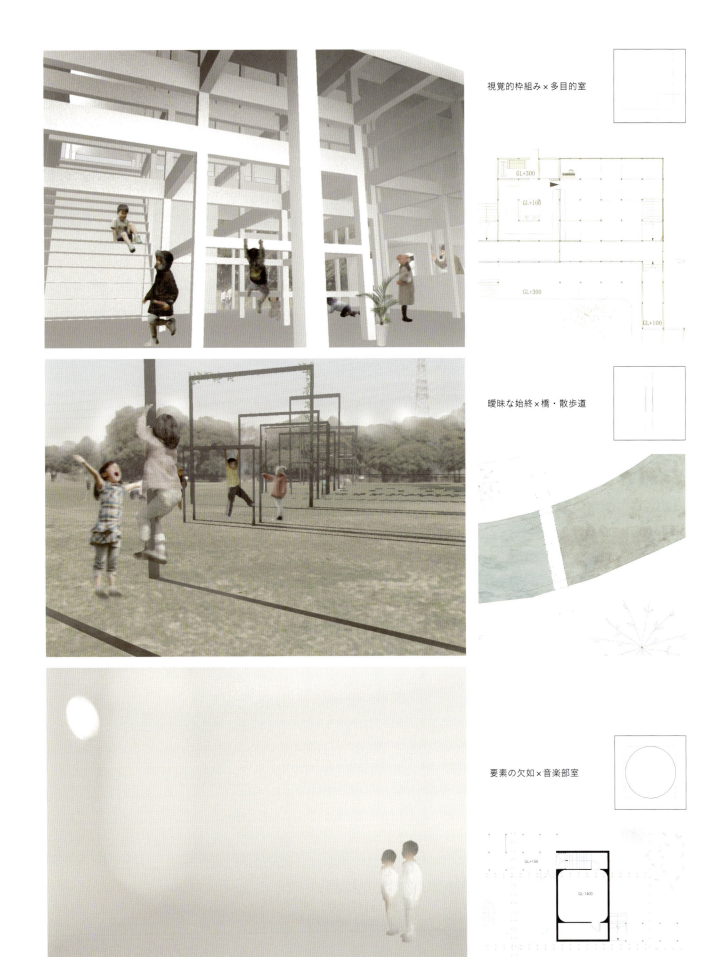

視覚的枠組み×多目的室

曖昧な始終×橋・散歩道

要素の欠如×音楽部室

　室内を明るく快適に保つための機械技術や装置の開発は今後も加速度的に発展していくであろうことが予想できる。また、2020年に東京オリンピックを控え、今後ますますのグローバル化が予想される。このような現代において、闇や陰翳の機微に対する美的感覚に限らず、自国に固有であるとされるものを継承していくこと、またそれらを時代背景やニーズを踏まえ、本質を残したまま柔軟に変形させていくことが求められると考える。本研究及び設計制作では、このような課題に対する提案の一例を示すことを行ったと考えている。

# 穴を綴る
― 生業と風土の関係性からまちを再考する ―

## 野口 友里恵
Yurie Noguchi

武蔵野美術大学大学院
造形研究科
デザイン専攻 建築コース
長谷川浩己スタジオ

愛知県・岐阜県の県境に多く点在する「採土場」。窯業の原料の粘土（陶土）を採掘することで生まれた。この巨大な人工穴に、穴と既存のまちとの関係性を再考するプロムナードを計画した。

この制作は、修士課程2年間における『生業と風土の関係性からまちを再考する研究』の最終成果物である。

土地固有の風土を利用することで生まれた生業は、日本に多く存在する。例えば焼物をつくる窯業は、良質な粘土が存在する場所で粘土をとり、焼物をつくることで誕生したように、固有の風土である粘土を用いて窯業という生業が生まれた例である。しかし、生業は土地に長い間根付きながらも、時代の変化や技術の発展等が起因して風土の力を必要としなくなり、現代では生業単体で成り立っているケースも多く見受けられる。そのような「生業」と生業を生み出す「風土」の2つの関係性の変化から、まちの今後のあり方についての考察を、窯業という生業を持つ愛知県・岐阜県を舞台に、修士制作で試みた。

愛知県と岐阜県の県境エリアで発展した窯業は、この地の良質な粘土を採掘することで原料を確保し成り立ってきた。しかし粘土の枯渇により、窯業は他の場所の粘土を使いながら残っていくことが予定されている。縄文時代から続いた採掘によってこの地に残ったのは、掘られる過程であちこちにできた巨大な人工穴＝採土場である。生業と風土の関係が切れ、この地には生業と生業の副産物として誕生した採土場という新たな固有の場所だけが残った。これからのこの地は、窯業と残されたこの穴とどう関わっていくのだろうか。採掘の役目を終えた穴は、埋め立てられて、宅地や緑地になる計画で、穴はまちから消失しようとしている。しかし、穴はこの地に根付き、掘られる過程で周囲の窯業建築や、まちの機能の配置をも決定付け、この地帯一帯の窯業を繁栄させてきた「遺構」でもある。そこで、穴をまちの新たなシンボル的存在として捉え直し、穴を残す。穴のまわりにプロムナードを付加して新たな動線を作り、かつて穴が作られる過程でまちの配置を作り発展させてきたように、穴から再び新たな流れを作り出す。新たなまちの流れや風景を生み出しながら、既存のまちの配置や機能と、提案する動線が共生していく。生業と風土の関係性からまちを再考した計画である。

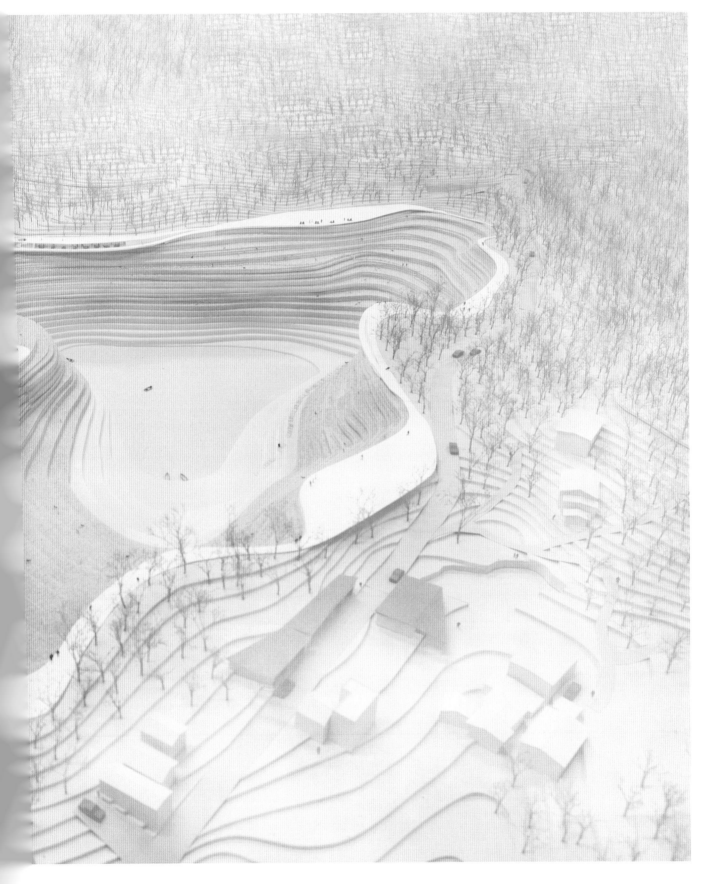

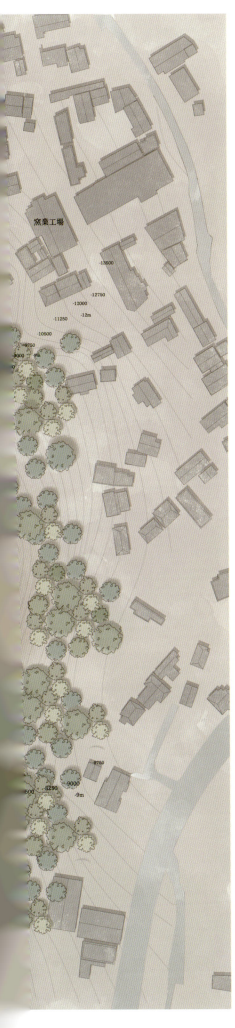

# changing house

**リュウ ジェシー**
Liu Jesse

武蔵野美術大学大学院
造形研究科
デザイン専攻 建築コース
高橋晶子スタジオ

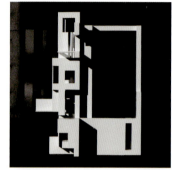

　ある空間を体験するとき、そこで受ける空間のイメージというものは、人の感情や行為によって常に変化する。それは、空間を構成する、ありとあらゆる要素においても同様である。

　空間には、柱や壁、扉など、様々な要素が存在するが、それら一つ一つは空間を構成するうえで重要な役割を果たしているにもかかわらず、空間を定義づけるために、その役割は規定され、私たちの意識の外に追いやられてしまう。空間を構成する要素を抽象化することで、それらを人に知覚させることのできる空間をつくり出す。

　普段、私たちが体験しているスケールを取り除き、非日常的なスケールを取り入れる。日常生活で意識の外にある要素と、それに伴う空間の認識を変形させ、複雑に配置することで、一つの物に対して二つ以上の意味を与える。

　私は、建築は抽象絵画のようだと考えている。抽象絵画は、現実世界に存在する物を表現するのではなく、形や色で、芸術家自身の主観的な世界を表現し、現実世界を超えようとする。

　建築においても、空間を構成するあらゆる要素のスケールや空間認識を変形させることによって、主観的に空間のイメージを捉えることが可能となるのではないだろうか。

　「形態は機能に従う」のではなく、「人は形態に従う」。そのような空間をつくり上げた。

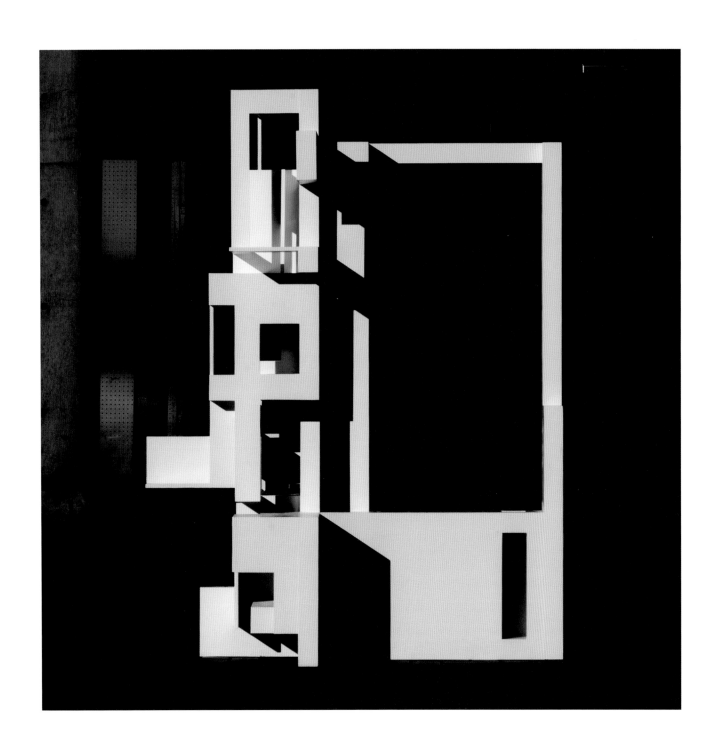

構成

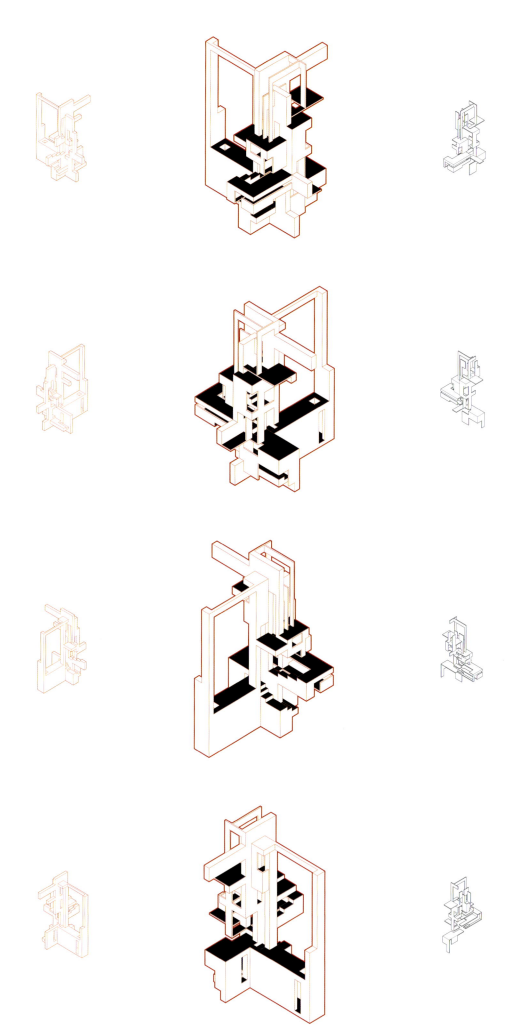

192

立面図

# Reincarnation in Retrogressive Architecture

陳 樂豐
Chan Lok Fung Alien

明治大学大学院
理工学研究科
国際プロフェッショナルコース
(I-AUD)

Architecture plays a very important role as a medium of storing both collective memory and cultural memory. However, the existing building life cycle is relatively short due to Decay. Some buildings may be brought back to life by renovation or adaptive reuse but the current reborn method has a major problem of causing a discontinuity of memory due to the fact that an unknown gap exists between the 2 life. The gap is sometime so long that all true memory to the original place already lost and hence the after-life building only bear the physical form but not the spirit.

## Theory

This thesis is to find out a new system of life cycle that use decay as the driving force. Decay is a process of constant Deconstruction. The only way to overcome is by addition process, which resulting in a constant transforming architecture. The new architecture carries a new life cycle that is theoretically infinite, and between each cycles, the gap is infinitely tending to zero so that every dead is also the beginning. The memory continues in the architecture.

## Site

Inujima is picked as the site for its rich contents of ruins and renovation projects. Making it as a perfect site for an experimental project that seeks for a new theory out of this two existing building life cycles. The island itself also faces a serious problem of depopulation that most of the houses are abandoned now. The objective of the new architecture is to test out the new theory and at the same time applying it in a urban scale so that the village can be reactivated.

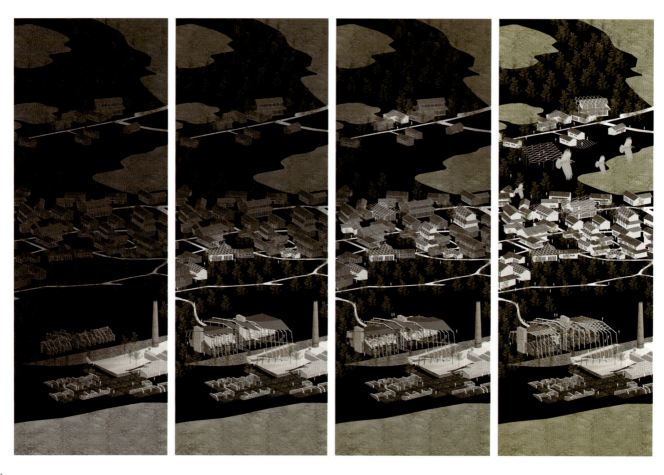

# Design

In order to bring back life to the island, new types of economy should be developed. At the moment, there is no economy happening on the island which results in the cause of depopulation. My proposal is to bring in art industrial economy to the island based on its industrial history and current contemporary art atmosphere.

The new architecture utilizes a reincarnation system that able the building to constantly transform. Three phases are proposed in this experimental project. Phase one is an integrated housing for artists that included living, working and exhibiting function in one building complex. Phase two is an art school that helps to train more talented people and gives the island economy, some art products to sell. The final phase is a historical museum that really held the spirit of the island and people. During each transformation, some parts are decayed and gone. But the functions do not disappear. These functions actually go to the village by applying a similar reincarnation system. So that the village regains its vitality gradually at the same time with the building transforming.

The theory consists of infinite phases but for the experimental project, only three phases are proposed. The future phases are to be designed by the users base on the framework given depends on the environment and situations at their time.

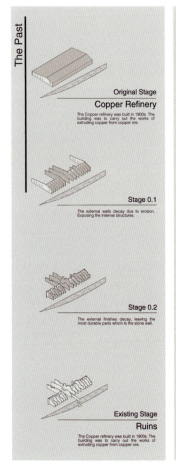
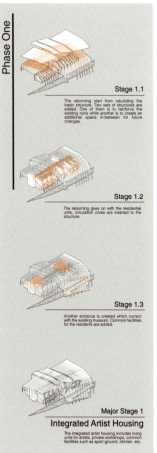
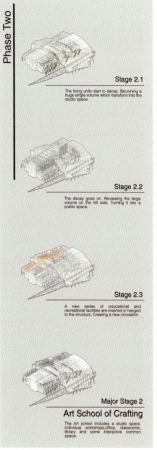

## Transformation Diagram

## Integrated Artist Housing

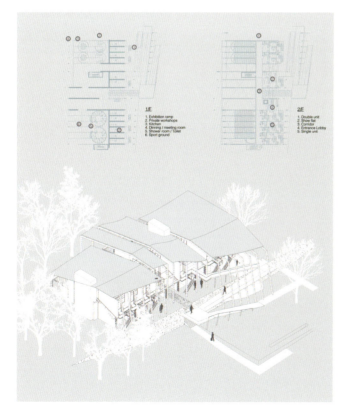

## Art School of crafting

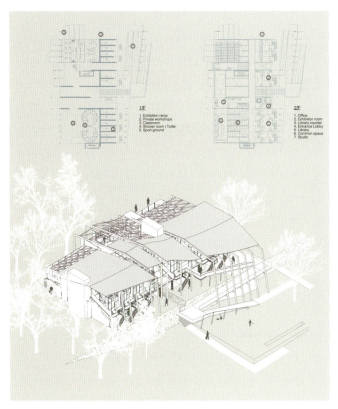

## Museum of Inujima

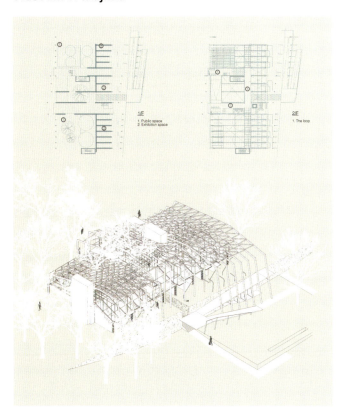

# 詩的言語の翻訳
― 統辞とコンテクストの相互作用による空間の詩学を目指して ―

## 平瀬 真一
Shinichi Hirase

明治大学大学院
理工学研究科
建築学専攻
建築計画・設計研究室

建築や音楽を形容する際しばし見受けられる'詩的'という言葉は、精神及び身体的な感覚を通して理解されるものの、その本性が一体何であるのかは明確に示すことは難しいと思われる。

詩の概念は文藝批評の分野において、言語構造のコード（統辞）とコンテクストの二項対立にみられる緊張や曖昧性から導き出されている。一方で建築の詩的要因の一つとしては、空間的継起にみられる物質的な構成要素の位置関係及び、それらの時間的継起に伴うリズムにあると思われる。このような建築の物質的な構成要素の配列規則は統辞と呼ばれている。

本設計は、自立した統辞とコンテクストの二項対立より導かれる詩の概念を建築空間に援用することで、建築空間における詩学の一旦を目指したものである。

そこで、モジュールによって構成された日本近代住宅の統辞をコンテクストと関連づけて抽出し、その構造を設計に転用することを試みた。

本設計の特徴は言語論を援用し、言語構造を空間に翻訳する設計方法を提示した点にある。この言語構造の空間への翻訳は、言語の句構造規則であるsvoなどの不規則生を持たない規則を、均一のグリッド空間に翻訳し、そのグリッド空間に、移動・反復・重ね合わせ・欠き取り・刳り貫き・挿入といった変形操作をコンテクストとの関係の中で適応させたものである。

## 建築の深層構造における句構造規則

本研究では、ヴィラ・マルコンテンタと、ヴィラ・ガルシュの統辞の類似を指摘したコーリン・ロウのエッセイ『理想的ヴィラの数学（1947）』を下敷きにすることで、グリッドが変形規則によって変形される様子の分析を行った。

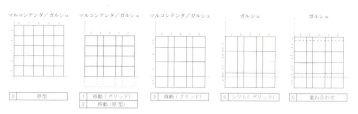

## 共通の構造の抽出

## 設計概要

本設計は、場所の持つコンテクストと建築にみられる統辞の関係から生じる緊張と曖昧性による空間の詩学を目指すものであるためケーススタディの形式を採用し、特徴のある敷地を三つ選定した。対象地は東京都渋谷区神宮前の三カ所である。

### 単身者とディンクスが暮らすノマド・アパートメントの提案

ここで提案するノマド・アパートメントは、ノマドを、暮らすというライフスタイルそのものに拡張した住まい方の提案である。対象となる子供を持たない単身者及びディンクスは、家を所有せず住む場所を自由に選択しながら、あらゆる都市の各所に点在するノマド・アパートメントに移り住む。このノマド・アパートメントには知的生産の場としての「ワークスタジオ」が付随し、戦前の近代住宅が公的なサロン空間と、私的な生活空間によって構成されていたのと同様に、公的なワークスタジオと、私的な住戸によって構成される。

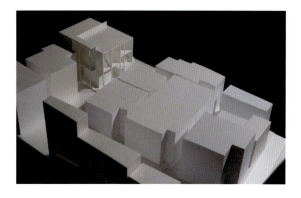

## casestudy-a 写真家のアパートメント

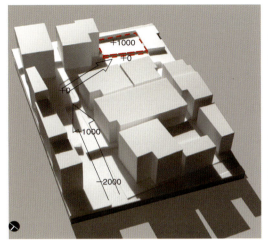

3. y軸方向において統辞によるリズムと地形による
リズムに差異が生じる。

4. 前のヴォリュームはアプローチの方向性の力を
受け、x軸方向に反復されることで、前後のヴォ
リュームの相違が表出される。

6. 統辞のリズムは中央部を強調するが、地形のリズ
ムはababの反復したリズムをもつ。

7. 異化されたヴォリュームの閾を貫通する力と貫通
しない力。
x軸方向の統辞はβααβαのリズムをもち中央部
と反復されたヴォリュームが同時に強調される。

8. アプローチ側のヴォリュームは地形を含めた同一
の比例の反復による静的な構成となることで、裏側
の空間と対立した関係となる。

| 1 | 2 | 3 |
|---|---|---|
| 4 | 5 | 6 |
| 7 | 8 | 9 |

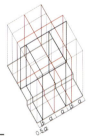

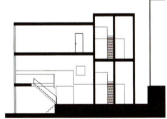

1　暗室
2　ギャラリー
3　住戸（6室）
4　作業スペース

# casestudy-b 物書きのアパートメント

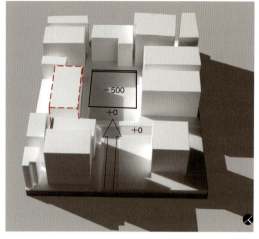

3. 南面のヴォリュームが欠き取られ採光を確保する。

4. 分離されたヴォリューム。共通する前後の統辞と道路からの強い軸線が両者を接続する。

6. abbaの中央を強調するリズムが前面から反復される。一方で分離されたヴォリュームの閾には共通するA(2a)の統辞がみられる。ここでは反復される統辞abbaとAAの統辞による相違と、三つのヴォリュームの相違が見られる。

7. 異化されたヴォリュームの閾を貫通する三つの面と貫通しない一つの面の力。貫通しない面によって、前方と後方のヴォリュームの統辞に差異が図られる。

8. 6でみられたy軸方向の統辞から移動することで、上部のヴォリュームがsolidなものとして知覚される。

9. 上部にみられるsolidなヴォリュームは延長され、ヴォリュームの閾となる面を貫通する。

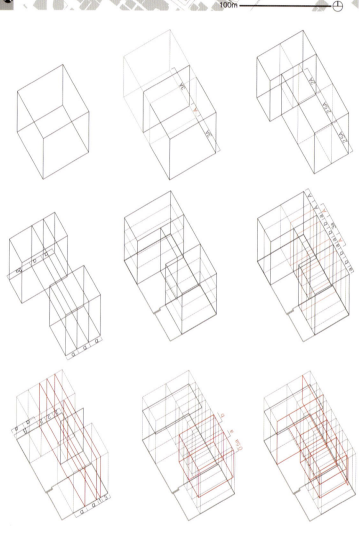

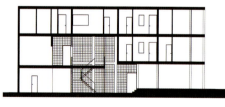

1　テナント
2　カフェ
3　住戸（6室）
4　ライブラリー

# casestudy-c 仕立て屋のアパートメント

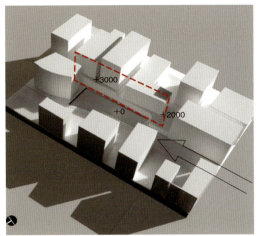

3. solidとvoidがヴォリューム単位で反復され、空間のシークエンス及び道路の景観にリズムが与えられる。このヴォイドによって内部に光を入れる。

4. 敷地の形状より統辞が移動しヴォリュームの分節が表出される。

6. 分節されたヴォリュームの閾を貫通する力と貫通しない力。

7. 閾を貫通する面の力は異化されたヴォリュームの面を移動させる。この貫通する面はx軸方向を二分する面となる。

8. 後方上部の道路側のヴォリュームは欠き取られ、前面のヴォリュームと面が揃うことで、solidな直方体のヴォリュームとして知覚される。

9. 直方体のヴォリュームは全体が前方に移動し、南中央のヴォリュームが欠き取られる。

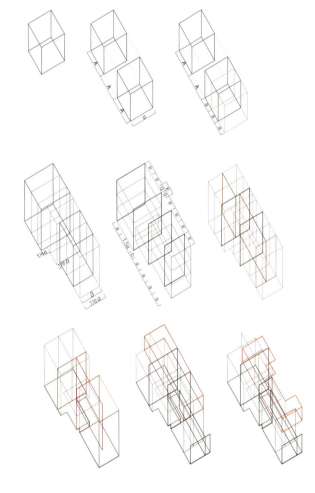

1 カフェ
2 ギャラリー
3 住戸（4室）
4 作業スペース

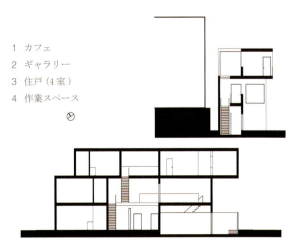

# Chapter 3

# 研究室紹介

Laboratory Feature

本設計展は、各大学院および各研究室における
情報交換や議論の場となることを目的の一つにしている。
本作品集においても、各研究室での活動やプロジェクトを紹介する。

研究室プロジェクト紹介

神奈川大学大学院
工学研究科　建築学専攻

# 曽我部研究室

**Member**　指導教員：曽我部昌史、吉岡寛之／学部4年生16名／修士1年生4名、2年生12名、留学生2名

**Master's Design Schedule**
1年：研究室の設計活動に参加、テーマ検討 → 2年：4月テーマ決定 → 10月中間発表 → 1月梗概提出 → 2月本論・図面提出 → 発表会

**Project**　「徳島県美波町プロジェクト」「大三島 さざなみ園 改修プロジェクト」「宮城県 気仙沼大島のみらいを考える会」

## 実務者4人で指導に当る

　曽我部研究室では、指導教員の曽我部昌史先生と吉岡寛之先生の他に、設計の実務も行っている2人の研究員、丸山美紀さんと長谷川明さんが加わり合計4人で学生の指導にあたっている。学生に実務を経験させ、社会に出て設計をするための下地を身につけさせることを指導方針にしており、そのため実務者4人体制にしているという。その方針のもと、現在研究室では3つの地区で実施プロジェクトを抱えている。

　3つのプロジェクトはどれも継続した案件で、敷地に通ううちに地域との関係が深くなっていく。2014年から関わっている徳島県美波町のプロジェクトは、ふるさと財団のまちなか再生支援事業に参加したことがきっかけで町との関わりを持つようになった。現在は行政や地域住民とともに地域再生を実現するために複数のアクションを行っている。

　2016年には、町内の赤松地区の小学校跡地に防災拠点施設を設計。住民とのワークショップは7回にものぼったが、意見交換をする中でこの施設が集会機能や歴史文化の展示機能を兼ね備えたものとして求められていることが判明。堅いイメージのある防災拠点施設を地域に開いた施設にするため、近隣の神社の屋根をモチーフにしたうねりのあるユニークな形態にしたり、内部に土間のオープンスペースを持たせるなどの工夫がなされた。基本設計・実施設計はもちろん、住民と共に施工にも携わった。

　また、日和佐地区にある谷家住宅の保存にも携わっている。谷家住宅は、その土塀の一部になまこ壁が残り、内壁にはサンゴの埋め込みが見られるなど、明治末まで営まれていた海運業の隆盛を偲ばせる。図面などの資料は何も残っていなかったため、専門家も加わり実測調査からスタート。仕上げた図面を元に、構造家から意見をもらいながら耐震補強計画も立てた。2016年度末には、作成した図面をもとに国の登録有形文化財となった。今後、詳細に改修案を練っていく予定だ。文化財としてのポテンシャルを保ちつつ、住民の意見を反映し、いかに地域に開いた施設として活用できる計画を作れるかが課題だという。

## 設計は専門性をもった総合職

　瀬戸内海に浮かぶ大三島、ここには今治市伊東豊雄建築ミュージアムがあり、そこを拠点に伊東豊雄氏がさまざまな活動を行っている。それに参加するかたちで研究室も複数のプロジェクトに関わってきた。

　2016年、宮浦地区の小規模作業所「さざなみ園」の会議室が、地域サロン「3373Cafe」として生まれ変わった。その改修に研究室の学生も参加した。この計画は、障がい者と地域が接することで障がいへの理解が深まればと2015年からスタート。間仕切り壁の撤去や家具製作など、学生たちはできる限りの施工を住民と共に行った。そして、この計画は内装だけにとどまらず、外部デッキ、中庭の整備にまで話が広がっていった。現在、それらの施工は全て終わっているが、さらにデッキの再塗装や日除けベンチの製作などを検討しているという。

　この他にも、瀬戸・宮浦地区のリサーチを行って空き家の耐震計画を立てたり、瀬戸内しまなみ街道沿いのサービスエリア施設の内装計画を行ったりと、活動範囲は幅広い。2017年は、古い石積み桟橋横の空き地を住民の休息場として再生するプロジェクトも手がけている。

　さらに研究室では東日本大震災の復興プロジェクトにも関わっている。震災の翌年から、神戸大学、信州大学、関西学院大学と連携して、月に一度「気仙沼大島のみらいを考える会」を開催していた。震災被害の調査報告や震災前の町並みを模型に起こして記憶を継承するためのワークショップ、気仙沼大島の魅力を「みえる化」して島内外に発信するアートイベントなど、会の活動は多岐に渡る。そして、そういった内容を「大島みらい新聞」にまとめて発行していた。現在でも不定期に大島へは訪問を重ね、目下、島の象徴とも言える亀山からの景色を観光資源として活かそうと活動を続けている。

　このような地方での活動について吉岡先生は、「設計は専門性をもった上で成り立つ総合職、地方に行って現地の人々と関わりながらプロジェクトを進める方法も学んで欲しい」と語る。どのプロジェクトを見てもわかるように、彼らの活動は調査や設計にとどまらず、住民を巻きこみ、住民との対話からさまざまな成果を生みだしている。単に建物を設計するだけでなく、住人や地域の人々の生活を豊かにする、真の建築家を育てているようだ。

※本記事は研究室の学生に取材の上作成しました。

1｜大三島「鈴木邸」旧薬舗耐震改修後の内観写真
2｜さざなみ園会議室を回収し、「3373cafe」として使われている様子
3｜瀬戸集落の「象の鼻休憩所」竣工写真
4｜美波町「赤松防災拠点施設」竣工写真
5｜美波町「赤松防災拠点施設」内観写真
6｜国登録文化財となった美波町の「谷家住宅」
7｜「気仙沼大島のみらいを考える会」で島民の方々と復興やまちづくりについて話し合いをする様子
8｜気仙沼大島で制作した「龍のプランター」
9｜気仙沼大島の竹を使って制作した「竹の休憩所」

## 研究室プロジェクト紹介

関東学院大学大学院
工学研究科　建築学専攻

# 粕谷淳司研究室

**Member**　指導教員：粕谷淳司／学部4年生13名／修士7名
**Master's Design Schedule**
（M1）研究室の設計活動等に参加、テーマ検討
（M2）4月テーマ決定、9月・12月　事前審査会、
　　　1月末〜2月初　最終試験（審査会）
**Project**　「GREEN HAT 2030（エネマネハウス2015）」「エコプロダクツ2015」「ARCHI PRIX 2016」

### なつかしいけれど新しい。暮らし方の提案を

　2014年、経済産業省の助成によって大学と民間企業の連携で始まったエネマネハウス。先進的な技術や新たな住まい方のプロモーションのために2030年のゼロエネルギー住宅、いわゆるZEH（ゼッチ）の提案を求めるプロジェクトである。開催2回目の2015年3月、粕谷淳司研究室は関東学院大学を代表する形でコンペに参加。数十校の応募案の中から、実施5校に選ばれ、9月には横浜みなとみらいの会場に、協賛企業の協力のもと実際に自分たちでモデルハウスを建設した。

　粕谷研究室の提案する「GREEN HAT 2030」は屋上に畑と創エネシステムの帽子＝HATをかぶった素朴な風貌の「新しい、庭付き一戸建て住宅」である。「ゼロエネ住宅というと、高価な最先端技術のオンパレードで先進設備の満漢全席みたいなものになりがちですが、それはちょっと違うなと思ったのです」と粕谷先生は当初の思いを振り返る。「ぼくたちは低予算であっても新しい発想があれば、高い効果が得られることを示したかった。そこでまず、太陽電池の扱いを変えました」。通常、太陽電池は屋根に据えれば、発電の用は満たすがそれ以外の役には立たない。GREEN HATでは太陽電池をルーバー状にし、日差しを適度に遮蔽しつつ風雨を通すパーゴラにすることで屋根面に対する遮熱効果を高めている。

　屋根に降った雨を貯め、晴れている時に太陽電池に噴霧して表面温度を下げる仕組みも導入した。あまり知られていないことだが、太陽電池は表面温度が上がり過ぎると発電効率が下がる。水をかけて気化熱が奪われれば、太陽電池の表面温度が下がり発電効率が上がる。また、下に落ちた水は畑の野菜のためにもなるのだから一石二鳥だ。屋上で育てた野菜を食べ、生ゴミはコンポストによって次の野菜のための肥料になる。粕谷先生はこの建物全体のサイクルを「小さな循環システム」と名付けている。

　室内では薪ストーブを効率的に活用している。そもそもなぜZEHが求められているのか？「それは$CO_2$が増加することによる地球温暖化から環境を保護するのが目的なわけです。薪は化石燃料と違い、燃やしても自身が光合成で蓄えていた以上の$CO_2$は排出しません。つまりカーボンオフセットの観点では、計画的な植林とセットであれば、薪を使うことは地球表面上の$CO_2$増加に繋がらないのです」と粕谷先生は燃料としての薪の有効性を解く。伝統的な漆喰塗りで仕上げた間仕切り壁が薪ストーブからの輻射熱を蓄え、緩やかな暖かさの続く室内空間はヒートショックを防ぐ。古くからの技術に着目し、住宅のそれぞれの部分が持つべき「新しい役割」を見直す、根源的な部分に立ち返る提案。住人が農作業をすることも含めて「GREEN HAT 2030」は、省エネなだけではなく、新しい中にもどこかなつかしさを感じられる、健康で快適な暮らし方の提案でもあるのだ。

### 実務的な制約にしばられない自由な発想を磨く時間

　2017年2月GREEN HATは海を超えた。2年に1回開催される世界中の建築学生たちが作品を競い合うARCHI PRIXに応募し、見事に選抜作品となったのだ。これを受け、当時修士1年の加藤芙沙子さんと学部4年の湯田直哉さんは今回の開催地、インド、アーメダバードへ渡り応募作品のプレゼンテーションと10名程度のチームに分かれて行うワークショップに参加した。「世界から集まる学生は優秀で、特にCGを立ち上げる技術は圧倒的です。だから逆にGREEN HATの写真がCGに見えたようで、プレゼン後に、あれは実際に施工したものなのか？　と何度もたずねられました」と加藤さんは環境の違いに驚きながらも大きな刺激を受けた。

　粕谷先生は自身が建築家として実務に携わっているからこそ学生には悪い意味でのプロフェッショナルに納まって欲しくないと願う。「経済的にも法規的にも厳しい余条件はつきものだけど、それは多くの場合アイディアや工夫で突破できるものなのです。実務に慣れてしまうと、実はできることをできないと思い込んでしまうことがある。学生

のうちは思い込みをできるだけはずして、自由な発想ができるようにするのが、大学における建築教育の一番の役割だと思っています」

　予算の壁や、タイトな工期、実務的な制約と直面しながらも建築の根源的な問題に立ち返り、自由な発想で作り上げたGREEN HAT。だからこそ、世界の学生たちによる代表的なプロジェクトとも肩を並べる機会が得られたのかもしれない。

1 ｜ みなとみらい会場に建設された「GREEN HAT 2030」
2 ｜ 「GREEN HAT 2030」の屋上には菜園がある
3 ｜ 「GREEN HAT2030」の屋根に取り付けられた太陽電池のパーゴラ
4 ｜ 「GREEN HAT2030」は学生の手で実際に建設された。のべ50人の学生が参加した
5 ｜ インド、アーメダバードのCEPT大学で開催された「ARCHI PRIX 2016」の様子

研究室プロジェクト紹介

関東学院大学大学院
工学研究科　建築学専攻

# 柳澤潤研究室

**Member**　指導教員：柳澤潤／学部4年生12名／修士1年生6名、2年生1名

**Master's Design Schedule**
1年：研究室の設計活動等に参加、テーマ討論
2年：4月　テーマ決定 → 9月・12月　事前審査会　→　1月末〜2月初旬　最終試験（審査会）

**Project**　「公共度の調査・研究」

## "公共度" という新しい指標を作る

柳澤潤研究室は、2017年で設立2年目を迎える新しい研究室だ。初年度は修士学生が1年生と2年生合わせて2人しかいなかったが、今年度は、研究室の活動の中心を担う修士1年生が6人所属している。

「今年は修士1年生を中心に本格的に研究活動に取り組んでいます。研究テーマは"公共度"です。私は東京工業大学でも公共空間や公共建築における建築と外部空間の関係性をテーマに研究を行ってきました。関東学院大学の研究室ではそれをもっと一般の人にも分かりやすい形で示そうと『公共度』の研究を始めました。建築や空間の公共性を測る指標は定まったものがこれまでありませんでしたが、それがあれば一般の人にとっても、この建築がこのような点で開かれたもので、公共性が高いんだと理解し、評価することができるようになる。ただし、それはこれまでにない指標になりますので、まずはその視点集めを行っているところです」

そう言いながら指導教員の柳澤先生が示したのが、5角形のチャート。5つの角にはそれぞれ「危険度」や「ファサード」といった言葉が付いている。

「野球で言うと、守備力や打撃力といったいくつかの指標にそれぞれ点数を付けてそのチームの実力を表したりしますが、それを『公共度』の表現に応用したのです。実際に対象となるテーマと敷地を決めて、そこに行って具体的にどういう指標で公共度が測れるかを4月からリサーチしています」

テーマは美術館というまさに公共建築といったものから、酒場や商店街など今まではあまり公共建築として見られてこなかったものまで全部で6つある。それを修士1年生6人に学部生が2人ずつ付いてグループとなり、そこに割り振ってリサーチを進めているという。指標となる言葉はテーマによりさまざまで、中にはユニークな言葉もある。例えば、寺社仏閣をテーマにしたグループでは、浅草浅草寺や鶴ヶ丘八幡宮を敷地としてリサーチし、そこには指標として「ふるまい」「利便性」という言葉が挙がっているが、それらの中に「ふと…」という言葉がある。

「神社の境内でよく、ふと立ち止まったり、ふと集まったりすることがあると思いますが、その時の"ふと"です。曖昧な言葉ですが、キーワードを選ぶ際に広く共有できる表現が指標としていいのではと思い選びました」と担当した修士1年の末原晶憲さん。

「今の"ふと"もそうですが、とにかく指標となる言葉の候補を、できるだけ多く集めることが大切だと思っています。そして、集めた指標を並べて全体を見て議論・検討していく。それが公共建築を再定義する、新しい作業につながります」と柳澤先生は話す。

## 設計と並行して研究を形にして発表する

公共度の研究は、指標といういわば評価のルールを自らの手で作る作業であり、学生たちは大きなやりがいをもって取り組んでいるようだ。ただし、その裏にはリサーチで得た膨大な情報と、試行錯誤の連続がある。学生たちは柳澤先生から、対象の写真の収集と図面化、そしてその土地の歴史といったコンテクストの事前調査を必ず行うよう課されている。その上で、敷地に出向いて調査を行い、そこで得た情報をまずはグループで話し合い指標を抽出していく。そして2週間おきにゼミで各グループ15分くらいかけて発表する。

「公共度の研究を通して、学生たちのリサーチやプレゼンテーションの技術が磨かれると思います。また、研究を続けることで、自分が担当したテーマについてその道のプロフェッショナルにもなれるでしょう。修士設計や論文のヒントやテーマなども見つけることができると思います」と柳澤先生は話すが、修士1年は通常の設計課題もあり、忙しい日々を送っているという。

「研究と設計というのは両方並行して行うことが大切だと思っています。関東学院大学の修士の課題はハードですが、その一方でこの研究についてもしぶとく続けて報告書

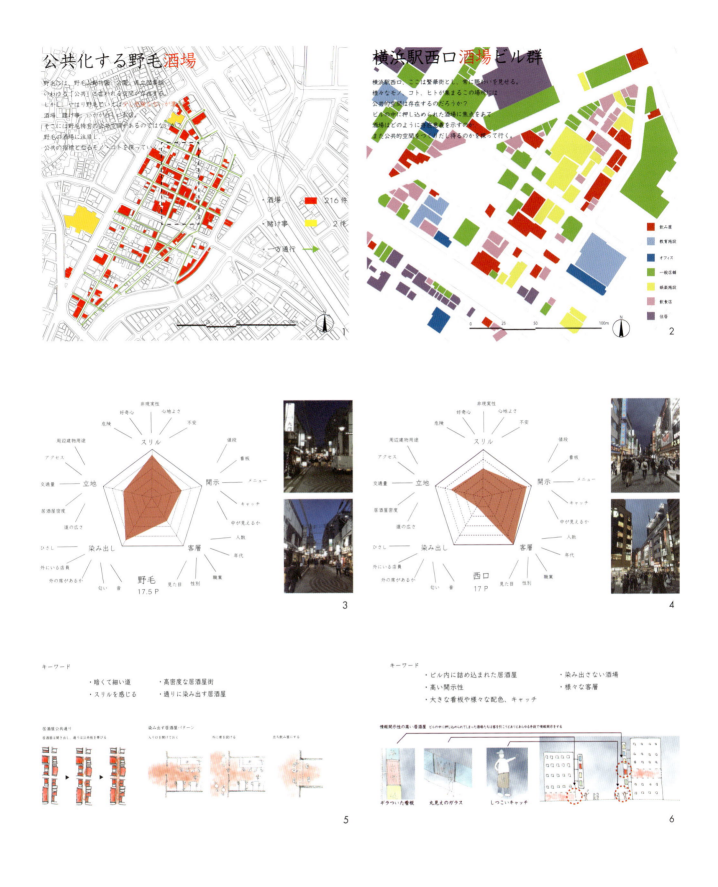

にもまとめ、いつか学会などで発表できるようにしたい。意匠研究を論文で発表するということは本学ではあまり事例がないので、それが習慣として学生たちに根付いていくよう挑戦していきたいです」と柳澤先生。ユニークな研究活動を行う柳澤研究室が、新しい風を大学に吹き込んでいるようだ。

1・2｜1が野毛酒場、2が横浜駅西口酒場ビル群。地図を建物の用途で色分けしているが、それだけで両者の違いが分かる
3・4｜3が野毛酒場、4が横浜駅西口酒場ビル群。チャートの形がそれぞれ違うのが分かる。野毛酒場は「スリル」や「染み出し」の項目が高くなっているのに対し、横浜駅西口酒場ビル群は「開示」や「客層」の項目が高く出ている
5｜野毛酒場の特徴をイラストと共にまとめている。「染み出し」もいくつかのパターンに分類できる
6｜横浜駅西口酒場ビル群の特徴をイラストと共にまとめている。「開示」が高いのがわかる

研究室プロジェクト紹介

慶応義塾大学大学院
政策・メディア研究科

# 松川昌平研究室

**Member** 指導教員：松川昌平／上席所員2名／所員2名／学部生2名／修士7名

**Master's Design Schedule**
M1：研究室のプロジェクトに参加
M2：4月　設計課題→9月　修士論文テーマ決定→2月　修士論文発表→3月　修士設計展

**Project** 「ARKHITEKTOMEのシステム開発」「アルゴリズムによる秘密基地ワークショップ」

## コンピュータの演算から生まれた立体パズル

藤沢市みらい創造財団による青少年野外活動施設「少年の森」。管理棟の脇を抜けて足を踏み入れた森の奥に、幅3.6m奥行き3.6m高さ3.2mの直方体の木フレームが突如現れる。床板と手すり板で仕切られた24のブースに熱心に防虫ネットの取り付け作業をしていたのは、慶応義塾大学松川昌平研究室の学生13名だ。「元々、私の子どもたちがよくこの森の中に秘密基地を作って遊んでいたのですが、管理されている財団の方々は工具の使い方を手ほどきしてくれたり、子どもの遊びにとても理解がありました。そこで2016年の秋頃に、地域の子どもたちと学生が組んで、秘密基地を設計施工し、宿泊し、解体まで体験するというワークショップを提案しました」と松川昌平先生はプロジェクトの起こりを語る。

松川研究室のテーマのひとつである「建築の計算（不）可能性の探求」とは、あらゆる建築的プロセスをコンピュータプログラムに書き換え、構造計算のシミュレーションやプランニングを自動生成し、徐々にプログラム化していくことで、コンピュータでは計算不可能な部分が現れることを期待する研究だ。コンピュータでの計算不可能領域＝人間にしかできないことである。一見逆説的にも見える手法で、設計者のアイデンティティを集中して発揮すべき部分を浮き彫りにする。

「立体パズルのようなもの、ルービックキューブや囲碁、将棋のようにルールがはっきりしているゲームはコンピュータの方が上手です。まだ建築の分野にはそれほどAI（人工知能）は入り込んできていませんが、次々に人の手と置き換わっていくことは想像に難くありません。ある枠組みの中での建築ゲームは早々にAIの方が強くなっていくでしょう」

松川先生は、今後はそのゲームの外側をいかに見つけるかが課題になっていくと考えている。

秘密基地では12の宿泊ブースとそれに接する縁側的パブリックスペースを1対1になるようにセットし、回遊性のある動線として組み込んでいく。直方体の中に1部屋を設けるパターンはひとつだが、2部屋になると3パターンに、4部屋に分けるとすると99パターンに、構成のパターンは加速度的に増殖する。これを列挙するアルゴリズムを開発して、その技術の応用で秘密基地を設計した。さまざまな制約条件を満たす空間をパターン化して導き出す今回のプログラムは、まさにコンピュータの得意分野というわけだ。

## 植物を育てるように建築を進化させる、アルゴリズミックデザイン

アルゴリズムそのものについて語るのは複雑な議論になりすぎるが、松川先生は植物の形態を用いてその方法論を説明する。

「樹木は非常に多様な構成に見えますが、背景には極シンプルなルールがあって、たとえば1本の幹が2本に枝分かれし、それがまた2本に分かれるという基本のルールを繰り返しています。分かれる数や線の太さなどのパラメーターの値が違うために、複雑に見える形態が生成される。そういうアルゴリズムが、生命の中に備わっているのです」

さらに、植物の光合成の観点からすると、樹高が高いほど効率が良く有利なように思われるが、大きな組織を維持するためにはエネルギーコストが高くなるため、低木であるからといって保存に不利になるとも限らない。要は生存戦略が違うだけで、これは植物だけでなく、さまざまな物事において価値観が違えば形質も多様化することに通じるという。獲得した形のいいところを次世代に残し、あるいは、改変して伝えていく、環境に適応して進化させて現在に至る。いわゆる進化論のプロセスをデザインに応用させたアルゴリズミックデザインシステム＝ARKHITEKTOMEの開発も研究室の大きなテーマとなっている。

当面は、2016年に松川研の卒業生が企業した「ARCHIROID（architectureとandroidを合成した造語）」と共同研究

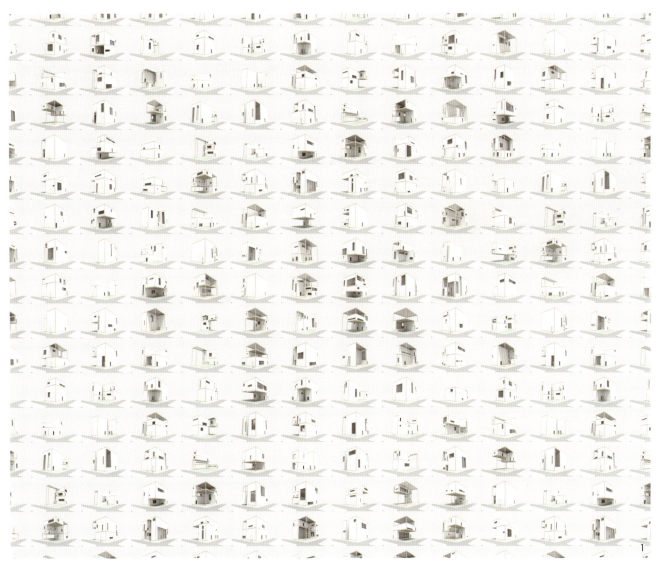

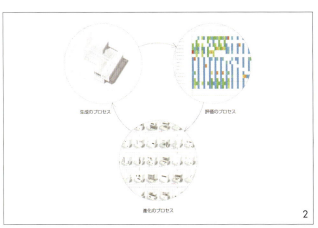

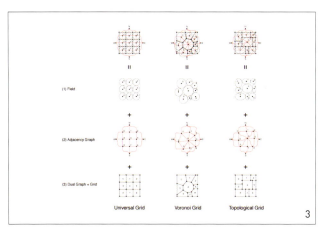

で、ARKHITEKTOMEシステムを開発して、多様な20年住宅を1万戸つくるための仕組みを作ることが目標だ。少年の森の秘密基地はこのプログラムをリアルな空間に落とし込むためのひとつの意義深いプラクティスにもなっている。

1｜ARKHITEKTOMEを使用した住宅のメインパース。アルゴリズムに基づき多様な住宅が生成される
2｜アルキテクトーム・システム・ダイアグラム
3｜topologicalgrid
4｜藤沢市「少年の森」の秘密基地。ワークショップにより参加者と一緒に施工した

研究室プロジェクト紹介

工学院大学大学院
工学研究科
建築学専攻

# 冨永祥子研究室

**Member** 指導教員：冨永祥子／学部3年生9名、4年生9名／修士1年生5名、2年生5名

**Master's Design Schedule**
1年　研究室のゼミ活動に参加、修論テーマ検討　→　2年　前期テーマ決定　→　11月　中間発表　→　2月　論文・図面提出、講評会

**Project**　「日本の近現代住宅作品研究」「両城地区の階段住宅についての研究」「メタボリズム建築の集合住宅における住まい方」「架構と土間をつなぐ線材の魅力の研究」「建築学部5周年記念プロジェクト『ハコタナ』」

## 住むことを考える

　冨永研究室は設計事務所を主宰している冨永祥子先生のもと、住まいの空間を中心に、建築全般に関わる様々な活動に取り組んでいる。研究テーマは「住むことを考える」「過去の建築から学ぶ」「素材や作り方から考える」の3本柱からなっている。

　学部3年後期の住宅研究ゼミでは、戦後〜90年代までの日本の代表的な住宅作品を分析し、建築家の思想とデザインを学ぶ。大学院では更に範囲を広げ、集合住宅や住宅街など「集まってすむこと」をテーマに実例を調査分析し、デザイン手法を抽出している。住まいは時代や家族の変化とともに変わっていかなければならないが、全てを更新してしまうと、積み重ねた時間と記憶を受け継いでいくことができなくなる。研究室では、住まいの空間の「変わるもの・変わらないもの」の在り方を分析考察し、それを自分の設計に仕込んでいくことを目指している。

　例えば2016年には、菊竹清訓氏設計の集合住宅「パサディナハイツ」を現地調査し、住まいの更新におけるメタボリズムの理想と現実・これからの提案を、2017年度日本建築学会で発表。発表を通して数名の建築家の方から評価を受けたことは大きな刺激となった。

## 過去の建築から学ぶ

　新しい建築を作りたいなら、まずは今までの建築を知ることが大事だ。冨永研究室では、日本の伝統建築から近代建築まで、過去の優れた建築や集落などを取り上げ、歴史と現代をつなぐデザインを探る試みを続けている。2016年度は、呉市両城地区の急斜面に立つ文化住宅群の現地調査を篠沢研究室（ランドスケープ）と共同で行った。両城は明治期に軍事工業都市として急激に発展した地域で、急な傾斜地を開発した密集住宅街に和洋折衷の住宅が残る。建物・ランドスケープの実測と住民へのヒヤリングを行い、急斜面という不自由さから生まれる住宅街のデザインの魅力を探った。当初はプライベート空間を見せることに抵抗を示した住民もいたが、ヒヤリングを進めていくうちに打ち解け、協力的になったという。

　「実測については毎年、後藤研究室（歴史）や河合研究室（構造）と合同練習する機会を設けているので、学生たちは心得ています。実物を見て測り、図に描き起こすというプロセスは、建築を理解するための最も効率の悪い、しかし最も愛情のある接し方です」と冨永先生は話す。

　プロジェクトで学んだことを修士設計へ発展させる学生もいる。両城地区の調査に取り組んだ修士2年の岸田真宏さんは、修士設計では両城地区を舞台に改修・新築と街歩きの視点場を提案するという。「現地調査のあとに住民の方への報告会を開きましたが、修士論文の提案が完成したらまた現地で発表しようと思っています。報告会を通して、住民の人たちが建物や町を残していくことについて切実に悩まれていると感じました。そこに寄与できればと思っています」と岸田さんは意気込む。

## 素材や作り方から考える

　「実物大で考える」ことをキャッチフレーズにしている冨永研究室だが、時には実作にもチャレンジする。2015年には山形県新庄市環境芸術祭に参加し、細い木材を使ったインスタレーションを制作した。案は構造設計の多田脩二先生（千葉工業大学）の指導を受けながら修士1年が中心となってまとめ、現地の工場を借りて試作したあと、学部3年から院生まで総勢11名が泊まり込みで完成させた。建築的な手法で作った空間アートは高く評価され、優秀賞を受賞した。

　2016年には、建築学部5周年記念プロジェクトとして、八王子キャンパスの製図室にあるガラスケースの棚の制作に取り組んだ。ケース内には模型作品や有名建築家のデザインした椅子が無造作に押し込まれている状態だったが、棚を作ってこれらを収納・展示できるようにした。ロの字型の

　箱のようなシンプルな形態で、上下や前後に重ねて立体的に構成。ショーケース全体が一つの作品として仕上がった。
　「住まいの現地調査や建築家の自邸見学などで実物に触れる機会はありましたが、1／1を作ることは今回が初めてでした。見せる・変える・場を作る、という3つの視点でディテールを考えなくてはならず、試行錯誤が続きました」と担当した谷口翔太さんは話す。「形はシンプルですが、この薄さで四角い箱を作るのは多くの工夫が必要なんです。実は隠れたところに補強材があったり、板を縦がち横がちどちらにするかなど、普段の設計授業では考えないことを検討しないといけません。実物は設計した通りにいかないんだと学生たちは漏らしていましたが、全然出来た方だよと言っておきました」と冨永先生は笑う。コンピューターが進歩した現代でも、素材や施工、住まい方や歴史を知らずして人が使うためのいい建築は作れない。冨永研究室では、プロジェクトを通して"実物大で考える"訓練をすることで、それらを獲得しているようだ。

1｜山形県新庄市環境芸術祭の作品　2｜呉市両城地区での実測調査
3｜パサディナハイツの調査図面
4・5｜秋田県増田町の民家野帳と実測図　6｜棚プロジェクト

研究室プロジェクト紹介

芝浦工業大学大学院
建設工学専攻

# 堀越英嗣研究室

**Member** 指導教員：堀越英嗣／学部4年生12名／修士1年生6名、2年生6名

**Master's Design Schedule**
4月〜11月　テーマ決定・エスキス・中間発表　→　12月　論文題目申請と梗概提出　→　2月　修士論文および修士設計提出

**Project** 「京都・奈良ゼミ・建築ゼミ合宿」「デザインチャンピオンシップ（学内コンペ）」「建築家研究B3＋M1ゼミ」、その他個人活動（コンペ・設計演習）

## 日本的なるものを学ぶ

堀越研究室には2つの研究テーマがある。その一つが「日本的なるものを学ぶ」ということ。それは日本古来の建築技術や技法を学ぶということではなく、時代や空間を超えて通底する、日本的な思考方法を探ることだ。

「アジアの東端に位置する日本は、様々な時代ごとに大陸から伝わってくるそれぞれの時代特有の最新技術や文化を、時間をかけて日本なりのものに消化してきました。その消化方法、取り入れ方が『日本的なるもの』とも言えると思います」と指導教員の堀越英嗣先生は話す。この「日本的なるもの」を体験するために、研究室では毎年夏に京都・奈良ゼミ合宿を行い、寺社仏閣や茶室、方丈、庭園などさまざまな古建築を見学している。学生は、見学する建築の歴史や図面を事前に調査し、それを一冊の小冊子にまとめ上げる。その過程を通して、さまざまな視点から建築を理解していく。そして、その上で実際に現地に行って堀越先生の説明を受けながら、「日本的なるもの」を体験することになる。

「例えば西本願寺の能舞台を、日差しの明るい縁側から見ると薄暗くて見えづらく、舞台が広く感じます。しかし対面所に入ってから見ると、そこではもう暗さに慣れて瞳が開いている状態のため薄暗く感じた舞台の隅々から繊細な松の姿までよく見えます。そういった人間の感覚・知覚の違いを利用した設計方法や、日本建築の持つ重層性のある空間の重なりや光の美しさは、体験する以外に理解することはできません」

そのように堀越先生が説明する「日本的なるもの」は、時代や空間に通底する思考方法を示しているので、古い建築に限らず現代建築からも、そして日本の建築家の仕事に限らず海外の建築家の仕事からも見出せる。堀越研究室では毎年建築家研究ゼミとして、有名無名を問わず心に残る建築家の仕事を研究し、その模型やCGを製作しているが、そこではルイス・カーン、フィリップ・ジョンソンなど「日本的なるもの」とは一見関係がなさそうに見える海外の建築家をとり挙げることもある。

「建築家研究ゼミは設計そのものも学びますが、どのようなプロセスでこの建築を作ることに至ったのかという背景や、実現に至る時代背景を学ぶことに重点を置いています。そういったことを探っていくと、海外の建築家の中にも思考方法や文化的影響を取り入れた『日本的なるもの』があることが分かります」

## 丹下健三で学んだモダニズムを継承する

そして堀越研究室のもう一つのテーマが、堀越先生が若い頃、丹下健三の下で学んだ「日本建築が持つモダニズムの心」を次の世代に継承していくことだ。修士1年次にはしばしば丹下健三をゼミで取り上げているが、2017年はゼミ旅行でも丹下作品を見学する予定だという。

「卒業研究でミケランジェロをとり挙げた丹下先生は、ミケランジェロとコルビュジエから多くのものを学びました。しかしその一方で、丹下先生は日本建築についてもしっかりと理解していました」と堀越先生は話しながら、丹下健三が編集した『桂』という桂離宮をテーマにした書籍と、岸田日出刀の『京都御所』という書籍をテーブルに広げた。

「岸田先生は京都御所のモダニズムを理解していて、それが本の随所に表れていますが、その岸田先生の下で学んだ丹下先生も日本建築が持つモダニズムを理解していたことが書籍から分かります。この『桂』に掲載されている写真の切り取り方は丹下先生が指示していますが、あえて縄文的な荒々しい庭石を写真に大きく入れて、繊細な建物の線と対比させる見せ方など、まさにモダニズムの過去の遺産を再発見する視点です。形式的モダニズムや時代を超えた、心を揺さぶる発想です」

この2冊の書籍を教材にして前期にゼミを行い、桂離宮の見所を理解した上で見学に行くという。

「丹下先生は、日本的な背景を持つことで世界から評価を得ることができたのだと考えています。国際的な活動が

1｜京都御所　清涼殿前　空間のおおらかさ、プロポーションについて
2｜五箇山菅沼合掌造集落　日本の民家が持つモダニズムを超える合理性について
3｜岸田日出刀 著『京都御所』『藁』『堊』『窓』。丹下健三 著『桂』
4｜南禅寺　通天橋　土木構築物の合理性と美について。ローマ水道橋のような意匠が日本の歴史的空間に不思議と調和すること

当たり前の時代だからこそ学生たちにはそこを理解して欲しいと思います。現在は、モダニズムからポストモダニズムを経て、次の指標が見えていない、槇文彦さんが言う「漂うモダニズム」というような先が見えない状態です。そういった中だからこそ日本的なるもの、そして日本建築が持つ本質を理解し、現在の社会と照らし合わせて整合性をとっていくことが若い人にとっては大切です」と堀越先生。堀越研究室ではデザインの技術だけでなく、伝統建築からモダニズム、ポストモダニズム、そして現代建築へと続く、建築家として重要なデザインの思考方法や哲学を学ぶことができる。

研究室プロジェクト紹介

# 金尾朗研究室

## 昭和女子大学大学院　生活機構研究科

**Member**　指導教員：金尾朗／学部4年生12名
**Master's Design Schedule**　1年：企画、企画に関わる調査、分析、ディスカッション等。
　　2年：設計プロセスの構築、諸条件、可能性等の論理的分析、論文の作成（7月）、設計（1月）
**Project**　「新潟県村上市でのインスタレーション」「競技設計への応募」「企業とのコラボプロジェクト・調査」等

　金尾研究室は建築専攻の学生だけでなく、同じ環境デザイン学科のデザインプロデュースコースの学生との混合で構成されている。デザインプロデュースコースは、デザインの分野の中でも企画立案とそれに伴うデザインを主としており、日頃のゼミはそれぞれ別々に行っているが、研究室で取り組むプロジェクトについては協働で行うことが多い。そのような協働プロジェクトの一つに、金尾研究室が中心となり長年取り組んでいる新潟県村上市で行われている竹灯籠祭への参加と、そこでの竹灯籠のインスタレーションの作成がある。

　「学外での活動が単位となるDP総合演習という科目があって、村上のプロジェクトもそれに該当し、研究室以外からも多数の学生が参加します。10年以上続いており、参加者は毎年40名くらいになりますが、2年次、3年次と連続して参加する学生もいて、そういった学生が中心となってプロジェクトの質を高めてくれます」と指導教員の金尾朗先生は話す。インスタレーションは大学で制作した竹灯籠を寺院や空き地などに展示。秋にはそれらを大学に持ち帰り、学園祭で村上市のPRもかねてプレゼンテーションする。

　「このプロジェクトは制作という側面はもちろんですが、地域貢献と現地の方との交流を重視しています。打ち合わせはもちろんですが、イベントのセッティングや後片付けを一緒に行ったり、飲み会に参加したりと学生たちは現地の人と深いコミュニケーションをとります。建築やデザインの仕事はクライアントや協力者との関わりが大切になりますので、村上の経験は学生たちにとって大いに役立つと思います」

　村上市のプロジェクト以外にも、都市計画系のコンペへの応募や、展示会の企画などさまざまな活動を研究室では行っているが、2016年は山梨県笛吹市でのプロジェクトに参加した。大学のある三軒茶屋と笛吹市の二つの街をつなぐことをテーマにしたプロジェクトで、環境デザイン学科だけでなく現代教養学科や健康デザイン学科も参加している。笛吹市でジャムやピクルスを作ってラベルのデザインを行い学園祭で販売した。

　「プロデュースの学生はラベルのデザインを担当しましたが、学んでいることも志向性も異なる他学科の学生と進めることで気付きがあったと思います。プロデュースの学生は、リサーチや企画の段階に力を注ぎますが、建築の学生も自ずとそれに引っ張られ川上のプロセスに真剣に取り組んでいます。私としても、しっかりと各プロセスを踏みながら進めていくよう指導しています」

　異なる専攻の学生と共に研究室を運営したり、プロジェクトに取り組む金尾研究室。そこでは多様性から生まれる相互作用が起こり、学生たちへ良い影響を及ぼしているようだ。

1-2｜新潟県村上市でのインスタレーション。これまでさまざまなデザインの竹灯籠を制作してきた
3｜山梨県笛吹市におけるプロジェクト。現地での活動の様子

研究室プロジェクト紹介

# 金子友美研究室

昭和女子大学大学院　生活機構研究科

| | |
|---|---|
| **Member** | 指導教員：金子友美／学部4年生11名 |
| **Master's Design Schedule** | 1年：企画、企画に関わる調査、分析、ディスカッション等。 |
| | 2年：設計プロセスの構築、諸条件、可能性等の論理的分析（7月）、論文・設計（1月） |
| **Project** | 「スキマチセタガヤ」「大井町地域活性化振興策の樹立事業」 |

　金子研究室は、フィールドワークを研究テーマの一つにしている。路地空間やオープンスペース、特に広場を調査対象とし、数年前までは海外調査を継続して行っていた。近年は、現地との交流を志向する学生が多く、調査活動に留まらず住民の方とのワークショップや共同プロジェクトに発展することもある。

　そのようなプロジェクトの一つに、2015年に取り組んだ「スキマチセタガヤ」の展示計画がある。廃校を利用した複合施設・IID世田谷ものづくり学校と協働で、大学キャンパスのある世田谷区の魅力を紹介するというもので、世田谷区三軒茶屋の魅力を模型で表現し大学とIID世田谷ものづくり学校の2カ所で同時展示を行った。模型は3層構成で、最下層には建物が密集する三軒茶屋の街の模型、その上に街の隙間の形を切り出した布を設置、そして最上層は街の魅力ある場所へ続く経路を赤いラインで示した。赤いラインを進み、スキマを通り抜け、街角を曲がることで魅力ある場所を見つけることができる。三軒茶屋は大学キャンパスのある街で学生たちにとって身近な街だが、企画に当たって何度もフィールドワークを重ね、普段気付かない街の魅力や隙間、経路を見つけることができたという。開催期間中は来場者に人の形の用紙を配布し、それに自分の名前を書き、目的地までの模型上に配置してもらった。そうすることで、来場者も自身が模型の中に参加してもらうことを意図した。

　さらに2015年には神奈川県大井町でご当地弁当の開発にも参加（大井町地域活性化振興策の樹立事業）。同じ大学の健康デザイン学科と管理栄養学科、現代教養学科と協力して進めていったが、環境デザイン学科は弁当のラベルデザインを担当した。

　「現地調査では、町内の農産物や郷土料理といった通常の建築の調査では対象にしないものまで調べました。また、大井町は東京から近いこともあり、町民や役場の方とワークショップやミーティングを行いました。学科をまたいで協力したことで学生の経験上も大きな成果を得ることができました」と金子友美先生は話す。開発した弁当は現地の花祭りでお披露目販売し町民の方からも好評で、その後は町に権利を譲渡したという。

　「研究室の学生には外に出ていきなさいと指導しています。設計であっても論文であっても、部屋に閉じこもって考えているだけでは、有益な提案をすることはできません。町と関わる場合はもちろんですが、建築単体が対象であっても、学生各自がテーマを持ってフィールドワークを行うことは研究室の基本姿勢としています」と金子先生。フィールドワークを基盤にして設計するという方針が、金子研究室には脈々と受け継がれているようだ。

1｜「スキマチセタガヤ」で展示した模型
2｜模型の赤い経路に人の形の用紙を配置
3｜大井町のご当地弁当開発では現地の方とのMTを重ねた

研究室プロジェクト紹介

千葉工業大学大学院
工学研究科　建築都市環境学専攻

# 遠藤政樹研究室

**Member**　指導教員：遠藤政樹／学部生10名／修士8名
**Master's Design Schedule**
4月：テーマ決定　　12月：中間発表　　2月：修士設計提出
**Project**　「我孫子市国際野外美術展」「TOKYO DESIGN WEEK」
　　　　　「読書会」「ブータン伝統住居実測調査」「パスタブリッジ」「Summer Seminar」

## 思考の幅を広げるデザインスゴロク

　デザインスゴロクというダイアグラム（図4）がある。戦後、工業化住宅の試みとして「最小限住宅」を発表した建築家の池辺陽氏が考案したもので、デザインのプロセス自体を双六として図式化したものだ。図の結束点に記されたアルファベットは、A／Appearance（外形）、W／Work（工法）、C／Cost（費用）、M／Material（素材）といったように、何かをデザインして形にしていく上での重要な検討事項を示している。この図を使いながら進めていくことで、システマティックに検証・評価できて、チーム内で情報やストーリーを共有できる。遠藤政樹研究室においても、このデザインスゴロクを使って研究活動やプロジェクトに取り組んでいるという。

　「デザインスゴロクを使うのは、研究室内での情報共有のためでもありますが、一番の目的は学生たちに小さな思考で設計をして欲しくないということです。往々にして学生たちはスゴロクのF／Function（機能）とA／Appearance（外形）の2つを行き来することに終始しがちです。デザインスゴロクを使えば、E／Envirnment（環境）やT／Tradition（伝統）、Distribution（流通）といったことまで検討しなければならず思考の幅が広がります」と遠藤先生は話す。

　遠藤研究室では、研究室の最初のゼミで学部4年生にこのデザインスゴロクを説明する。そして学部4年前期には、彼らが学部2年生の頃に取り組んだ住宅課題に、今度はデザインスゴロクを使って再チャレンジする。まずは学部4年生全員がそれぞれ思い思いに線を引き、それが建物のゾーニングのもととなる。次にデザインスゴロクを使って皆で検討し、最終的には図面や模型を作成する。出来上がった模型を見ると、不規則な形に2つに分割された建物が2階部分のバルコニーでつながるユニークな形態となっている。この設計を通して、4年生はデザインスゴロクの使い方を学び、以降学内の課題や卒業設計でもデザインスゴロクを自然と使いこなすようになるという。

## 我孫子市国際野外美術展で実作に取り組む

　デザインスゴロクを使い、毎年取り組んでいる研究室のプロジェクトに我孫子市国際野外美術展への出展がある。8年前から出展し続けており、2016年は長方形にカットしたスタイロフォームを重ねて、かまくらのように組んだオブジェを制作した。直径6m、高さ3m程度の大きな作品で、展示会場では注目を集め2017年のポスターデザインにはその写真が使われた。

　「1分の1のものを自分達の手で作る際は、デザインスゴロクで言う、W／work（工法）やD／Distribution（流通）、C／Cost（費用）やM／Material（素材）などが問題になってきます。そういったことは学内の課題では深く検討しません。そこに毎年美術展に出展する意味を見出しています」

　2017年は初の屋内展示として、地元の閉店した古いスーパーマーケットを活用した作品を制作。「手繰り寄せるAbicollection」というタイトルで、新しい出会いや発見、そして居場所が見つけられる森の中のような空間がコンセプトだ。天井にネットを張り、そこにいくつものトイレットペーパーを掛け、まさに森のような空間を演出した（図1-3）。スーパーマーケットの入り口からトイレットペーパーをかき分け中に入っていくと、迷路を彷徨うような感覚に陥るが、ところどころ木々の間のような隠れ家に似た空間が現れ、そこでくつろぐことができる。

　「天井から垂れ下げる素材については当初包帯を予定していましたが、デザインスゴロクに戻ってC／Cost（費用）やD／Distribution（流通）も併せて検討した結果、トイレットペーパーに行きつきました」と4年生の赤塚芳晴さんは話す。通常、コンセプトを決め、機能を決め、素材を決め…というようなプロセスを辿り、一度検討した項目に戻ることはあまりないが、デザインスゴロクは頻繁に行き来することが可能で、状況に併せて柔軟な発想が生まれてくる。

　「学生たちは試行錯誤しながら設計しますが、実際に製

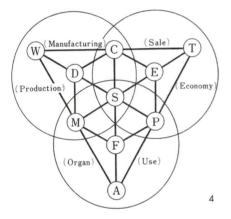

作する段階にも新たな発見や問題が出てきます。それが1／1のものを実作することのおもしろさでもあります」と遠藤先生は言う。設計と実作ともにデザインスゴロクを使い、皆で建築の力を養う遠藤研究室のメンバーたち。中には、たまにはデザインスゴロクから離れたいと、T／Tradition（伝統）やDistribution（流通）といった項目がなかなか適用しづらい宇宙を敷地に選ぶ人もいるという。しかし、それは既存の考えの枠に捉われないことでもあり、まさにデザインスゴロクで学生の思考が広がっている証でもある。

1・2・3｜2017年 我孫子市国際野外美術展の作品。隠れ家的な空間で団欒もできる
4｜デザインスゴロク（池辺 陽「デザインの鍵」より）
5・6｜2016年 我孫子市国際野外美術展の作品。中に入って見上げると普段とは違った空が見える
7・8・9｜デザインスゴロクを使って取り組む住宅課題の模型

研究室プロジェクト紹介

東海大学大学院
工学研究科　建築学専攻

# 杉本洋文研究室

**Member**　指導教員：杉本洋文／学部4年生16名／修士2年生1名
**Master's Design Schedule**
1年：研究室活動とテーマの事前調査研究 → 2年：4月テーマ決定 → 10月中間発表 → 2月梗概提出 → 本論・図面と模型提出 → 発表
**Project**　「どんぐりハウス」「結っ小屋」「ローカルファースト」

## 常時から非常時を想定したプロジェクト

　東日本大震災復興支援プロジェクト、岩手県大船渡市三陸町越喜来泊地区の「どんぐりハウス」は、応急仮設公民館として、震災からわずか2ヶ月後の2011年5月7日に竣工した。

　杉本洋文研究室では地震発生翌日にプロジェクトを立ち上げてから6年間、常に変わらぬ姿勢で泊地区の復興支援に取り組んできた。「どんぐりハウス」竣工後も月に1回は代表者や参加メンバーが現地を訪れ、住民と共にイベントを開催し、建物の増改築を担っている。2015年春には「結っ小屋（ゆいっこや）」と改称され、高台に移築。今現在も、地域住民の集会施設や、泊地区の魅力を発信する拠点として活用されている。「震災直後は支援団体も数多く現地入りして、有名建築家を擁した大きなプロジェクトが計画されましたが、いざ、実行の段階になると実施できなくて、計画自体が宙に浮いてしまうということが多かった。そんな中、泊地区では地元に寄り添い継続的な支援ができ、計画も着実に実行されてきたので、現地でもとても喜ばれているようです」と杉本先生は手応えを感じている。

　「どんぐりハウス」の原型は1995年までさかのぼる。杉本教授は阪神淡路大震災を受け、独自に木造仮設住宅の計画を試みたものの実現化できずにいた。2004年の新潟県中越地震の際は8棟の仮設住宅を建設。その後、国内で震災に見舞われることはなかったが、研究室では仮設建築の実地トレーニングを兼ね、平塚海岸に「ビーチハウス」を建てるプロジェクトを4年間続けた。その経験を元に建てられたのが「どんぐりハウス」というわけだ。

　杉本教授は木造仮設の今後の現実的な展開にも言及する。「いわゆるプレハブの仮設住宅は、建設に坪60万円程度かかるといわれています。ですから、私たちのどんぐりハウスも坪60万円以内で建設することを目指しました。施工は学生のボランティアなので必要なのは材料費のみ。実際、それが可能だということを証明したかったのです。設計図も何もない中、木を集めるというゼロのところから学生の力でできた。ですから、常時から木造仮設のシステムを公開しておけばもっと可能性が広がると考えています」。木造は元々杉本先生の専門分野だが、国土の70％を覆う森林の豊富な木材に注目している。木は鉄やコンクリートに比べて女性や子どもでも扱いやすく格段に加工性が良い。何より日本で一番手に入りやすい材料でもある。そんな木の特性を活かして社会貢献ができること、木造建築の技術の継承や流通経路の確保が重要なことを説く。いつ起こるか分からない有事に備える研究ができるという意味では、大学などの教育機関こそ適任なのかもしれない。

## Think tankよりもDo tankの姿勢で

　泊地区でもうひとつ大事にしていたのが、地元住民からの聞き取りをもとにしたソフトの充実。住民の要望で、「結っ小屋」への移築時には海を臨む高台という立地を活かしたウッドデッキを増築し、観光客を取り込み地元の魅力発信拠点としての持続可能性を高めるため、厨房設備やピザ釜なども新設した。これは、杉本研の別のプロジェクト、茅ヶ崎「ローカルファースト」とも通じる部分であるが、杉本研では実際に現地を訪れ、現場の空気をダイレクトに受け止めるプロセスを特に重用視している。「ローカルファースト」の活動では高齢化した団地の中に多世代間交流のできる居場所づくりに成功し、多いときには1日に100人が利用する拠点となった。これも、実際の利用者との密な交流の成果である。

　「今はファジーな時代だから、建築も理論だけではなく実践を通して社会に影響を及ぼしていることを学生が実感できるプロジェクトこそ魅力的だと思います」。建築設計の現場で長く活躍してきた杉本先生だからこそ学生へ伝えたい思い。これこそ研究室の合い言葉のように語られる「Think tankよりもDo tankを目指そう」に基づくところと言えそうだ。

1｜「結っ小屋」完成式記念写真。
2｜「結っ小屋」竣工写真。
3｜「結っ小屋」完成式で地元の人と。
4｜5｜6｜7｜「結っ小屋」施工の様子。
8｜9｜平塚海岸のビーチハウス（撮影：今村 壽博）

研究室プロジェクト紹介

東京工業大学
環境・社会理工学院　建築学系

# 奥山信一研究室

**Member**　指導教員：奥山信一／修士13名／博士2名／留学生6名

**Master's Design Schedule**
4月：論文ゼミ開始／10月：中間発表／2月：梗概提出、発表会

**Project**　近作に「西新井の住宅」「阿佐ヶ谷の住処」「東京工業大学緑が丘6号館」「東京工業大学ボードハウス」「上馬スモールオフィス」など

## 実施のプロジェクトで図面と実際の対応を覚える

　東京工業大学というと工学的なイメージを持つかもしれない。確かに優秀な構造や設備の研究室があり、そういった研究室と意匠系の研究室が協働してプロジェクトを進めることは多い。ただしそれは一側面に過ぎず、意匠系の研究室では多様な研究がなされている。特に奥山信一研究室では「言葉」を中心にユニークな研究に長年取り組んできた。

　「もともと私の博士論文が現代の建築家の言説をまとめたものでした。当時、歴史的に巨匠と呼ばれる古い建築家の言説を対象とした学術論文はありましたが、まさに今活躍している建築家を対象としたものはなかったのです。しかし、彼らの使う言葉から彼らの作品への動機や作品のもととなったイメージ、その時代背景が見えてきます。学生にはそういった研究に取り組みながら、一方で実施のプロジェクトやコンペを経験させることを方針としています」と指導教員の奥山信一先生は話す。

　実施のプロジェクトは、住宅や校舎、ボートハウスなどこれまでさまざまなものに取り組んできた。2016年に手がけた西新井の住宅は2017年に竣工。中央にヴォイドを設けた逆T字型の断面を持つ住宅で、ヴォイドの中央に穿たれた正方形の穴からトップライトの光が降り注ぐ。都市環境での理想的な空間を追求した建築だが、そういった設計の初期段階に行われる施主の理想や想いを聞き取る打ち合わせは奥山先生が担当する。ただし、計画が固まってくると学生たちの担当する部分が多くなる。施主との打ち合わせに同行するようになり、施主の細かい要望を学生が聞き取り試行錯誤して解決していく。また、実施図面や現場の設計監理も学生たちが行う。現場では図面通りにいかないことも多いが、そこで奥山先生が口を挟むことはないという。

　「現場で私が指示を出してしまうと、職人の方たちが私の方ばかり見てしまいます。当然私も現場へ通い細かなチェックはしますが、気がついたことはすべて担当学生に伝え、彼らから職人さんへ指示を出すようにしています。職人の方とのコミュニケーションも学生にとっては貴重な経験です。また図面作成では、当然のことですが部材や部品の取り合いに逃げ寸法を想定して描かないと、実際には収まりません。そういったことは学内の講義では学べません。学生たちには図面と実際の対応を身体で学んで欲しいのです」と奥山先生は語る。

　一方、実施コンペにおいては「チームとして協働していくことを学んで欲しい」と言う。コンペの参加が決まると各自で案を持ち寄り議論するが、大切なことは自分のアイデアが通らなかった時に、「自分と異なる考えに対する吸収力を持てるかどうかが重要です。ふてくされることなくチームの方向性を認識し、そこに向かって次のアイデアを出していかないといけません。組織設計もアトリエ事務所も5〜6人でプロジェクトに当たります。実施コンペの参加の経験は彼らが社会に出ても生きてくるはずです」

## 研究に取り組むことで思考の広がりと深みを持たせる

　こういった実施設計やコンペといった実務を担う一方で、先に書いたように学生たちは研究活動にも励んでいる。研究内容は言葉を中心に、例えば東京や大阪といった都市をテーマにした歌謡曲の歌詞を比較分析したものや、小江戸や小京都と呼ばれる町がメディア上でどのように表現されているかを探り、江戸と京都という語句のイメージの違いを明らかにしたもの、そして近年流行にもなっているアニメや映画のロケ地を回る聖地巡礼でSNSにアップされる写真から、その空間がどのように捉えられているか探ったものなど、人文学的あるいは社会学的な側面から空間にアプローチしている。しかし、こういった研究が実際の設計活動にどのように役立つのか―。

　「研究が直接的に設計活動に役立つことはないでしょう。しかし研究に取り組むことで、建築は思考するものである、つまり思考の対象である、ということを知ることにな

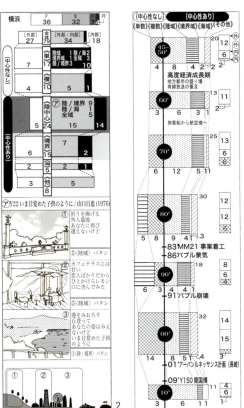
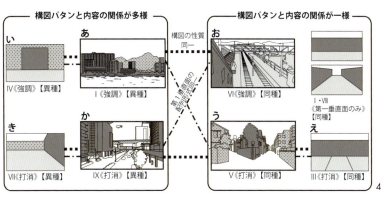

1｜西新井の住宅
写真：鈴木淳平
2｜港町を舞台とした流行歌の歌詞における都市の空間イメージ：都市の情景モデル
3｜港町を舞台とした流行歌の歌詞における都市の空間イメージ：通時的傾向（4都市）
4｜日本を舞台としたアニメーションにおける聖地の画像にみる風景像：構図パタンと内容の関係図
5｜作品リスト

ります。常に考えながら設計することで機能だけではない、広がりや深みを持った建築につながります。考えることを止めてしまったら図面が単なる伝達手段だけになり、ミーティングが単なる意思決定の場にしかなりません。建築的思考を含み込んだ図面、緊張感のある図面だとそれが職人の方にも伝わり、現場にも緊張感が張りつめます」と奥山先生。近年は建築に限らず医療やIT、全ての分野で技術の進歩は目覚ましい。しかし、それが豊かな生活や文化を生み出すかは、奥山先生の言うように携わる人が思考しているかどうかだろう。同大学は篠原一男にはじまりその時代の建築思想に影響を及ぼす多くの建築家を輩出してきた。そういった建築家を生み出す教育の一端を奥山研究室に見た気がした。

研究室プロジェクト紹介

東京工業大学
環境・社会理工学院 建築学系

# 安田幸一研究室

U.C.バークレー校教授のクラス写真

**Member** 指導教員：安田幸一・川島範久（助教）／技術補佐員1名／学部3年生3名／修士1年生7名（うちデンマーク、ミラノへ留学中2名）、2年生8名、海外交流学生3名／博士3名

**Master's Design Schedule**
4月〜7月　テーマ決定・エスキス　→　11月　論文題目申請と梗概提出　→　2月　修士論文および修士設計提出

**Project**　「東京工業大学 学生寮 大岡山ハウスリノベーション」「東京工業大学 新学生寮 緑が丘ハウス」ほか

## 「次世代の設計者教育のために」という視点

　安田研究室では、様々な角度から教育・研究を行っている。その一つに世界の最前線で活躍している教員を招いたワークショップ形式の授業がある。川島範久助教がカリフォルニア大学バークレー校に在籍していたこともあり、2015年より3年連続で同校から環境デザイン系の教授を招聘し、レクチャーやワークショップ等を開催している。安田研究室では授業の取りまとめを行い、TAがその成果をまとめてブックレットの制作も担当している。

　このプログラムは、現在の設計教育の現場において、熱や光、音を扱い、学生が環境工学的な思考で設計する経験が少ないことに考慮し、建築が建っている自然環境を設計にどう反映するか、環境設計教育の実験的な取り組みである。学生たちがシミュレーションツールを用いて環境的な課題に取り組むだけでなく、バークレー校の教員と都内の著名な建築を訪れ、デザインだけでなく環境的な視点から分析を行うなど、興味深いプログラムとなっている。

　こういった環境への思考は、その他の研究のベースになっている。例えば、昨年吉村順三設計のNCRビルディングの実測と熱環境の測定を実施した。測定は環境工学を専門とする浅輪貴史研究室と共同で行った。同ビルは日本で初めてダブルスキンを採用したオフィスビル。現代のダブルスキンは嵌め殺しが基本であるのに対し、ダブルスキンの腰窓に設置された2枚の開閉窓によって自然換気が可能になっており、気流などの条件によっては、現代の普通複層ガラス以上の快適性が確保されていることが数値的にも確認された。

　「環境に関する研究以外にも、断熱構法の研究や世界のBIMの調査を行っていますが、共通していかに設計に生かすか、未来の設計者をどのように育成するかを視野に入れています。常に設計者の視点で、情報やテクノロジーを再編集しているのです。建築の設計は、総合してまとめあげるのが仕事です。設計を進めていく上で掘り下げていくべき重要な部分を取り上げて探求しています」と安田幸一先生は語る。

## プロフェッショナルであること：キャンパス内でのプロジェクト設計による実践教育

　研究活動の他にも常にいくつかの実施プロジェクトが進行している。2016年に竣工した「大岡山ハウス」は、キャンパス内の職員宿舎から国際学生寮へのリノベーションである。川島助教がリーダーとなって、修士学生が大学施設課と共同で、設計・監理に携わり図面も作成した。40年ほど前に建てられた既存建物は補強コンクリートブロック造で、耐震的に現行法規を満たしていなかった。そこで阪神大震災直後に施行された耐震改修促進法を利用して構造設計を行い、さらに屋根は外側から、床は内側から断熱補強を施した。古い躯体に対して、新しいコンクリート躯体と断熱材を付加することで、構造的な要素と環境的な要素を共存・融合した意匠となった。寮では現在8人の学生が暮らしている。2階の床を一部抜いて新たに2層吹抜けのリビングをしつらえ、4人でひとつのリビングを使用するというシェアハウスのような空間構成となっている。

　2017年に竣工した「緑が丘ハウス」は新築の学生寮である。個室は西側道路面に対して南方向に振られており、特徴的なジグザグ平面をつくり出している。これにより開口部に夏季の強い西日の影響を減じ、冬季の受熱日射量を増している。壁式ラーメン構造を採用した上で、外断熱と断熱サッシによって高い断熱性能を実現。内部は化粧打放しコンクリートとなっているため、熱容量の大きい安定した温熱環境を実現しながら、留学生のパワフルな使用にも耐えることを想定している。

　「1〜2階、3〜4階を一ユニットとして、共同のリビング・キッチン、学習スペースを配置しました。階段下に畳を敷いた小上がりでコミュニティの場をしつらえ、各階でドアの色を変えるなど工夫をしました」とプロジェクト

1｜「大岡山ハウス」外観
2｜「大岡山ハウス」寝室
3｜「大岡山ハウス」2層吹き抜けのリビング
4｜「大岡山ハウス」施工現場
5｜「緑が丘ハウス」外観
6｜「緑が丘ハウス」廊下
7｜カリフォルニア大学バークレー校の教授による授業風景

photo1-3 by Kenta Hasegawa

に参加した堀谷尚貴さんは話す。実施設計と監理はRIAと大学施設課と共同で行い、学生とはいえプロフェッショナルな設計者の立場で現場に立った。

「M1で設計、M2で現場監理を行って修了前に竣工というスケジュールが理想的ですが、そううまくはいきません。設計を夢物語ではなく、実現させていくことが大事ですね」と安田先生。実践的なプロジェクトでは、学生だという言い訳が通用せず、それを乗り越えると人間的に大きく成長するという。

安田先生は「設計と理論の両立をはかりたい」と考えている。「大岡山ハウス」を担当した伊藤大生さんは設計での経験を生かし、木造の断熱構法について論文を書いた。また、安田先生が部会長を務める次世代公共建築研究会IFC/BIM部会で編集した書籍に向け、ゲーリーやフォスター、ホプキンスなどの海外事務所へ取材訪問に同行した学生（平野陽）は、BIMについて論文にまとめた。それらの研究は一見すると意匠の研究とは異なるが、「技術そのものの研究というより、あくまで設計者の立場から、技術をどのように利用するか、応用するかを追求した研究です」と川島先生は話す。

昨今は技術が目覚ましく発展する一方で、自然環境や社会情勢の変化により様々な問題が発生している。設計者は単にデザインを追求するだけではなく、最新技術の応用力と問題解決能力が強く求められるだろう。それが安田研究室のテーマが多角的になる理由であり、次世代の建築家を育成している証と言えるだろう。

研究室プロジェクト紹介

東京電機大学大学院
未来科学研究科　建築学専攻

# 松下希和研究室
## （建築デザイン研究室）

**Member**　指導教員：松下希和／学部4年生5名／修士1年生7名、2年生1名

**Master's Design Schedule**
4月〜12月　テーマ決定・エスキス・中間発表　→　2月　修士論文および修士設計提出

**Project**　「海外ワークショップ」「デジタル・デザイン」「プレゼンテーション・スキル」

## 広い視野を持った設計者を育てる

　東京電機大学の大学院カリキュラムには、各研究室で専門課題に対して探求する「研究コース」と設計を中心とする「スタジオコース」がある。スタジオコースには建築デザイン系と構造デザイン系があり、松下希和研究室は「建築デザイン・スタジオ」に属している。

　建築デザイン・スタジオでは専任教員に加えて、さまざまな分野で活躍するデザイナーを講師として迎え、デザイン力を磨く仕組みを用意している。複数の設計課題で訓練を積み、徹底的に設計者を育てるという教育方針だ。

　その中で松下先生は論理的に自分の意見を組み立て、それを伝えるスキルを磨くこと、それにより複数人による設計を効果的に進める手法を構築することを目指している。例えば、1年生前期には、松下先生がメインで担当している海外建築設計ワークショップが行なわれる。このプログラムでは東京電機大学の学生と海外の大学生がグループを組んで共同で都市再生の提案をまとめる。言語の壁を越えて、共同で設計を行うトレーニングである。2012年から毎年開催されており、今年で6年目。2015年からは半期に2度、最初と最後にワークショップを開催し、その間の2カ月間を含めて、みっちり設計する方針となった。通常行なわれる数日間の短期課題では、どうしても設計やコミュニケーションが深まらないことを改善しようと生まれた、画期的なカリキュラムである。この教育システムが評価され、2017年に東京電機大学学術振興基金「教育賞」と関東工学教育協会賞（業績賞）を受賞した。

　今年、2017年は大連理工大学と共に、4月に東京で、7月には大連でワークショップを行なった。テーマは、東京・北千住の都市再生。北千住は、旧日光街道の商店街を中心に賑わいがある街ではあるが、水害、空き家など現代的な問題もかかえているエリアだ。日中合同で4〜5人の5チームに分かれ、4月には現地調査を行い、マスタープランを作成してプレゼンテーションをした。そして、その後の2カ月間は、各自がマスタープランを国に持ち帰って、同じコンセプトを基に担当部分を設計。7月には日本の学生が大連に行き、各自の設計をまとめて最終発表を行なった。歴史的なことに着目する案や、避難の問題を取りあげる案などコンセプトはさまざま。最優秀賞には、中国の伝統的な住宅様式である四合院の『中庭』を建築言語として設計を展開した案が選ばれた。「中国の学生は開発の担い手となるべく、すばやい設計でカタチをつくります。日本の学生は、身体レベルまで細やかに設計する。設計手法が違うので、お互い刺激があったと思います」と松下先生は話す。

## 建築の世界をサバイブできる人材を

　スタジオコースの課題では、修士1年生後期に「住まいから街を考える」をテーマに、戸建て住宅と集合住宅を設計する。修士2年生前期は、リサーチと考察の結果を成果物として、読み物や映像作品にする「ブックプロジェクト」など、コンセプチュアルなデザインに挑戦する。そして大学院の最終課題として、全員が修士設計に取り組む。マニフェストとして社会に提言する提案、批評性のあるロジカルな提案ができるよう、指導しているそうだ。

　主に設計デザインを学ぶそれらの課題に平行して、さまざまな試みが行なわれている。例えば、デジタルデザイン教育もそのひとつだ。複雑な曲面などを自由自在にデザインできるRhinoceros（ライノセラス）と、ライノセラス用のフリーのプラグインソフトGrasshopper（グラスホッパー）を使用し、海外ワークショップにおける都市スケールのモデリングや、戸建て住宅設計後に敷地条件を変えてグラスホッパーで変形させるといった作業を設計に組み込む。単純にパソコンのスキルアップを求めるのではなく、デザインに取り込んでいくことを重要視している。また一方、視野を広げ、思考し語るための言語を身に着けるため、建築関連の読書会を行ったり、年に5〜6回、国内

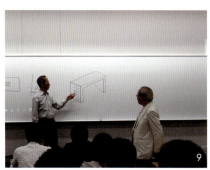

外で活躍する建築家などを招くレクチャーも、松下研究室で企画している。

「建築の世界はこれからますます不透明だと思います。だから、海外ワークショップもデジタルデザインも読書やレクチャーも、経験を多く積ませること、そして視野を広げることを主眼に置いています。将来が見えない世の中をサバイブできる人材を育てたいのです」と松下先生は話す。研究室でのいろいろな取り組みを通して、複数の分野をまたぎ、その時々の状況に合わせながら設計ができる人材を松下研究室では育てている。

1〜6｜大連理工大学との海外建築設計ワークショップ。写真2は、大連理工大学で撮影した集合写真。写真4・5がワークショップの様子。大連理工大学の学生とチームを組んでリサーチと案の作成を進めていく。
7｜海外設計ワークショップが評価され関東工学教育協会賞を受賞
8｜実際の建物を見ることも重視し合宿や遠足も行っている。国内だけでなく海外にも足を延ばす。写真は磯崎新氏が設計した上海ヒマラヤセンター
9｜国内外で活躍する建築関係者を招くレクチャーシリーズの様子（構造家の新谷眞人氏の回）

研究室プロジェクト紹介

東京都市大学大学院
工学研究科　建築学専攻

# 堀場弘研究室

**Member**　指導教員：堀場弘／学部4年生9名／修士1年生3名、2年生3名

**Master's Design Schedule**
4月〜テーマ決定、エスキス→10月末中間発表→1月末論文提出→2月提出、講評

**Project**　「東京百景」「東京都市大学C地区 新研究・実験棟プロジェクト」「栃木市 嘉右衛門町プロジェクト」、実施プロポーザル「福智町図書館・歴史資料館」「本の森ちゅうおう（仮称）」

## 年に一回は実現前提のプロポーザルに参加する

　堀場研究室の特徴は、すべてのプロジェクトはできるだけ実施を前提に進められているところにある。「大学の課題だと、どうしても架空の条件で設計を行うことになります。それが悪いと言うわけではありませんが、結局のところ建築は社会からは切り離しては考えられない存在です。実際に、現実にできるものを提案しなければならないという条件下で計画し、実物をつくることに対する感覚を身につけてほしい」と指導教員の堀場先生は語る。時には、堀場先生の設計事務所シーラカンスK&Hと協働で計画案を練ることもあるという。実施の現場を肌で感じられる、学生にとってはまたとない機会である。

　堀場先生の指示で既に決まっているプロジェクトに携わる場合もあるが、通常実施設計に携わるにはまずプロポーザルに参加しないといけない。堀場研究室では「実現する設計プロポーザルに毎年最低一回は参加する」ことを目標に掲げている。2017年は中央区にあった労働スクエア東京の跡地に建てられる複合施設「本の森ちゅうおう（仮称）」の設計プロポーザルに参加した。これは、図書館の機能を核に「郷土資料館機能」「生涯学習機能」「文化・国際交流機能」を融合させた施設である。提出までの期間が短かったり地下に埋設物があったりと条件は厳しかったが、学生たちはシーラカンスK&Hのスタッフと協働して計画案を提出。しかし、二次審査までは進んだものの、残念ながら最優秀案には選出されなかった。「プロポーザルに落選した場合、最優秀案と自分の案とを比較して、どういう案が最優秀案に選ばれ、何が評価されたのかがよくわかります。単にプロポーザル結果だけを見るよりも、はるかに自分の問題として引きつけて考えられる。でも本当は、当選して実施設計まで行ければ一番いいんですけどね（笑）」と堀場先生。学生たちだけで設計する時とは違い、構造や設備の専門家の方々と話し合いながら案を詰めていかなければならない。このように第三者が加わることで視野が広がっていく過程を、学生のうちから体験できるのはとても貴重だ。

## 実現するイメージを通して自身の感覚が変化する

　長年取り組んできた活動から実施のプロジェクトにつながることもある。5年ほど前から、構造を専門にしている教授の方々と協働して、防災の視点から栃木県栃木市嘉右衛門町の伝統的街並み保全の活動に関わっている。嘉右衛門町は、南北に旧日光例幣使街道が通っており、その街道沿いに江戸時代後期から昭和初期にかけて建築された歴史的な建造物が並んでいて、「蔵の街」として観光スポットになっている。デザインを担当している堀場研究室では、これまでに嘉右衛門町のパターンランゲージを独自に作成して街づくりの指針を示したり、古民家の新たな使用方法の提案をしたりしてきた。伝統的建造物群保存地区であるが故の制限を考慮し、研究レベルではなく実現するレベルでの提案をすることが課題だという。

　また、このほど町内にあった味噌工場の跡地を市が買収、地域活性化の拠点として、新たな防災拠点として活用することが決定した。この味噌工場改修をテーマに修士設計に取り組む学生もおり、ますます、これから進行に期待が寄せられている。

　2017年の大きな実施プロジェクトは、目下建設中の大学キャンパス内に建つ新実験棟のプロジェクトである。このプロジェクトにおいて、堀場研究室は主にインテリアの一部を担当。新しい研究・実験棟の敷地は研究室の窓から臨める位置にあり、日々、建築が立ち上がってくる様を見ることができる。「学生だと、図面と竣工したものを見て学ぶしかできないことが多く、その"間"、つまり工事中のことは知らないままです。しかし、それがこの近さで目の当たりにできるなんて、これは中々できない経験です。自分が関わった図面が、目の前でまざまざと建築として立ち上がってくるのを見ていると、嬉しい反面、恐ろしいとも感じもしています」と、プロジェクトに参加している学生は語る。また、トイレを検討している時期、どの角度だ

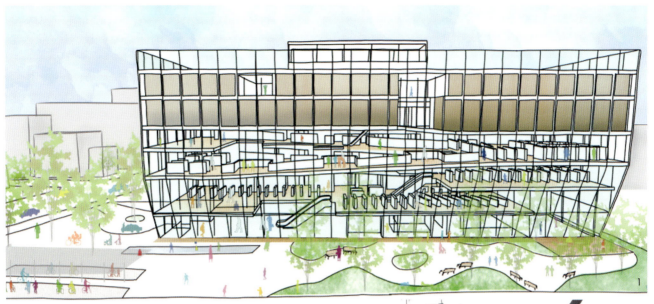

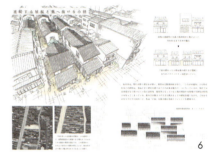

と入り口から中が見えるのか、洗面台はいくつあるかなど、外出の際にトイレが気になってしょうがなかったという学生もいる。「天井の高さやドアの幅など、自分の感覚で数字を決めても、実際出来てみると想像通りにいっていないことも多くて。感覚のズレを修正していくのはとても面白かったです」と自身の変化を楽しんでいるようだ。堀場先生が言う「設計に対する実現する感覚の獲得」、その一端を垣間見たような気がした。

1｜実施プロポーザル「本の森ちゅうおう」
2｜東京都市大学C地区 新研究・実験棟プロジェクト
3｜新研究・実験棟が次第に建ちあがっていく
4・5｜栃木市 嘉右衛門町プロジェクト
6｜日本建築学会関東支部第16回提案競技で2人の研究室生が受賞した
7・8・9｜自分目線での東京の魅力を見つけ、表現する「東京百景」も
　　　　 研究室の活動として続けている

研究室プロジェクト紹介

東京理科大学大学院
工学研究科　建築学専攻

# 郷田桃代研究室

**Member**　指導教員：郷田桃代／助教1名／学部4年生12名／修士1年生7名、2年生6名

**Master's Design Schedule**　1年：研究室プロジェクトへの参加、修士設計または修士論文のテーマの検討　2年：4月 テーマを確定、設計スタディや調査分析の実施。週1のゼミで順に成果を発表、討論→8月 中間発表会→2月 提出、最終発表会

**Project**　「海外における都市型住居集合の調査」「深川資料館通り商店街まちづくり活動」「大森駅山王地区まちづくり活動」「牛込柳町まちづくり活動」

## フィールドワークに根ざした建築や都市の数理的分析

郷田桃代研究室は都市空間を研究対象としているものの、あくまでも設計者の立場から建築そのものを考え、その集合体として都市を捉えているため、研究テーマは都市の中の住居空間から、まちづくりの空間デザイン手法まで多岐に渡っている。また、フィールドワークによるデータ収集を重視し、それらを数理的に分析しているところに特徴がある。

その中でも都市型住居集合の調査は、郷田研究室が力を入れて行ってきた研究の一つ。「昨今、低層高密度住居は、都市開発とともに高層ビルに建て変わり、急速に失われています。住宅供給の点からすると高層ビルにかなうはずもなく、その流れを止めるのは難しい状況です。だからこそ、低層高密度住居を記録し分析することが求められているのではと考えています」と郷田先生。これまでに日本の都市だけではなく、アジア諸国やヨーロッパの都市にも足を伸ばし、さまざまな低層高密度住居を巡ってきた。

2005年に初めてヨーロッパに赴き、スペインのバルセロナを調査した。建築一つひとつの形と階数を把握し、それらをGIS（地理情報システム）に載せ、色分けをすることで可視化した。これにより、集積具合が一目瞭然となるのと同時に、オープンスペースの形状が浮かび上がり、どんなに集積された建物でもどこかしらに小さな隙間が開いていて、通気・採光していることが見えてきたという。このような工夫が、住居の高密度な集積を支えている。

2017年は、ポルトガルのリスボンとポルトで調査を行った。どちらの都市も高密度に住居が集積されており、さらには土地の起伏が激しい。「建物同士がひしめき合う中、ベランダや窓を介して、別の建物の住民がコミュニケーションをとっていました。起伏を活かした住居だからこそ生まれるコミュニティづくりは、とても新鮮でした」と調査に参加した学生は話す。住居の集積に土地の起伏がどのような影響を与えているのか、今後の分析が楽しみだという。

「調査を単なる感想で終わらせることなく、数理的に解析を行ってほしいと考えています。しかし、GISといったシステムは、あくまでもテクニカルな計算の点で解析を助けてくれるツールに過ぎません。重要なことは解析する視点をいかに見つけ、その情報をいかに拾ってくるか。フィールドワークに出ることで、それらを見極める観察力を養ってほしい」と郷田先生は語る。

## 商店街再生にみるまちづくり

上記のような研究がある一方で、郷田研究室ではまちづくりやコミュニティに関わる研究も行っている。主には商店街の再生を考えるものである。商店街閉店が相次ぐ中、地方と東京ではその問題の質に差があるという。地方ではシャッター商店街が問題となっているが、都内ではそれが直ぐに異質の建物に建て替わることで、表面上はさほど問題にならない。しかしそのことこそが問題であるという。「商店街は地域コミュニティの核となりえる存在です。それが一つアパートになるだけで街の様相が、延いては都市空間がガラリと変わってきます。建て替えを手をこまねいて見ているだけではなくて、もともとの商店街としての面白さを残しつつ再生できないかと研究を続けています」と郷田先生は語る。

具体的には、江東区深川資料館通りや大田区大森駅山王地区、新宿区牛込柳町の商店街を対象に調査をしている。深川資料館通りの商店街では、コミュニティ・カフェの改修を行ったり、イベントのお手伝いをしたりしている。また、ここかしこに残る遺構を巡れるように、古地図と現在の地図を合わせて掲載した、新旧をつなぐマップを作成した。牛込柳町の商店街は、環状3号線の拡幅工事が決定してしまうと、立ち退きを余儀なくされる。「コンサルタントなどが行うまちづくりとは異なる、大学だからこそできる提案ができたら」ということで、模型を作って勉強会や

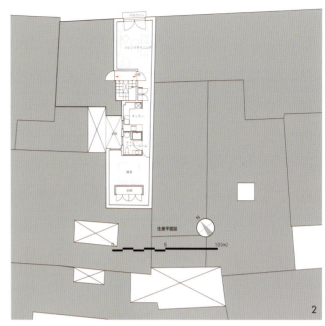

1｜バルセロナ都市型住居集合調査 建物配置図　2｜バルセロナ都市型住居集合調査 住居平面図　3｜リスボン都市型住居集合調査　4｜リスボン都市型住居集合調査 実測風景　5｜深川資料館通りまちづくり イベント支援　6｜深川資料館通りまちづくり コミュニティカフェの改装設計　7｜深川資料館通りまちづくり アーキファーニチャー制作　8｜牛込柳町まちづくり 住民ワークショップ　9｜牛込柳町まちづくり 商店街の未来像　10｜ゼミ合宿 中間発表会

ワークショップを設けたり、新しい商店街のシミュレーションを作ったり、住民とともに新しい存続の形を模索した。

こういった研究や活動はそれぞれ担当制となっているが、ゼミは修士も学部生も全員参加で行う。フィールドワークや数理的分析が中心の研究もあれば、商店街の研究のように実践的な研究もある。全く別の研究を行っている者同士が意見を言い合うことで、思わぬ方向に解を見い出すこともあるという。郷田研究室では、建築と都市を軸に幅広い視点が交錯し刺激し合っている。

研究室プロジェクト紹介

東洋大学大学院
人間環境デザイン専攻

# 櫻井義夫研究室

**Member** 指導教員：櫻井義夫／学部4年生11名／修士5名
**Master's Design Schedule**
（M1）8月：研究テーマ決定→11月：中間講評会 継続してリサーチ （M2）4月：制作テーマ決定（月1回のスペースで現状報告会）→11月：中間予備審査→1月：本審査/公聴会→2月：梗概集原稿提出
**Project** 「青森県鰺ヶ沢町域学連携プロジェクト」「設計活動」「フィールドワーク」「海外建築研修」

## コミュニティを作る「バス庭」

2013年、総務省が推進する域学連携事業の一環で、櫻井義夫研究室は青森県西津軽郡鰺ヶ沢町の廃校見学会に参加した。当時、同町出身の学生が研究室に在籍したことが事業参画のきっかけで、深夜バスの送迎で現地の廃校を見学、その後、校舎の再利用や跡地活用への提案を求められた。他に別分野で参加した5大学・各研究室からの報告書が上がる中、櫻井研究室は建築分野の強みを活かし、町の中心街区の魅力再構築計画などもからめ、都市計画の観点からヴィジュアル面にも力を入れたプレゼンテーションをした。これが功を奏し、翌年度以降も鰺ヶ沢町の事業へと声がかかる。2014年には国指定の史跡である「種里城跡」の主殿の復元模型制作、2015年は交流施設「山車会館」と駅前観光案内センターの内装デザインや利用計画の提案および自営による実現とつづき、2016年はいよいよ建築自体を自営する目標を持った「バス庭」プロジェクトに取り組むこととなる。

「鰺ヶ沢に入る以前から、大学近辺の自治体にバス庭のコンセプトで何かできないかと提案し続けていたのです」と櫻井教授はプロジェクトの発端を振り返る。「バスルートというのは街のインフラの根幹であり、バス停には待つ場所の質が問われます。けして長くはない待ち時間ですが、いかに有意義な時を過ごすことができるか。と同時に各バス停で異なる、その場所らしさ地域らしさをどれほど問えるか。利用者の多くは周辺の居住者だと思いますが、彼らの表明の場ともなる。彼らの個性が投影されることで、バス停ごとに地域性を語る体系が作られる。地域性を表現する場としてのバス停、面白いテーマだと考えていました」

では、鰺ヶ沢という場のオリジナリティはなんだったのか？　当初、冬場の寒さと積雪、海からの冷たい風という過酷な環境を考慮して、周辺から閉じたデザインがスタディされていた。ところがここで予算の壁にぶつかる。ひとつのテーマを押し進めるのには、何かを諦める覚悟も必要で、櫻井研究室ではコミュニティの中での庭というコンセプトを守るため、建具のある閉じられた空間には固執しない選択をした。夏の快適さを正面に据え、4年に一度開かれる「白八幡宮大祭」の行列に面する立地も活かし、地域へ開かれたオープンなデザインへと転換する。また、昔ながらの妻入り屋根の町並みにあって風景の一部となるように、鰺ヶ沢地域で特徴的に見られる出桁（だしげた）造りを積極的に採用する意匠構成とした。

## デザインの手前にある前提を学ぶこと

櫻井先生は、大学院在籍時に欧州各国を訪れ、歴史的遺構と同居する街並に強烈なショックを受ける。生活者の視点で街の中の建築を体験するため、ヴェネツィア建築大学へと渡った。イタリアでは"モニュメント主義を脱して全体像として生活を支える都市の価値をいかに高めるか"という議論が盛んに行われていた時代である。ひるがえって日本では、いまだ民家一軒の保存や単体主義に偏りが見られ、環境評価の視点が欠けていることを痛感する。その両者を補完する環境の中で「歴史的街区」の概念は日本でも研究の対象として意義深いことを知る。

「結局、建築は環境の中にあるものであって、物語の連続性の中で語られなければ意味がありません。単体の構成原理を直にぶつけるのは実験的作業にしかすぎない。私はそういうことにあまり興味がなく、つねに歴史をひきずりながら未来に向かっているという実感がものづくりの中では必要だと思います」

櫻井先生のライフワークとも言える、歴史的街区研究に通じる、街並の中でのバス停＝「バス庭」プロジェクト。修士1年生だった鈴木叙久さんが、研究室から約15人のメンバーをつのり、設計から施工まで一貫して請け負った。「卓上の設計図面とは違って、現場で扱う生の木のゆがみに翻弄されました。工期の中でメンバーをまとめながら、想像以上に大きい誤差をリカバリーするのはとても大変だった」と竣工までの苦労を語る。それでも、完成間近

の現場に集まる地元の人々の期待感にあふれる眼差しに、感慨はひとしおだった。櫻井教授がプロジェクトを通じて学生に学びとって欲しいという"社会との接点を持つ"、"一社会人として参加する"、"共同作業であることを意識する"、"実物を作る上での精度を考える"という精神がしっかり学生にも根付いた成果と言える。

　鰺ヶ沢での一連のプロジェクトは「バス庭」という集大成をもってひとまず小休止ということだが、「庭」としてのバス停が全国各所で見られる日もそう遠くはないのかもしれない。

1｜「バス庭」竣工写真
2｜プロジェクト進行中は、鰺ヶ沢へ足を運び、何度も地元の人と打ち合わせをくり返した
3｜研究室のメンバーで完成記念撮影
4｜基礎工事の様子
5｜施工は学生が中心になって行われた
6｜地元の人も集まり、地域の団らんスポットとして親しまれている「バス庭」の様子
7｜四年に一度の白八幡大祭でも観客席として活躍

研究室プロジェクト紹介

東洋大学大学院
理工学研究科　建築学専攻

# 篠崎正彦研究室
# （住環境研究室）

**Member**　指導教員：篠崎正彦／学部4年生10名／修士2年生1名
**Master's Design Schedule**
4月〜9月　テーマ決定・エスキス・中間発表　→　1月　論文題目申請　→　1月　修士論文および修士設計提出、梗概提出
**Project**　「ベトナムの住宅調査」「埼玉県所沢市における住宅調査」

## 住宅／住宅地の計画と使われ方

　篠崎研究室は「住環境研究室」という名称を持ち、住宅や住宅地の建築計画を研究テーマとしている。主に集合住宅の住戸平面の変遷、郊外住宅地の変容と住環境の継承、建築家以外の人が手がけた建築の計画性などのリサーチを行っているが、2016年は埼玉県所沢市における住宅地を調査した。その住宅地は高度経済成長期に街開きが行なわれ、当時900戸以上の同じプランの住宅が建設された。そして入居から50年以上が建った現在、それぞれの住宅では増改築が行なわれ50年前とは異なる姿になっている。指導教員の篠崎正彦先生が机に広げた資料には、さまざまな住戸の写真が並ぶ。調査では、その増改築の変化を調べる訳だが、まずは全体を把握するため全住戸を撮影し、増築された部分に色を塗り分析していった。そして、テラスを付け足した家や、部屋を増やした家、お隣さん同士で似たような増築をする家などパターンを抽出。建物も同じ形で家族構成も似ているのに、どうして変化が出てくるのか。その原因を探っているという。

　「このように当初に計画されたものと、人が使っていく中で加わってきたことの関係性について興味があります。これまで建築計画はしっかりと計画されてきましたが、今後はそうでない建築も増えていくと思います。格差が広がっていく社会においては、計画を含め十分に手間暇をかけられていない建築をどうするか。つくる時点では余裕が無かったり気づかなかったりしても、より良く建築を使っていくための建築計画上の工夫を、後付けで取り入れていく方法はないものか。そういった問題意識を持っています」と篠崎先生は話す。

## 建築の原理に気付き、客観的に実証できる人材を育てる

　海外においても住宅の調査・研究を行っている。特にベトナムは研究室で継続して取り組んでいる調査地だ。篠崎先生が大学院生の時、ベトナム中部の港町・ホイアンで街並み調査に関わったことがあり、それ以来20年あまりベトナムで家屋の修復や世界遺産の登録、集合住宅の変遷などさまざまな活動を続けている。

　ここ3年くらい携わっているのは、ハノイ近郊の農村・ドゥオンラム村での住まい方の調査。村の一般的な住宅は、切妻屋根で庇が深く、中庭があり、10mほどの大きな開口部から風が入ってくる。そのような環境下で、蒸暑地域でもエアコン無しで過ごしていること、一方で家族・親族・近隣住民と密な付き合いが生まれていることに着目し、住宅内でコミュニケーションが起こる場所と温熱環境的にも涼しい場所が一致しているのではないかと考えた。調査では同行する学生たちが、まず住宅を実測し、同時に温度・湿度・照度を計測した。そして定点を決め、そこで住人たちの行動を観察して記録していった。そうすると、人々が休んだり集ったりする場所と、温度や湿度との関係性が見えてきた。つまり、社会的なサスティナビリティと環境的なサスティナビリティが両立している可能性がある。その仮説は突飛なものではないが、これまで実際にデータを用いた分析がされてはいない。研究室では科学的に説明しようと調査・検証を進めている。

　こういった調査を通して篠崎先生が学生たちに学んで欲しいことは、自分なりに出来事の原因に気付いて欲しいということ。2月〜3月に恒例化している古建築や集落を見に行くゼミ旅行においても目当ての建築だけでなく、誰も注目しないような、例えば港の古い物置といった現地のヴァナキュラー的な建物にも注目することがある。

　「人間が建築を使っていく時の原理を自分の目で見つけることを学んで欲しい。そして、その発見を調査をし、客観的なデータで実証する。そういった気付きと実証は、将来どんな仕事をしても必ず役に立つ」と篠崎先生は話す。

　学内の授業では課題が与えられるが、実際の設計においては課題を自ら見つけ、自らの方法を用いて解いていかなくてはならない。篠崎研究室では、その能力を現地調査やゼミ旅行といった日々の活動を通して養っている。

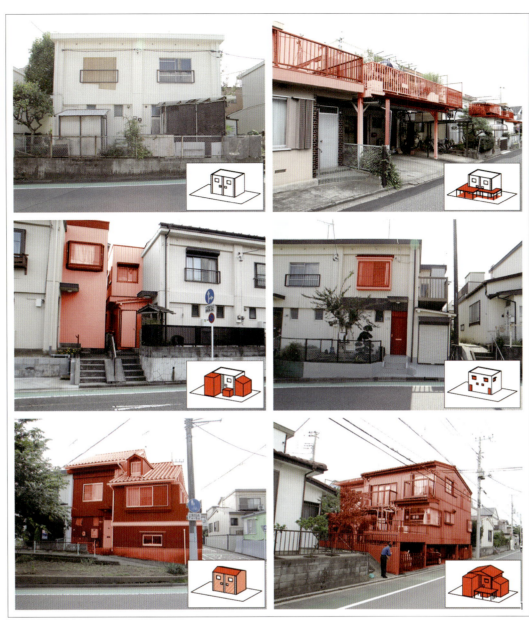

1・2 | 「埼玉県所沢市における住宅調査」では、増改築された箇所に色を塗っていった
3・4 | 「ベトナムの住宅調査」。現地の住宅には中庭が設けられており、そこでヒヤリングを行った

研究室プロジェクト紹介

日本大学大学院
理工学研究科　建築学専攻

# 今村雅樹研究室

**Member**　指導教員：今村雅樹／学部４年生12名／修士１年生７名、２年生７名

**Master's Design Schedule**
９月　第１回中間発表　→　12月　第２回中間発表　→　２月　修士設計発表・審査会

**Project**　「建築トークイン上越」「町家プロジェクト」「熊本県医師会館のサイングラフィック計画」「日大駿河台キャンパス北棟計画のニコライ堂とライブラリー計画」「JIA/千代田区を舞台にした設計」

## 歴史的建造物を含めた大学キャンパスの再編計画に取り組む

今村研究室では、これまでたくさんの実施プロジェクトに取り組んできた。実施プロジェクトへの取り組みは、大学教員の傍ら設計事務所を主宰し、公共建築をはじめ数多くの作品を手掛けてきた、今村雅樹先生の方針でもある。2016年から2017年にかけては、現在、研究室が入る駿河台キャンパス５号館の北側に予定している新棟の設計に取り組んでいる。大学キャンパスの改修という大規模プロジェクトで、建築学科の複数の研究室が関わっているが、今村研究室からは２人の修士学生が設計のデザインスタジオとして参加。新棟に入る予定のライブラリーやミュージアム、食堂の計画を担当した。

「新しい北棟には、理工学部と歯学部の一部が入る計画ですが、異なる２つの学部の学生が交わるよう、図書館のプログラムから検討しました。海外含め他大学の図書館を調査した結果、多くの大学でこれまでにはなかったアクティブな学びを模索していることがわかりました。それを踏まえて今回の計画では、会話や飲食といった図書館では通常禁止されている行為を受け入れる空間にする予定です。それにより新しい気付きや交流が生まれることを意図しました」と計画を担当した修士２年の太田みづきさんは話す。

また、この計画では解決しないといけない課題として、隣接するニコライ堂との関係がある。ニコライ堂は、実施設計をジョサイヤ・コンドルが行い1891年に竣工した歴史的な建造物（その後、関東大震災後には岡田信一郎が復興設計）。北棟が隣に建つことによってニコライ堂も一緒に再編しないといけない。計画に参加した野下啓太さんは、北棟の敷地がもともとニコライ堂のものだったという歴史的な背景から、どのようにニコライ堂に恩恵を与えられるかということから考えたという。

「具体的には、キャンパス内にニコライ堂のミュージアムを設計する予定です。ただし、通常のミュージアムのようにイコンや絵画などを飾るだけではなく、ニコライ堂自体が一つの作品となるよう配置し、ニコライ堂を再生させることをテーマにしています」

新棟によってニコライ堂側には、動線や日射といった、問題が発生する。隣地の計画までも共に考える必要がある。「北棟が建つことによって、ニコライ堂に影を落とします。また、ニコライ堂を見上げた時の風景も変わってきます。自分が何かことを起こそうとすると隣に影響を及ぼす。リアリティのある設計に携わることで、そういったことがイメージできるようになり、そして判断を自分で下すという経験をする。そのことが大切だと思っています」と今村先生は話す。

## 自らアイデアを出す建築家を育てる

リアリティのあるプロジェクト経験を重視する今村先生だが、学部生の課題にもその方針が反映されている。2016年の大学４年生の課題は、「都市の再編」というテーマで、千代田区内であれば敷地とプログラムを自分で決めるという、とても自由度の高い条件の課題を課した。

「今の学生は、プラクティスは十分にやってきています。学内の課題においてもパターンや図式から応用して何とか形にはします。けれども、実際の設計はテーマや課題そのものを自分自身で見つけることからスタートしないといけない。右も左も分からない中で、自分で問題は何なのかを考えることを訓練するために、自由度の高い課題にしました」と今村先生は説明する。その課題に取り組んだ横山大貴さんは、神保町のすずらん通りを敷地に設定し、古書店街にできた空き地や空き店舗を新築・改修し、既存の建物と２階部分をブリッジでつなげることで街を再生させるというユニークな提案を行った。敷地も問題設定も自ら行ったので学びや反省点が多かったが、特に人が長い間使うことで出来上がった空間の形式を十分に読み取れなかったという反省に立ち、佃島を敷地にした卒業設計に臨むことができたという。

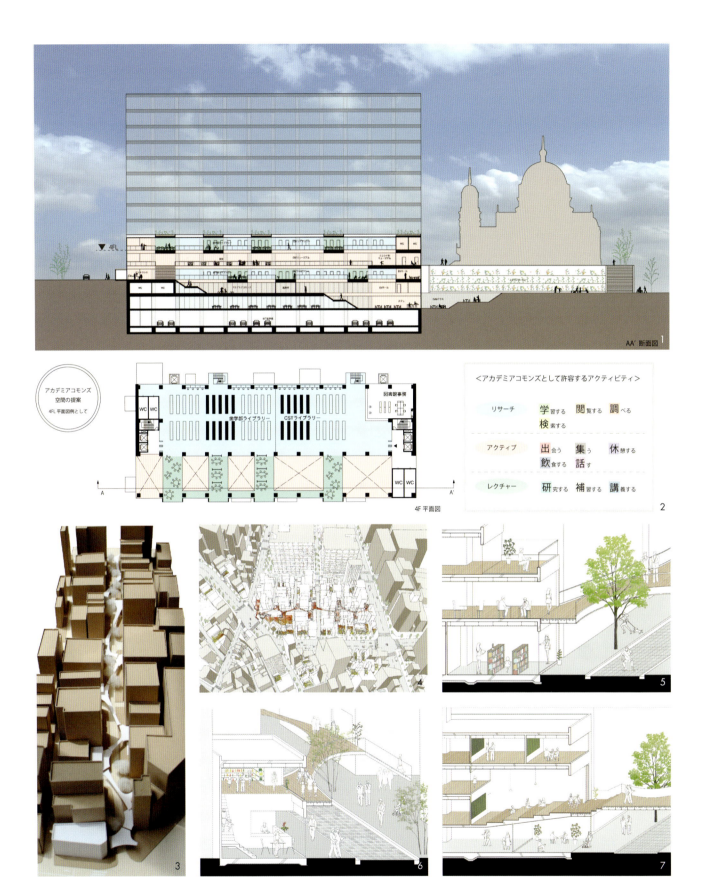

1 AA'断面図
2 4F平面図
3・4・5・6・7 M1横山大貴さんの神保町すずらん通り計画

「私たちの若い頃は、ポストモダン以降の流れを受け、プログラムを見直そうということに取り組みました。つまり、いろいろなビルディングタイプを見直し、解体し・開くことを目指してきた。それが今の学生たちにも大きく影響しているのか、学生たちの作品にはコンプレックスや地域に開くものが多い。課題を自ら考えることで、オリジナリティのある作品を作り、若い人の言葉で社会に向かって表現して欲しい」と今村先生は語る。

今村研究室では研究室の5原則を掲げている。その中の一つに「建築家を目指す」というものがある。ハウスメーカーやゼネコンといった組織に入ったとしても、自らアイデアを出し形にする建築家であれという意味だという。実施プロジェクトや自由度の高い課題を通して、今村研究室では、独立した真の建築家を育てている。

1・2 M2太田みづきさんの駿河台キャンパス北棟の提案（断面図）
3・4・5・6・7 M1横山大貴さんの神保町すずらん通り計画

研究室プロジェクト紹介

日本大学大学院
海洋建築工学専攻

# 佐藤信治研究室

**Member** 指導教員：佐藤信治／学部3年生13名、4年生7名／修士1年生5名、2年生3名

**Master's Design Schedule**
4月：テーマ決定→7月：現地調査→9月：進捗状況報告発表会→12月：学術講演会ポスターセッション・計画系コミッティプレゼンテーション→1月：研究テーマ表題投稿→2月：本審査・梗概集原稿提出

**Project** 「秋田県まちづくり合宿」「中国建築科学研究院インターンシップ」「高知県における避難船兼茶室製作」

## 都市や観光、海外までさまざまなプロジェクトに携わる

　佐藤信治研究室では、水環境に関係したプロジェクトだけにとどまらず、デザインや都市計画に至るまで幅広くプロジェクトに取り組んでいる。「学生時代に経験する建築プロジェクトは失敗することを前提として捉えています。しかし失敗体験を失敗のままで終わらせることなく、そこからさまざまなことを学んで次に活かすことで、成功体験へ変えていってほしい」と、佐藤先生は言う。プロジェクトを通して、実体験に基づいた問題解決能力が身に付くよう指導しているという。

　例えば、5年前から秋田県の各地域をリレー形式で巡り、まちづくり合宿を行っている。これまでに大館（2012年、2015年）、能代（2013年）、羽後（2014年）、仙北（2016年）を訪れた。2017年は小坂町に赴く予定になっている。この合宿では、現地調査を行ってその町の課題や魅力を発見しながら、最終的に住民や自治体幹部、施設のオーナーに計画案をプレゼンテーションすることになっている。

　2016年は仙北市のあきた芸術村にある劇場の改修計画をたてた。この芸術村は、劇団わらび座の本拠地である劇場を中心に、ホテルやビール工場などを有するリゾートスポットである。提案は、劇場の改修だけでなく、敷地全体の計画も含めて行うことになった。それぞれの施設が敷地内に点在していたため、それらに一体感を持たせることが一番の課題であったという。学生たちからは、現在敷地の端にある劇場を中心に据えて新たな流れを作ったり、お客さんの動線をデッキにしてスタッフとの動線を分けたりするなどの案が出た。「計画の魅力を、建築に馴染みのない関係者に説明するのが、思いのほか難しかった」と学生たちは言う。また、合宿の期間が短いため、学生たちは事前にインターネットなどを使って情報を収集し、大まかな提案の枠組みを作って現地に乗り込むのだが、現地で調査してみると調べた情報と実際とで齟齬があるケースもあったという。机上の空論で終わらせることなく、現地に乗り込んで実際の情報をつかむという経験は、今後、社会に出て設計を行う段階になって生きてくる。

　研究室の活動は国内にとどまらない。北京の設計事務所「中国建築科学研究院」と組んでインターンシップを行い、中国における都市計画の設計プロポーザルなどにも参加している。「文化や設計スタイルの違いを学生に感じてほしい」と佐藤先生。学生の方も実際にその違いを肌で感じているようだ。「中国は土地が国のものという認識があり、元あった道路や住宅は国の声かけひとつでどうにでもなってしまうので、真っ新なところから計画が始まります。そして、区画割りからその敷地に建てられるものまで、すべてを計画するんです。日本だとそういうわけにはいきません。既存のものを活かす道を考えます」と参加した学生は話す。国による設計スタイルの違いを学びながら、中国での提案を修士設計につなげる学生もいるという。

## 10年先を見据えた水環境に関する提案を

　もちろん水環境に関するプロジェクトも動いている。高知県において、今後、南海地震・東南海地震が発生して津波が来た場合に備え、避難船兼茶室製作の話が上がっている。避難船と言っても、客船のような大掛かりなものではない。稲刈り後の藁で作った船兼茶室などを庭先に置いておき、津波が来たらそれに乗って少しでも被害を抑えようというものだ。普段は雨宿りが出来るような1坪ほどの茶室をイメージしており、南米のチチカカ湖に浮かぶ浮島にヒントを得たという。現在、余った藁は家畜の飼料にしたり、バイオマスとして用いられたりしているが、それでも大量の藁が廃棄物として処理されている。それを減量する一手にもなりうる。秋田県の茅葺き職人の方と連携して、具体的に詳細を詰めていく予定になっている。まだ案の段階だが実現すれば有効な防災技術になる。「学生たちには、水の可能性を引き出すために最新の技術を先取りし、10年後を見据えた大胆な提案をして欲しい」と佐藤先生。海

洋建築工学ならではの指導方針だが、修士設計においては「水環境と建築の在り方」というテーマのもと、建物単体ではなく、沿岸や海洋といった周辺の環境をも含めた計画を立てることが多いため大規模になる傾向にある。学生が途中で破綻せずに大規模な計画を最後まで設計しきるのは非常に難しいことだが、研究室で幅広いプロジェクトに参加することで、さまざまな建築に対応できる感覚が養われているようだ。

1・2｜仙北市「あきた芸術村内の劇場改修計画」でのわらび座外観パース
3｜夏季合宿時に提案したわらび座の内観パース
4・5・6｜2015年に行った秋田県大館市のまちづくり合宿での提案と活動風景
7・8｜「中国建築科学研究院インターンシップ」で制作した中国ハルビンの図面と模型写真

研究室プロジェクト紹介

日本女子大学大学院
家政学研究科　住居学専攻

# 宮晶子研究室

**Member**　指導教員：宮晶子／学部3年生5名、4年生11名／修士1年生3名、2年生1名

**Master's Design Schedule**
5月：仮論題票提出、10月：経過報告会、11月：構成計画書提出、2月：最終提出・審査会

**Project**　「愛媛県八幡浜市大島実施設計プロポーザル」「山梨県富士吉田市の地域起こしプロジェクト」

## 自分の内にある無意識を言語化する

　宮晶子研究室では、「体験と理論をクロスオーバーさせる」ことを方針としている。「理論」というと、既に体系化された建築論や都市論、社会化された問題に即して構成されたコンセプトなどを思い浮かべそうだが、そうではない。ここで言う宮研究室での「理論」とは、あくまでも経験に端を発するものである。具体的には、現地を訪れて感じとった雰囲気や気になったオブジェクトなどをピックアップしていき、なぜそのような雰囲気を感じとったのか、なぜそのオブジェクトが気になったのか、自分自身の無意識を探って言語化することで共有可能な認識として顕在化させ、それらを成り立たせている構造を見出していくことを指している。

　言語化の手法として、宮研究室で最近試みているのが「本質観取ゲーム」である。これは、言葉を一つ題材に据え、世間一般に共通認識として暗黙のうちに了解している部分を、ディスカッションを通じて再構築し、言葉の生きた意味を捉える作業。例えば、「道に迷う」という言葉を考えた場合、「道に迷う」とはどのような状況に陥った時であるかを、辞書的な意味ではなく、その言葉の本質を探っていく。そこで導かれたのが「目指す場所までの時間関係を失った」状況であった。研究室の学生は、このような訓練を重ねることで、自分がどのようなものの見方をしているのかが見え、それにより思考の整理が以前よりもスムースになったと言う。

　「建築は空間を介して共通のものを見ることを成り立たせている、間主観的な存在です。そのことに研究室として注目しています。ですから、複数の人が関わる研究室の活動としては、自分の中に考えを抱き込むのではなく、具体的なカタチを出す前にディスカッションを繰り返して、お互いの感覚の共有を言葉ではかりながら、そこに潜む共通する無意識をカタチとしていくプロセスを実験的に行っています」と宮晶子先生は語る。

## 「理論」をフィードバックする「実践」の場

　上記のようなディスカッションを繰り返しながら、その成果を活かす場も宮研究室には多く用意されている。「実践」の場である実施プロポーザルやプロジェクトに数多く参加しているのも宮研究室の特徴だ。

　2017年度前期は、愛媛県八幡浜市にある大島に交流拠点施設を作るという実施プロポーザルに参加した。まず宮研究室では実際の場所をくまなく見て歩き、集めた情報を出し合ってディスカッションを行い、コンセプトを詰めていったという。

　「島を訪れてみて、島の人にとっては当たり前の日常が、観光客にとってはこの上ない魅力になっていることに気がつきました。そこで、そのような日常がこの大屋根の下でも展開されるよう、まちに連続するおおらかな場所を作りたいと考えました」と担当した学生は語る。そこで、島民が作り出すまちの流れと観光客がやってくる海側からの流れを均等に引き込むために、長方形の敷地に敢えて正方形の平面を持たせることで、求心性を生じさせようとした。また、もともと島にあったような懐かしさと、これまで島にはなかったような新しさを兼ね備えたものにしたいと、微妙なバランスを狙って設計を行ったという。例えば、在来木造を用いながらも、屋根には瓦ではなくFRPを使用することにした。さらにその屋根形状は切妻屋根と方形屋根を掛け合わせて、既視感の先に未知な風景をつくることを目指した。「現地に行かなければ、もっと建築的に強い提案になっていたでしょう」と宮先生は言う。

　2017年度後期は、山梨県富士吉田市の地域起こしプロジェクトに参加している。他大学も参加するこのプロジェクトは、空き家の改修を通して地域活性を目指す。まず現地調査をするにあたり、宮研究室は「デリーヴ」という手法を用いた。フランス語で「漂流」を意味するこの手法はシチュアシオニストが用いたもので、現地を漂流するように歩いて集めた情報から、心理地理学を基に地図を作り、提案を行うというものである。本を読んだり、ネットで検

## ふるさとの家 −おおしまさんち−

1｜大島メインパース
2｜大島アクセスダイアグラム
3｜大島エレベーション
4｜大島俯瞰パース
5−6｜富士吉田デリーブ
7｜富士吉田要素「ガラス」
8｜富士吉田まち歩き
9｜富士吉田ダイアグラム

## 富士吉田町プロジェクト

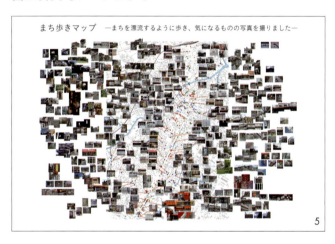

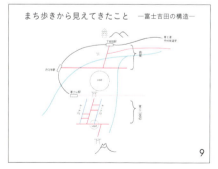

索したりすれば集められる知識を敢えて持たないままに現地に赴いた。自らの足で情報を探し出すという身体経験は、単なる知識以上の情報を運んでくるという。偶然の出会いの連鎖は、知識がない中でも情報が繋がっていく面白さがあった。デリーヴで得られた情報を計画にどのように盛り込んでいくのかが今後の課題だそうだ。

まさに「体験」を「理論」する宮研究室。この2つが上手く両輪になり走っていくことが、宮研究室の最大の魅力といえるのかもしれない。

研究室プロジェクト紹介

文化学園大学大学院
生活環境学研究科　生活環境学専攻
建築・インテリア学専修

# 住生活デザイン研究室

**Member**　指導教員：久木章江、浅沼由紀、谷口久美子／学部4年生17名／修士1年生3名、2年生1名

**Master's Design Schedule**
M1　研究テーマの検討、各種コンペやワークショップへの参加
M2　4月　テーマ決定 → 7月　大学院セミナー（2泊3日）で中間発表会 → 1月　修士設計提出 → 2月　学内発表会

**Project**　「小菅神社奥社本殿模型制作プロジェクト」「アートルームコンテスト」

## ゼミの枠を超えた学生有志らによる活動

　服飾系の歴史ある大学として知られる、新宿の文化学園大学に2000年、造形学部が新設された。現在、造形学部建築・インテリア学科の中には建築デザイン、住生活デザイン、インテリアデザインの3つの研究室がある。それらの研究室の中に、複数人の教員らによって構成されるゼミがあり、学生たちはいずれかのゼミに所属している。そしてゼミ単位で行われる活動と、ゼミの枠を超えて自らが興味をもった活動とを両立させている。

　現在進行中の長野県飯山市にある小菅神社奥社本殿の模型制作プロジェクトでは、学部2〜3年生と大学院生の有志約20名でチームを編成。文化学園服飾博物館からの依頼を受けて、1/20の模型制作を行っている。今年度7月には、現地へ足を運び、1泊2日のスケジュールで、小菅神社の宮司さんのお話を伺い、片道約1時間かけて本殿まで歩き、写真やスケッチでの記録、実測を行った。このような実践的な活動を通して、学生たちは単に模型制作するだけでなく建築史や伝統的な建築構法についても同時に学んでいる。制作された模型は今年度完成し、文化学園服飾博物館に寄付、展示される予定である。

　また2016年度後期には、文化学園大学、株式会社レオパレス21、リリカラ株式会社の3社がコラボレーションし企画したアートルームコンテストに、「東京の地で●●文化を感じる空間！」と題して、住生活デザイン研究室所属学生の中から計14名の学生が応募した。学校関係者、リリカラ株式会社や株式会社レオパレス21社員、そして一般の方が投票した合計1780票の中から3つの作品が入賞し、そのうち最優秀賞を受賞した学生の案が実際に実現した。コンペに参加した有志メンバーが協力し、1週間という短い施工期間の中で、実現にこぎ着けた。

## 自由な環境に身を置くこと、社会のニーズに応答すること

　このように学科全体として、ひとつのゼミの枠を超えた活動の中で学生期間から社会との接続を積極的に行える仕組みが備わっている。それは少人数制のゼミでも重要視されていることだ。

　「個人がつくりたいものをつくるのではなく、いかに社会的に意味のあるものとして考えられるかを常に学生に問いたい」と自らのゼミも主導している久木章江先生は述べる。

　久木先生自身の専門は構造安全や地震防災であり、主に地震時のゆれの感覚評価や災害時の避難所の問題を研究テーマとしている。以前にはゼミの中で、防災に関する早期教育として子ども向けの紙芝居を作成するというユニークな活動も行ったりした。それらのアイディアは学生から出たものだったという。日々の議論の中でこのように学生から湧き出るアイディアを拾い上げ、かたちにしているようだ。また、自身の研究分野を強制することなく、学生のこれをやりたいという思いを最念頭に置き、指導を行っている。「学生と教授らとの距離が非常に近いことが特長なのではないか」そのようにゼミ生自身も実感を持って語る。

　学生に寄り添う久木先生をはじめとする教員たちの姿勢は、その他にもあらゆる面から汲み取ることができる。毎年、キャリアデザインという2泊3日のプログラムが用意され、学生同士で自らの将来像についての意識の共有を図っている。また住宅デザイン系の会社に勤める卒業生を大学に招き、住宅課題の指導にあたる機会を設け、在学生・卒業生が互いに刺激を受け合えるような場づくりも行われている。そのような日々の細やかなサポートからか、卒業する学生の大半は、インテリアまたは、建築・住宅系のデザインといった、大学での学びをそのまま生かせるような仕事を自主的に選択するようだ。

　一方で、海外でのデザインに触れたいという思いから留学という道を選ぶ学生も中にはいるという。文化学園大学には反対に海外から留学にくる学生も非常に多い。さらに、ファッション系の学部を主軸に発足したこの大学ならではのドレスコードや浴衣イベントなどが毎年行われ、他大学ではなかなか見ることのない建築以外の幅広い文化を自由に学びとる環境がある。

　自由な環境に身を置くことと同時に社会のニーズに応答する能力を鍛えていく。文化学園大学の建築・インテリア学科は、多様性の時代へ向かう次世代の大学教育のあり方を示しているかもしれない。

1｜小菅神社の現地調査
2｜小菅神社の模型作成。細かいパーツも詳細に作成
3｜小菅神社の模型の骨組みが立ち上がったところ
4｜文化×レオパレス×リリカラのコラボコンテスト。最終プレゼン後の集合写真
5｜内装施工終了後は自分たちで内部の施工。切断した木に色をつけ、障子を貼り、くみ上げた
6｜完成した部屋「wa-room」
7｜修士論文・修士設計の学生は日本建築学会大会で発表も行っている

研究室プロジェクト紹介

法政大学大学院
デザイン工学研究科　建築学専攻
# 赤松佳珠子研究室

**Member**　指導教員：赤松佳珠子／学部3年11名、4年生11名／
修士1年生11名、2年生9名／研究生2名

**Master's Design Schedule**
7月　中間発表　→　デザインスタジオ11発表
2月　修士設計提出　→　3月　学内発表会

**Project**　「筑波山　大越邸プロジェクト」「JS見学会」他

## 学生主体で進めた筑波山 大越邸プロジェクト

　研究室制度といえば、教員が研究テーマをもち、所属する学生がそれを手伝うという仕組みが一般的だ。そんな中2013年4月に発足し、今年度5年目を迎えた赤松佳珠子研究室は、あえて教員が研究テーマを設定せず、学生たちの活動のプラットホームのような研究室体制をとる。

　そんな赤松研究室の活動は常に「まずは学生たちが何をやりたいのか」からスタートする。研究室の発足当初から、一期生の学生が発起人となり始まった「筑波山　大越邸プロジェクト」は、今や研究室の主要プロジェクトになっている。

　明治時代には旅籠として使われていた築約150年の大越邸は、数十年間誰にも使われず、倉庫化している状態であった。使われる機会といえば、年に2回まちで行われる筑波山麓祭り。道に面して伸びた軒先が、神輿を担いで練り歩くまちの人々の小さな休憩スペースとして使われていた。このプロジェクトは、このようなまちの人たちによる使われ方をみて、筑波山麓秋祭りの期間に合わせて、大越邸内部も休憩所に使われるよう計画するというものだ。まずは室内を片付け、掃除するところからはじまり、大越邸に眠っていた古い机や座布団を使った休憩所の空間づくり、ぼろぼろになっていた障子を復活させるためのワークショップ、日本画・彫刻の作品展示の企画など、建築設計に限らない幅広い活動でまちとの関係性を築いてきた。昨年度には、大越邸の保存のために実測を重ね、図面の作成を行うに至った。

　これらの活動はすべて、研究室の学生が主体となって進められてきた。今年度も引き続き、住民らとの話し合いやプレゼンテーションから、材料の選定、スケジュールの管理に至るまで、そのすべてを学生らが担っている。学生らは年度ごとに単発的な活動を繰り返すのではなく、研究室メンバーの世代交代を行いつつ、着実にまちとの関係性を築いてきた。プロジェクトに関しての進捗や提案を毎週開くゼミで共有・議論。学部3年生後期から大学院2年生までのゼミ生が学年の隔たりなく意見をぶつけ合うことで、この数年間の活動を蓄積してきたという。

## 自主性と責任をとる勇気を身に付ける

　しかし、なぜここまで学生たちにすべてを任せるのだろうか。「学生たちには、自分の行動に自分で責任をとれる勇気を持ってほしい」と赤松先生は語る。それは研究室で行うプロジェクトレベルの話に留まらない。例えば、大学卒業後、設計志望の学生たちはその大半がアトリエ系設計事務所、または組織設計事務所に進む。何れにせよ、選択した職場で「自分は何がやれるのか」、「どのような立場で働いていきたいのか」という「進んだその先」まで考えている学生は意外と少ない。そのことを日本全体の傾向として赤松先生は憂慮しているという。先生自身、大学4年生卒業後、大学院には進まず、CAt（シーラカンスアンドアソシエイツ）で建築設計の仕事をする道を選んだ。自身も進路には悩んだが、最後は「やってみて、もし後悔したとしても決めたのは自分である」という「自分で責任をとれる勇気」が決断を支えたのだという。

　また、赤松先生は研究室をもつ傍ら、設計者として日常的に社会と関わる中で、「ここはどうしても譲れない」という、個々人のこだわりとのせめぎ合いの中で良いものが生まれることを実感してきた。人と人とが対話する中でプロジェクトが遂行される状況を、学生と言えども一社会人として体験することが重要視される。一方で、学生という立場であるからこその地域への入り込みやすさもあり、そこではじめて成立するまちの人々とのコミュニケーションにプロジェクトの可能性を見据えている。

　このような学生の自主性を最優位においた赤松研究室での経験は、将来、社会に出て実務を重ねていく上で、必ず彼らの助けになる。AI技術の発展など現在の「過渡期」とも呼べるような時代を越え、建築や建築家の概念自体が変わっていこうとも、建築を生業にしていくうえで重要な自主性を赤松研究室では身に付けることができるだろう。

1｜4月の筑波山・大越邸。11月の筑波山麓秋祭りには筑波山茶屋として地域の休憩所となる
2｜前期につくばプロジェクトでの実施案をコンペ形式で検討した案を家主の方へプレゼン
3｜地域の人と話し合う"つくばたかいぎ"と大越邸で進行する施工は同時進行で行われる
4｜プロジェクト進行中は、筑波へ足を運び、何度も地元の方と打ち合わせを繰り返した
5｜施工現場において、常に事態が変化する中、学生らで対応していく

## 研究室プロジェクト紹介

前橋工科大学大学院
工学研究科　建築学専攻

# 石川恒夫研究室

**Member**　指導教員：石川恒夫／学部4年生4名／修士1年生2名、2年生3名／博士課程2名

**Master's Design Schedule**
1年：研究室活動とテーマの事前調査研究→2月 進捗報告
2年：6月 中間報告・テーマ決定→10月 中間審査→12月 予備審査・図面完成→1月 報告書提出→2月 本審査

**Project**　「高崎アパートメント・オスト」「エネマネハウス」「浄泉寺（古民家改修）」

### 環境と健康に配慮したバウビオロギー建築

「建築生物学」とも訳されるバウビオロギーは、戦後ドイツで生まれた、環境に負荷をかけることなく健康な住まいを目指す分野横断型の新しい建築学である。石川恒夫先生はバウビオロギー研究の日本における第一人者であり、バウビオロギーが持つ「健康」、「木造」、「サステナブル」、「エコロジー」、「有機的造形」、「環境共生」、「緑化」「ライフサイクル」といったキーワードのいずれかに惹かれ、石川研究室の扉を叩く学生は多い。事実、本設計展の出展者である石原智成さんは「幼い頃から"木造"でいろいろ組み立てたいという想いがあり、自分がやりたいこととマッチした」ため石川研究室を選んだ。

一方で、「研究は個人の関心から出発するものであり、個人の自由な創造。学生が研究を通して自分らしさを発見するためのサポートが私の役目です」と石川先生は言う。その言葉どおり、石川研究室では学生自身の関心、やりたいことを見つけ、自由に取り組むことができる。希望すれば、石川先生が代表を務める大学発ベンチャー「ビオハウスジャパン一級建築士事務所」で扱う物件など、さまざまなプロジェクトに携わることもできる。

例えば、昨年の木造5階建て集合住宅のプロジェクト「高崎アパートメント・オスト」では、修士2年が中心となって基本的な計画立案から関わった。このプロジェクトは、高崎駅近くに木造耐火5階建ての店舗併用共同住宅を計画するもので、CLTといった工業化製品に頼らず、木造在来軸組工法に基づいた技術を用いる点が特徴的だ。「木造は本来大工がつくるもの。地域の工務店や地元の大工さんで施工可能な在来工法を採用しました。また地産地消の観点から、群馬県産の木材の使用を計画した」という。下仁田町の森林組合や製材所、プレカット工場、施工会社と一緒になって学生も打ち合わせに参加した。

また、今年は研究室として第3回目となる「エネマネハウス」のプロジェクトにも応募した。修士1年が中心となり、「ライフデザインイノベーション」をテーマに、次の世代へと繋がる、住む人のライフスタイルの変化に対応した住まいを目指したバウビオロギー建築を提案。単にエネルギーゼロを目標とするのではなく、健康な素材との両立を課題とし、環境系の三田村輝章研究室との共同で進めた。自然素材をプレハブ化し、工期短縮・コスト削減を図ったり、伝統的な壁構法である「版築」を蓄熱体として用いるなど、本プロジェクトではこれまで石川研究室が培ってきたさまざまな実践や技術が採用されている。地域活性や地域への貢献も重要な要素であり、前橋工科大学で毎年開いている「子ども科学実験教室」に参加し、子どもたちに土の素材に親しんでもらえるよう普及・啓蒙活動を行ってきたことの集大成でもある。

### 「ものづくりと作家研究」境界なく取り組む

「木と土があれば建築はできます。本当は自分たちが体を動かしてつくるべきであり、綺麗な絵を描くだけで設計だというのは間違い」と、石川先生は現在の頭だけの抽象的な建築教育を危惧する。「教育現場で学生に実務に関わってもらうのは、実務を覚えてもらいたいのではなく、ものづくりの現場の空気を感じてもらいたいからです」。過去には古民家再生事業やおもちゃ屋の倉庫新築など、実際に現場で古材を磨いたり、塗装をしたり、木製ロッカーの転用活用といった、ものづくりを肌で感じる機会に多くの学生が参加してきた。

また、「ものづくりと研究は表裏一体である」とする石川先生は、建築家・今井兼次氏の遺稿整理や研究にも長年取り組んでいる。自身が博士論文でドイツ建築論をまとめた経験から、「建築論の研究で設計力を養える。デザイン力は論理力」を実感。石川研究室では今井氏の建築を修士論文としてまとめた卒業生もおり、展覧会に合わせて今井氏の建築作品の復元模型を学生たちが協力して制作することもある。

「ものづくり（絵ことば）と作家研究（文字ことば）を行ったり来たりするのがうちの研究室の特徴」と石川先生

は言う。「私はバウビオロギーや作家研究を軸にさまざまな球種を持っています。しかし、私が投げるボールをキャッチするかどうかは学生の自由。それでも建築は芸術であり、人間のための空間造形だから、きっとどこかでそれぞれの研究が繋がってくるはずです」。石川研究室では、個人の興味関心を取っ掛かりとして研究の輪を繋げ、広げていける環境が整っている。

1・2｜「高崎アパートメント・オスト」外観・断面図・立面図
3｜「エネマネハウス」外観
4～6｜古民家再生での実測・塗装・外観
7・8｜「エルデ」のペンキ塗り・外観

研究室プロジェクト紹介

明治大学大学院
理工学研究科　建築学専攻

# 田中友章研究室

**Member**　指導教員：田中友章／学部生8人／修士4人
**Master's Design Schedule**
9月　修士設計中間発表、副査選定　→　12月　予備登録　→
2月中旬　学位請求、論文提出　→　2月下旬　学内発表
**Project**　「SPAC 舞台空間構成：オセロー ～夢幻の愛～」「エコシ
　　　　　ティたかつ：小学校敷地丸ごと３Ｄ化プロジェクト」他

## 最新ツールの建築における可能性を探る

　現地調査で測量や実測を行う研究室は多いが、最新の技術を使って敷地の特性や周辺環境の把握を試みる研究室は少ないだろう。コンピュテーション技術の発展は日進月歩で、実際の設計現場においても試行錯誤しながらその有用性を探っている段階だ。そのような中、田中友章研究室では意欲的に新しい技術の活用に取り組んでいる。

　「最新の技術の導入自体を目的として取組んでいる訳ではなく、その効果的な活用方法を探っています。新たな機器を用いることで、今までなかった成果物を得たり、非効率な部分を省いてスタディができるなど可能性が広がると考えています」と田中先生は話す。最新ツールを用いた研究は、5年ほど前から行っており、これまで３Ｄプリンターやレーザー加工機、３Ｄスキャナーやフォトグラメトリーなどを順次導入してきたが、2016年は３Ｄ点群スキャナーの活用に注力した。３Ｄスキャナーで取得した点群データは写真とは異なり３次元座標情報と色情報を持つので、実測した建造環境の総体をパソコン上で３次元情報として処理する。それにより事後的に様々な計量や描画ができるので、空間特性の把握が容易になる。取材では研究室で実測したキャンパスの動画を見せていただいた。画面ではキャンパスの建物を様々な角度から見ることができ、さらに建物断面（内部）まで見られる。点群データを使えば立面画像や断面画像もすぐに作成できるという。

　「この部分は４カ所にスキャナーを設置して計測しました。そのデータを合成して３Ｄデータを作成し、そこから映像を作りました。計測で難しいのは基準球の置き方です。基準球が重なり合うように一筆書きで対象となる空間を測っていかないといけませんが、レベル差があると思わぬところに死角ができるので気をつけなければいけません」と、修士１年の甲斐さん。出版された参考書がある訳ではなく、まさに試行錯誤しながら使い方を習得したという。３Ｄ点群スキャナーを本格的に使い始めたのは2014年。当時はまだ機器の扱いに慣れておらず、人の行き来が多くレベル差があるような計測が難しい空間を対象に選んでしまったために悪戦苦闘した。それでも継続的に取り組んでノウハウが蓄積されてきたため、今では安定してデータ計測ができるようになり、動画を作成するまでになった。このノウハウが適切に伝承できるように春にはゼミ生に３Ｄ点群スキャナーの講習会を行っているという。

　さらに2017年は川崎市高津区の小学校を対象に、校舎や校庭を中心とした建造環境を丸ごとスキャンして３Ｄ化しようと計画している。高津区で地球温暖化適応策を含んだ循環型都市づくりに取組んでいる「エコシティたかつ」に数年前から田中先生が関わっており、起伏の多い高津区の地形を認識して小流域での雨水管理や防災への意識を高めようと小学校の３Ｄ化の案が持ち上がった。

　「気候変動が進行し、ゲリラ豪雨なども多発している昨今、様々な分野が連携して適応策を推進しなくてはいけません。建築分野では建物の建ち方を工夫するという観点から提案できます」と田中先生は言う。３Ｄ点群スキャナーを使えば段差や斜面の多い地形を視覚化でき、そこから学校敷地を小流域として捉えて、雨水の流れ方に配慮した敷地計画を考えることができる。また、立体的に視覚化できる点群データの画像や映像は、誰にでも分かりやすく対象物を説明したり、情報共有して議論を進めるためのツールとしても有用だ。「小学校を丸ごと３Ｄ化することで、自分たちが住むまちや通っている小学校がどんな場所なのかを気づいた上で、その地形の特徴に応じた賢い雨水の引き受け方を小学生も一緒に考えられるようになればと願っています。これらの成果物を用いて理科と社会科を融合したような授業をしてみたいですね」と田中先生。活用の可能性がどんどん広がっているようだ。

## 最新ツールの研究・活用を通して自身の幅を広げる

　田中研究室では通常のゼミとは別に、「サブゼミ」を開催している。2016年のサブゼミでは、再開発が進む渋谷駅の地下で施工中の雨水貯水槽の見学会を行った。平面が

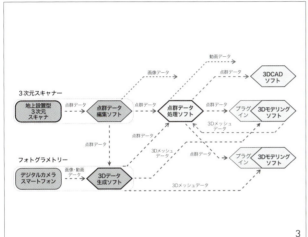

約20ｍ×約45ｍ、天井高が約7メートルあり、最大約4000トンの雨水を貯められる。田中先生が渋谷駅周辺地区再開発のアドバイザーを長年務められてきたことから実現したが、見学した学生たちは地下に広がる巨大な土木空間に建築とは異なる迫力を感じ圧倒されたと話す。他方で、学生たちにとっても街づくりや都市開発を考える際の貴重な経験になったという。

「ツールの使い方・応用の仕方を研究していくことを基点として、建築デザインに留まらず、ランドスケープや土木、都市というような周辺の学問領域に視野や活動が広がっていきます。従って、学生たちが社会に出る際に役に立つという側面もありますが、他方で学生たちの思考や経験を広げるという点も重視しています。日本で人口減少が進行していく中、建築家の職能も変化していきます。1人の人が3つくらいのポジションからプロジェクトを見ることができないと、将来おもしろい仕事ができないのではないかと思います。よって、いろいろな分野の人と協働したりする中で、思考や活動の幅を広げることが大切です」と田中先生は語る。最新技術を起点に、様々な分野へ関わり自身の活動領域を広げる学生たちは、近い将来の建築家像を体現しているようだ。

1・2｜3D点群スキャナーで作成したキャンパスの画像
3｜コンピュテーション技術を活用した計測・分析・モデル作成のワークフローチャート
4｜フォトグラメトリーで作成したデータによるＳＬの画像
5｜サブゼミで行った渋谷駅地下雨水貯水槽の見学会
6｜3D点群スキャナーの画像を確認する田中先生（左）と学生

総合資格インフォメーション
# 在学中から二級建築士を！

### 技術者不足からくる建築士の需要

東日本大震災からの復興、公共事業の増加、さらに2020年の東京オリンピック開催と、建設需要は今後さらに拡大することが予想されます。しかし一方で、人材不足はますます深刻化が進み、特に監理技術者・主任技術者の不足は大きな問題となっています。

### 使える資格、二級建築士でキャリアの第一歩を

「一級建築士を取得するから二級建築士はいらない」というのは昔の話です。建築士法改正以降、建築士試験は一級・二級ともに内容が大幅に見直され、年々難化してきています。働きながら一度の受験で一級建築士を取得することは、非常に難しい状況です。
しかし、二級建築士を取得することで、住宅や事務所の用途であれば木造なら3階建て1000㎡まで、鉄骨やRCなら3階建て300㎡まで設計が可能です。多くの設計事務所ではこの規模の業務が中心となるため、ほとんどの物件を自分の責任で設計監理できることになります。また住宅メーカーや住宅設備メーカーでは、二級建築士は必備資格となっています。さらに、独立開業に必要な管理建築士の資格を二級建築士として取得しておけば、将来一級建築士を取得した際に、即一級建築士事務所として開業できます。二級建築士は実務的にも使える、建築士としてのキャリアの第一歩として必須の資格といっても過言ではありません。

### 大学院生は在学中に二級建築士を取得しよう

大学院生は修士1年（以下、M1）で二級建築士試験が受験可能となります。在学中に取得し、入社後の早いうちから責任ある立場で実務経験を積むことが、企業からも求められています。また、人の生命・財産をあつかう建築のプロとして、高得点での合格が望ましいといえます。
社会人になれば、今以上に忙しい日々が待っています。在学中（学部3年次）から勉強をスタートしましょう。M1で二級建築士を取得しておけば就職活動にも有利です。建築関連企業に入社した場合、学習で得た知識を実務で生かせます。大学卒業後就職する方も、就職1年目に二級建築士資格を取得しておくべきです。

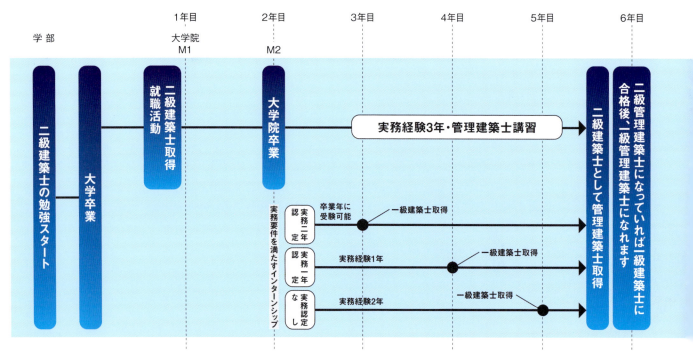

※学校・課程から申請のあった開講科目で、指定科目に該当することが認定されている科目については、試験実施機関である（公財）建築技術教育普及センターのホームページ（http://www.jaeic.or.jp/）に掲示されています。

# 早期資格取得で活躍の場が広がる！

## 建築士の早期取得で会社に貢献できる

会社の経営状況を審査する指標として「経営事項審査（以下、経審）」があります。経審は建設業者を点数で評価する制度です。公共工事への入札に参加する業者は必ず受けなければなりません。

経審には技術職員点数が評価される"技術力項目"があり、全体の約25%のウェイトを占めています。一級建築士が5点、二級建築士が2点、無資格者は0点、10年経験を積んだ無資格者が1点と評価されます。つまり、大学院在学中に二級建築士を取得すれば、入社後すぐに2点の貢献（※）ができるため、就職活動も有利に進められます。新入社員であっても、無資格の先輩社員よりも高く評価されることでしょう。※雇用条件を満たすために6ヶ月以上の雇用実績が必要

### 1級資格者の技術力は、10年の実務経験よりはるかに高く評価されている

| 入社年次 | | 1年目 | 2年目 | 3年目 | 4年目 | 5年目 | 6年目 | 7年目 | 8年目 | 9年目 | 10年目 | 11年目 |
|---|---|---|---|---|---|---|---|---|---|---|---|---|
| 大学院で2級建築士を取得した | Aさん | 2点<br>●2級建築士取得 | 2点 | 2点 | 5点<br>●1級建築士取得 | 5点 | 5点 | 5点 | 5点 | 5点 | 5点 | 5点 |
| 入社してすぐ2級建築士に合格した | Bさん | 0点<br>●無資格 | 2点<br>●2級建築士取得 | 2点 | 5点<br>●1級建築士取得 | 5点 | 5点 | 5点 | 5点 | 5点 | 5点 | 5点 |
| 無資格のC先輩 | | 0点<br>●無資格 | 0点 | 0点 | 0点 | 0点 | 0点 | 0点 | 0点 | 0点 | 0点 | 1点<br>●無資格 |

## 建築のオールラウンドプレーヤーになろう

建築士試験では最新の技術や法改正が問われます。試験対策の学習をすることで、合否に関わらず、建築のオールラウンドプレーヤーとして働ける知識が身につきます。平成27年の一級建築士試験では、平成26年施行の「特定天井」に関する法改正から出題されました。二級建築士試験では、平成25年に改正された「耐震改修」の定義に関して出題されました。実務を意識した出題や社会情勢を反映した出題も見られます。そのため、試験対策をしっかりとすることで、会社で一番建築の最新知識や法改正に詳しい存在として重宝され、評価に繋がるのです。

建築士資格を取得することで、会社からの評価は大きく変わります。昇進や生涯賃金にも多大な影響を与え、無資格者との格差は開いていくばかりです。ぜひ、資格を早期取得して、実りある建築士ライフを送りましょう。

## 難化する二級建築士試験

平成16年度と29年度の合格者属性「受験資格別」の項目を比較すると、「学歴のみ」の合格者が20ポイント以上も増加しています。以前までなら直接一級を目指していた高学歴層が二級へと流入している状況がうかがえます。二級建築士は、一級に挑戦する前の基礎学習として人気が出てきているようです。その結果、二級建築士試験は難化傾向が見られます。資格スクールの利用も含め、合格のためには万全の準備で臨む必要があります。

### ■ 二級建築士試験の受験資格

| 建築士法第15条 | 建築に関する学歴等 | 建築実務の経験年数 |
|---|---|---|
| 第一号 | 大学（短期大学を含む）又は高等専門学校において、指定科目を修めて卒業した者 | 卒業後0〜2年以上 |
| 第二号 | 高等学校又は中等教育学校において、指定科目を修めて卒業した者 | 卒業後3〜4年以上 |
| 第三号 | その他都道府県知事が特に認める者（注）<br>（「知事が定める建築士法第15条第三号に該当する者の基準」に適合する者） | 所定の年数以上 |
| | 建築設備士 | 0年 |
| 第四号 | 建築に関する学歴なし | 7年以上 |

（注）「知事が定める建築士法第15条第三号に該当する者の基準」に基づき、あらかじめ学校・課程から申請のあった開講科目が指定科目に該当すると認められた学校以外の学校（外国の大学等）を卒業して、それを学歴とする場合には、建築士法において学歴と認められる学校の卒業者と同等以上であることを証するための書類が必要となります。提出されないときは、「受験資格なし」と判断される場合があります。詳細は試験実施機関である（公財）建築技術教育普及センターのHP(http://www.jaeic.or.jp/)にてご確認ください。

### ■ 学校等別、必要な指定科目の単位数と建築実務の経験年数（平成21年度以降の入学者に適用）

| 学校等 | | | 指定科目の単位数 | 建築実務の経験年数 |
|---|---|---|---|---|
| 大学、短期大学、高等専門学校、職業能力開発総合大学校、職業能力開発大学校、職業能力開発短期大学校 | | | 40 | 卒業後0年 |
| | | | 30 | 卒業後1年以上 |
| | | | 20 | 卒業後2年以上 |
| 高等学校、中等教育学校 | | | 20 | 卒業後3年以上 |
| | | | 15 | 卒業後4年以上 |
| 専修学校 | 高等学校卒 | 修業2年以上 | 40 | 卒業後0年 |
| | | | 30 | 卒業後1年以上 |
| | | | 20 | 卒業後2年以上 |
| | | 修業1年以上 | 20 | 卒業後3年以上 |
| | 中学校卒 | 修業2年以上 | 15 | 卒業後4年以上 |
| | | 修業1年以上 | 10 | 卒業後5年以上 |
| 職業訓練校等 | 高等学校卒 | 修業3年以上 | 30 | 卒業後1年以上 |
| | | 修業2年以上 | 20 | 卒業後2年以上 |
| | | 修業1年以上 | 20 | 卒業後3年以上 |
| | 中学校卒 | 修業3年以上 | 20 | 卒業後3年以上 |
| | | 修業2年以上 | 15 | 卒業後4年以上 |
| | | 修業1年以上 | 10 | 卒業後5年以上 |

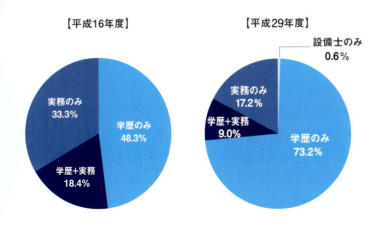

【平成16年度】
- 実務のみ 33.3%
- 学歴のみ 48.3%
- 学歴＋実務 18.4%

【平成29年度】
- 設備士のみ 0.6%
- 実務のみ 17.2%
- 学歴＋実務 9.0%
- 学歴のみ 73.2%

## 開講講座のご紹介

### 1級建築士

建築系資格の最高峰である「1級建築士」。試験の難易度は非常に高く、独学での合格は難しいのが現状です。
当学院では"受講生全員合格"を目標に、インタ・ライブ講義による一人ひとりのレベルに対応したきめ細やかな指導で合格へと導きます。

#### 1級建築士コース

- 1級建築士総合セット
- 1級建築士学科対策講座
- 1級建築士ビクトリー総合セット
- 1級建築士ビクトリー学科対策講座
- 1級建築士パーフェクト総合セット
- 1級建築士パーフェクト学科セット
- 建築士サポートアップ合格セット
- 建築士新卒内定者特別コース
- 2級建築士合格力養成学科講座付 1級建築士総合セット
- 2級建築士短期必勝学科講座付 1級建築士総合セット
- 1級建築士短期必勝総合セット
- 1級建築士短期必勝学科講座
- 1級建築士設計製図完全合格対策講座
- 1級建築士設計製図セット
- 1級建築士設計製図講座

### 2級建築士

2級建築士は、戸建住宅のプロフェッショナル。1級建築士に比べて、扱える建物の規模や、用途、構造等に制限がありますが、戸建住宅程度の規模であれば、ほとんどの業務が可能です。建設関連の様々な職種において需要が高く、就職や転職の容易さから、非常に人気の高い資格です。

#### 2級建築士コース

- 2級建築士総合セット
- 2級建築士学科講座
- 2級建築士パーフェクト総合セット
- 2級建築士マスターコース
- 2級建築施工管理学科講座付 2級建築士パーフェクト総合セット
- 2級建築士合格力養成総合セット
- 2級建築士合格力養成学科講座
- 2級建築士短期必勝総合セット
- 2級建築施工管理実地講座付 2級建築士パーフェクト総合セット
- 2級建築士短期必勝学科講座
- 2級建築士設計製図セット
- 2級建築士設計製図講座

### 建築施工管理技士

建築工事の施工管理業務に携わる方々にとって、1級・2級建築施工管理技士は必須の資格です。
1級を取得すれば「監理技術者」として、2級を取得すれば「主任技術者」として、業務を行うことが可能になります。

#### 1級建築施工管理技士コース

- 1級建築施工管理総合セット
- 1級建築施工管理学科講座
- 1級建築施工管理短期総合セット
- 1級建築施工管理実地講座

#### 2級建築施工管理技士コース

- 2級建築施工管理総合講座
- 2級建築施工管理学科講座
- 2級建築施工管理実地講座

### 土木施工管理技士

土木工事の施工管理業務に携わる方々にとって、1級・2級土木施工管理技士は必須の資格です。
1級を取得すれば「監理技術者」として、2級を取得すれば「主任技術者」として、業務を行うことが可能になります。

#### 1級土木施工管理技士コース

- 1級土木施工管理総合セット
- 1級土木施工管理学科講座
- 1級土木施工管理実地講座

#### 2級土木施工管理技士コース

- 2級土木施工管理総合講座
- 2級土木施工管理学科講座
- 2級土木施工管理実地講座

## 管工事施工管理技士

管工事の施工管理業務に携わる方々にとって、管工事施工管理技士は必須の資格です。
1級を取得すれば「監理技術者」として、2級を取得すれば「主任技術者」として、業務を行うことが可能になります。

### 1級管工事施工管理技士コース
- 1級管工事施工管理総合セット
- 1級管工事施工管理学科講座
- 1級管工事施工管理学科短期集中講座
- 1級管工事施工管理実地講座
- 1級管工事施工管理実地重点対策講座

### 2級管工事施工管理技士コース
- 2級管工事施工管理総合セット
- 2級管工事施工管理学科講座
- 2級管工事施工管理実地講座

## 構造設計1級建築士

一定規模以上の建築物の構造設計については、「構造設計1級建築士」が自ら設計を行うか、法適合確認を行うことが義務づけられています。
実務上、必要不可欠な資格であると同時に、構造の世界でのキャリアアップをめざす人間ならば、ぜひとも手に入れておきたい資格です。

### 構造設計1級建築士コース
- 構造設計1級建築士総合対策講座
- 構造設計1級建築士構造設計対策講座
- 構造設計1級建築士法適合確認対策講座

## 設備設計1級建築士

高度な専門能力を必要とする一定規模以上の建築物の設備設計に関して、「設備設計1級建築士」が自ら設計するか、法適合確認を行うことが義務となっています。設備設計の業務を行う上で、スペシャリストとして活躍するならば、必要不可欠な資格です。

### 設備設計1級建築士コース
- 設備設計1級建築士総合対策講座
- 設備設計1級建築士設計製図対策講座
- 設備設計1級建築士法適合確認対策講座

## 建築設備士

「建築設備士」は、建築設備全般に関する知識および技能を有し、建築士に対して、高度化・複雑化した建築設備の設計・工事監理に関する適切なアドバイスを行えます。
建築士法が改正され、ますます需要が高まっている資格です。

### 建築設備士コース
- 建築設備士総合セット
- 建築設備士学科講座
- 建築設備士設計製図講座

## 宅地建物取引士

宅地建物取引士は、例年の受験者数が約20万人という、国家資格の中でもナンバーワンの人気資格です。
当学院の講座なら、初めて宅建に挑戦される方でも、効率的なカリキュラムで基礎から無理なく知識を養成。
合格レベルの実力が確実に身につきます。

### 宅地建物取引士コース
- 宅建パーフェクト総合セット
- 宅建総合講座
- 宅建パワーアップ演習講座
- 宅建通信講座

## インテリアコーディネーター

快適で魅力的な空間をデザインするインテリアコーディネーターは、住宅関連業界で人気の高い資格です。
当学院の講座なら、基礎から段階的にレベルアップし、確実に合格レベルの実力が身につきます。

### インテリアコーディネーターコース
- インテリアコーディネーター1次対策講座
- インテリアコーディネーター2次対策講座

# 総合資格学院は学科試験も設計製図試験も「日本一」の合格実績！

## 平成29年度 1級建築士 学科+設計製図試験

全国ストレート合格者 1,564名中／
総合資格学院当年度受講生 1,105名

**ストレート合格者占有率 70.7%**
〈平成29年12月23日現在〉

全国ストレート合格者の**7割以上**は総合資格学院の当年度受講生!

---

平成30年度はより多くの受験生のみなさまを合格へ導けるよう全力でサポートしてまいります。

**平成30年度 1級建築士設計製図試験
学科・製図ストレート合格者占有率目標**

全国ストレート合格者**全員**を総合資格学院当年度受講生で!

**ストレート合格者占有率 100%** 目標

※学科・製図ストレート合格者とは、1級建築士学科試験に合格し、同年度の1級建築士設計製図試験に続けて合格した方です。

---

## 平成29年度 1級建築士 設計製図試験

全国合格者 3,365名中／
総合資格学院当年度受講生 2,145名

**合格者占有率 63.7%**
〈平成29年12月23日現在〉

全国合格者のおよそ**3人に2人**は総合資格学院の当年度受講生!

---

## 平成29年度 1級建築士 学科試験

全国合格者 4,946名中／
総合資格学院当年度受講生 2,607名

**合格者占有率 52.7%**
〈平成29年9月13日現在〉

全国合格者の**2人に1人以上**は総合資格学院の当年度受講生！

---

おかげさまで「1級建築士合格者数日本一」達成し続けています。
これからも有資格者の育成を通じて、業界の発展に貢献して参ります。

総合資格学院　学院長

# JIA Exhibition of Student Works for Master's Degree 2017
第15回　JIA関東甲信越支部大学院修士設計展

発行日　2018年2月20日　初版発行

| | |
|---|---|
| 編　著 | 日本建築家協会関東甲信越支部 |
| 発行人 | 岸　隆司 |
| 発行元 | 株式会社 総合資格　総合資格学院 |
| | 〒163-0557　東京都新宿区西新宿1-26-2　新宿野村ビル22F |
| | TEL 03-3340-6714（出版局） |
| 株式会社 総合資格 | http://www.sogoshikaku.co.jp/ |
| 総合資格学院 | http://www.shikaku.co.jp/ |
| 総合資格学院 出版サイト | http://www.shikaku-books.jp/ |
| 設計展主催 | JIA関東甲信越支部大学院修士設計展実行委員会 |
| 設計展協賛 | 株式会社 総合資格　総合資格学院 |
| 編　集 | 株式会社 総合資格　出版局（新垣宜樹、梶田悠月、金城夏水） |
| | 早稲田大学　小林恵吾研究室 |
| | （熊澤綾乃、渡邊颯、成澤勇、塩谷希武、船橋翔太、畑江輝） |
| 取材・執筆 | 株式会社 総合資格　出版局 |
| | 石坂美樹、坂下恵美子、住田百合耶、髙取万里子 |
| デザイン・DTP | 朝日メディアインターナショナル 株式会社 |
| 表紙・本文デザイン | 小川奈保美 |
| 表紙ドローイング・模型 | 内田久美子 |
| 写　真 | 川瀬一絵（4ページ〜6ページ、10ページ〜21ページ） |
| 印　刷 | 図書印刷株式会社 |

本書の一部または全部を無断で複写、複製、転載、あるいは磁器媒体に入力することを禁じます。

Printed in Japan
ISBN 978-4-86417-226-4
Ⓒ JIA関東甲信越支部大学院修士設計展実行委員会